中层经理
战略承诺水平的提升

李亚龙 著

四川大学出版社

项目策划：王　玮
特约编辑：钱青云
责任编辑：王　玮
责任校对：张宇琛
封面设计：青于蓝
责任印制：王　炜

图书在版编目（CIP）数据

中层经理战略承诺水平的提升 / 李亚龙著 . — 成都：
四川大学出版社，2019.11
　　ISBN 978-7-5690-3239-0

　　Ⅰ．①中… Ⅱ．①李… Ⅲ．①企业领导学 Ⅳ.
① F272.91

中国版本图书馆 CIP 数据核字（2019）第 280975 号

书名　　中层经理战略承诺水平的提升

著　　者　李亚龙
出　　版　四川大学出版社
地　　址　成都市一环路南一段 24 号（610065）
发　　行　四川大学出版社
书　　号　ISBN 978-7-5690-3239-0
印前制作　石慧
印　　刷　郫县犀浦印刷厂
成品尺寸　170mm×240mm
印　　张　13.5
字　　数　236 千字
版　　次　2019 年 12 月第 1 版
印　　次　2019 年 12 月第 1 次印刷
定　　价　46.00 元

◆ 读者邮购本书，请与本社发行科联系。
　 电话：(028)85408408/(028)85401670/
　 (028)86408023　邮政编码：610065
◆ 本社图书如有印装质量问题，请寄回出版社调换。
◆ 网址：http://press.scu.edu.cn

四川大学出版社
微信公众号

序

　　战略执行是企业战略管理最为薄弱的环节，制定战略难，执行战略更难。随着经济环境的巨变，战略执行不力已成为企业的顽疾。20世纪80年代末，战略执行研究逐渐受到西方部分学者的关注。中国对战略执行的研究起步较晚，大约始于2003年。虽然受到学术界越来越多的重视，但是战略执行的研究成果仍然远逊于战略制定和选择的研究成果，从流程视角进行的战略执行研究其成果则更为鲜见。之前的战略执行流程研究没有开发出战略执行流程量表，甚至战略执行流程量表尚无明确的界定，相关的实证研究自然也不能随之推进。虽然很多文献注意到了中层管理者在战略执行中的重要作用，但很少有专门针对中层管理者进行的战略执行研究，更缺乏将战略执行流程和中层管理战略承诺整合起来以探索如何取得良好企业绩效的研究。

　　本书力图发掘战略执行流程对企业绩效的作用机制。具体说来，本书将紧扣如下问题进行深入探索：（1）战略执行流程对企业绩效有无影响，如果有，有何影响；（2）战略执行流程对中层经理战略承诺有无影响，如果有，有何影响；（3）中层经理战略承诺对企业绩效有无影响，如果有，有何影响；（4）中层经理战略承诺在战略执行流程与企业绩效之间有无作用，如果有，有何作用。

　　本书明确界定了战略执行流程和中层经理战略承诺，并对相关文献进行述评，在此基础上就四个不同行业的企业进行探索性案例研究，探究战略执行流程、中层经理战略承诺和企业绩效之间的关系；提出战略执行流程对中层经理战略承诺有正向影响及中层经理战略承诺对企业绩效有正向影响两个理论命题，构建战略执行流程对企业的绩效作用机制的初步理论模型，论证本书构思的合理性。接下来，本书分析了执行战略时可能会遇到的主要障碍，并分析了通过战略执行流程克服它们的可能性；介绍了学术界评价企业流程性能水平的主流方法和指标，并选择了成熟度作为本书评价战略执行流程性能的方法；通过文献展开和层层解析，在探索性案例研究得出的理论命题和初步概念模型的基础上，进行了更为深入的理论诠释，较有逻辑且较为客观地揭示了"战略执行流程→中层经理战略承诺→企业绩效"这一内在作用机理，构建了本书的理论模型。然后，本书遵循较为严格规范的量表开发程序，通过访谈和文献分析收集题项、初步的题项汇总、项目分析及探索性因子分析和验证性因子分析，开发了战略执行流程和中层经理战略承诺量表。接着，本书详细报告了检验研究假设所需问卷的设计过程和调查过程及样本概况，并进行了描述性统计分析，315份有效问卷所获数据通过结构方程模型对研究假设进行实证检验，对三家企业进行了验证性案例研究。最后，在前述研究的基础上，提出基于战略执行流程的企业绩效提升策略，并进一步验证了本书的主要观点，归纳了本书的理论意义及实践价值，指出研究的不足，提出了进一步研究的方向。

基于上述研究，本书得出如下结论：①战略执行流程和中层经理战略承诺的界定较符合企业实际状况，得到了实证的支持；②战略执行流程是一个三维构念，包含战略分解流程、人员流程和运营流程三个核心子流程；③中层经理战略承诺是一个单维构念；④战略执行流程成熟度对企业绩效有显著正向影响；⑤战略执行流程成熟度对中层经理战略承诺水平有显著正向影响；⑥中层经理战略承诺水平对企业绩效有显著正向影响；⑦中层经理战略承诺在战略执行流程和企业绩效之间起中介作用。

战略执行流程研究一直徘徊不前，没有开发出战略执行流程量表，甚至没有明确的构念界定，围绕战略执行流程进行的研究也仅是定性研究，无法开展实证研究以深入探析该构念与其他变量作用的结果和影响。很多文献都提到中层经理在战略执行中的重要作用，但未明确界定中层经理战略承诺，未开发量表测量中层经理战略承诺，战略执行流程和中层经理战略承诺的整合研究尚未出现。本书取得了一定研究进展：①明确界定了战略执行流程和中层经理战略承诺，为后续研究提供了参考；②开发了战略执行流程和中层经理战略承诺量表，为后续研究提供了研究工具；③系统构建并验证了"战略执行流程→中层经理战略承诺→企业绩效"理论模型，实现了对三者的整合分析，为战略执行理论提供了相对新颖的研究思路，为企业构建和运行战略执行流程，提升中层经理战略承诺水平和企业绩效提供了理论依据和策略建议。

目　录

第1章 绪 论

众所周知，战略执行是企业普遍存在的棘手问题，也是学术界尚待深入探索的前沿课题。制定战略难，执行战略更难。关于战略制定和选择已经有了诸多研究成果，而战略执行的研究成果却极少。钱皮（Ciampi）认为企业管理的本质就是不断将例外情况流程化。从这个意义上说，战略执行流程研究将使企业的战略执行变得更加容易，更为稳定。本书力图从流程视角进行战略执行研究，探索战略执行流程、中层经理战略承诺和企业绩效三者间的关系。本章首先介绍战略执行流程对企业绩效作用机制的研究背景，在此基础上提出研究问题；然后指出本书的研究目的及意义；接着阐释研究内容和研究思路；最后论证可能的创新之处。

1.1 研究背景与研究问题

1.1.1 研究背景

在企业战略管理三个环节的实践中，以战略执行最为薄弱。企业战略执行不力的现象颇为严重，甚至成为企业的顽疾。多年来，战略执行已然成为企业界和管理咨询公司（者）的时髦话题。在西方学术界，战略执行研究在20世纪80年代末就开始受到部分学者的关注；在国内，战略执行研究起步较晚，自2003年以来才逐渐出现一些专门研究战略执行的文献。

从实践层面看，战略执行不力现象普遍存在。从学术研究层面看，虽然很多学者认识到了战略执行的重要性，但其研究成果仍然远逊于战略制定和选择的研究成果，从流程视角进行的战略执行研究则更少，将战略执行流程、中层经理战略承诺和企业绩效整合起来进行的研究尚未发现。

1.1.1.1 战略执行不力现象普遍存在

制定战略困难，通过整个组织执行战略更难[1]。周建华等（2007）指出，无论是新兴企业、成熟企业还是高成长企业，存在的主要问题皆源于战略执行不力[2]。薛云奎等（2005）的研究表明，即便有较为明晰的战略，中国企业中也只有 31.6% 的企业执行既定战略较为有效[3]。在美国，约 70% 的企业经营失败不是因为战略低劣，而是因为既定战略未得到有效执行（《财富》，1999）；不到 10% 的企业精心策划的企业战略得以有效执行（《财富》，1997）[3]。很明显，战略执行必须得到人们更多的重视。

相互竞争的企业之间存在很大的差异，可以从战略执行力上追根溯源。投资者在判断企业价值时，已经将战略执行视为极为重要的非财务因素[4]，企业的长期战略在资本市场并不那么受欢迎。只要企业能够更加有效地执行战略，那么，其竞争者很可能会在竞争中处于完全的劣势[5]。

1.1.1.2 战略执行研究的有效成果不多

学术界对战略执行的研究较为滞后。徐万里等（2008）认为，虽然可以经常看到和听到对战略执行的相关描述和谈论，但专门针对其进行的研究较少，而且很多尚处于描述性研究阶段，还没有形成一个较为系统的理论框架，更缺乏深入的实证研究。如此一来，相较战略管理的其他环节，战略执行研究显得最为薄弱[6]。正如明茨伯格和兰佩尔（Mintzberg & Lampel，1999）所言，有关战略执行的研究成果比在竞争市场上如何制定高品质的企业竞争战略的研究成果要少得多，众多学者投身于战略理论的方法与技术的研究，并将之发展成为竞争战略的理论丛林[7]。

国外研究战略执行的文献虽较国内多得多，但与研究战略制定和选择的文献的数量和贡献相比，仍相形见绌。国内的战略执行研究甚少，自 2003 年掀起战略执行研究热潮以来，专门研究战略执行并刊载于权威期刊的文献仅五篇，博士论文十篇左右。

1.1.1.3 从流程视角进行的战略执行研究极少

战略执行不应是灵光一现的思辨性杰作，而应有其特定的规律，可以得到稳定的预期。流程长存于组织的原因就在于此。从某种角度来说，企业就是一个由若干流程构成的组织类型；管理的作用在于不断将对例外情况的管理流程化。从此意义上来说，企业的战略执行可以流程化以获取较为稳定的结果。这是企业亟须的，对企业而言，将尽可能多的事务纳入流程进行处理，可以降低成本，减少不确定性。

从 20 世纪末开始，管理类国际权威刊物的文献里就不时出现"战略执行流程"字样，但这些文献很少明确和深入具体地对战略执行流程进行研究。拉里·博西迪（Larry Bossidy）和拉姆·查兰（Ram Charan）对战略执行流程进行了明确具体的研究，他们指出，战略执行流程包含人员、战略和运营三个核心子流程[5]。但他们未明确界定战略执行流程，仅对战略执行流程的三个核心子流程进行定性描述，并未开发量表对战略执行流程进行测量，也未进行实证研究。

1.1.1.4 缺乏战略执行流程、中层经理战略承诺及企业绩效的整合研究

战略执行流程作为企业的一种无形资源，其输出主要就是企业绩效。战略执行流程对企业绩效具有较大影响。战略执行流程对中层经理战略承诺有较大影响，毕竟中层经理的升迁、收入、职业安全、管理权限及其他利益和偏好与战略执行流程密切相关。而中层经理战略承诺水平代表着他们执行战略的意愿程度，当然会影响企业绩效。之前的文献直接或间接地对上述内容进行了研究，但缺乏对三者的整合研究。

一直以来，中层经理都被视为执行战略的骨干力量。由于企业环境多变，参与战略管理的人员日益增加；另外，作为内源性基础，管理人员的人力资本在企业获取异质性竞争优势方面的作用越发重要。[8]这两个原因将中层经理推到了战略管理的前沿。目前，我国企业面临多变的环境，同时，政府、产业界和学术界都开始重视和接受管理人员的人力资本所具有的内源性价值。这意味着在我国，企业的中层经理应该在战略管理中扮演一定的战略性角色，而实际情况是，他们传统上扮演的操作性角色正在向战略性角色逐渐演变[8]。鉴于此，中层经理战略承诺对企业有效执行战略有着非同寻常的意义和作用。中层经理在组织中处于承上启下的位置，无论对战略制定，还是战略执行都具有较大影响。中层经理战略承诺水平的高低必然会影响企业绩效。

因此，对战略执行流程、中层经理战略承诺和企业绩效进行整合研究，探索三者间的关系，对有效构建和运行战略执行流程，提升中层经理战略承诺水平，提高企业战略执行力并获取较高的企业绩效有着重大意义。

1.1.2 研究问题

芮明杰等（1977）认为控制其他因素，仅从企业流程的基本要素这个角度来看，同行业企业的流程应该一致[9][10]。但现实状况是，即使是同行业企业，它们之间的流程也大为不同，企业绩效也呈现出巨大的差异。究其原因在于，企业流程的基本内核是不同的，而它们决定着企业流程的特性[9]。所谓企业流程的基本内核，就是任意两个企业流程除了在基本的构

成要素上存在一致性，它们还共同反映了企业的某些本质特性。这些特性使得一家企业的流程能与其他企业的流程明显地区别开来，主要包括企业文化和领导风范与方式[9][10]。企业流程构成要素的差别，导致了企业内部的流程千差万别，而企业流程的基本内核的不同，使得不同企业为完成同一工作而采用的流程迥异[9][10]。小林裕（1995）认为，企业的流程与企业的独特个性及文化等有密切关系，而企业独特个性是指根植于各企业的想法、价值观和行动模式[11]。企业的战略执行流程更是体现了上述研究结果，解释了为何企业制定了符合环境现实的战略却经常得不到有效执行的现象。

拉里·博西迪和拉姆·查兰（2008）认为，执行流程含人员、战略和运营三个子流程，并强调应整体把握，保持三者间的协同，执行的学问就是建立在这三个核心子流程之上的[5]。从逻辑上来看，战略执行流程与企业绩效及中层经理的升迁、收入、职业安全、管理权限及其他利益和偏好密切相关。

一方面，不成功的战略执行是由中层经理对既定战略所知甚少或不支持引起的；另一方面，成功的战略执行意味着经理们按照一组共同的战略优先事项采取行动，而这依靠共同的理解和共同的承诺才得以实现[1]。学术界关于战略共识和战略承诺的认识主要分为三种，一种认为战略承诺是战略共识的一个维度，一种认为战略承诺是战略共识的结果变量，还有一种认为战略承诺是与战略共识并行的独立构念，更为贴近战略[12]。无论是哪一种看法，战略承诺与战略共识都紧密联系，对战略共识的研究本质上都可以转化为对战略承诺的研究。战略承诺的重要性体现在企业战略的有效执行，仅有企业中下层管理者的服从是不够的，更需要他们的积极参与和有效配合[12]。加尼翁等（Gagnon et al，2008）的实证研究结果表明，企业员工的战略承诺受到他们对战略的了解和对组织信赖程度的影响，他们的战略承诺水平不高的话，在战略执行的过程中必然会出现"各自为政"，"上有政策下有对策"的战略执行不力状况[13]。约翰逊等（Johnson et al，1989）指出，企业的战略执行受到中层经理较大的影响，不同级别的管理者对企业战略的认知存在差距，这对企业战略的执行有很大的不良影响，而中层经理可以有效减少这种认知上的差距[14]；于斌等（2007）认为，中层经理是企业战略的执行者，他们负责将组织的战略具体转化为运营[15]。

本质上，战略执行流程主要是在企业高层管理者的主导和中层经理的参与下构建并运行的。因此，对战略执行流程、中层经理战略承诺和企业绩效之间关系的研究，其实主要就是研究由高管层和中层经理的耦合程度决定的战略执行流程性能水平对企业绩效有无影响以及如果有又有何影响，并探究中层经理战略承诺在其间是否起中介作用。

过去的战略管理文献对企业各层级员工的研究主要集中在高管层对企业绩效的影响上，有少数研究将中层经理纳入了研究范围，但结合高管层和中层经理进行研究的并不多，从流程和战略承诺视角将二者整合起来进行研究的则更为鲜见。中层经理所具有的承上启下、认知分散性和整体性并存以及自利等特点决定了按照"战略执行流程→中层经理战略承诺→企业绩效"这一理论框架进行研究是有价值的，也是必要和可行的。

基于上述分析，结合研究背景，本书旨在探索战略执行流程、中层经理战略承诺及企业绩效之间的关系。围绕该研究主题，本书探讨了以下四个子问题。

（1）战略执行流程对企业绩效有何影响？

战略执行流程涉及企业的战略分解，执行战略的人事安排、激励约束机制、组织结构、权力运用及运营过程中的若干问题，这些都是企业取得绩效必须要处理的基本要素。那么，战略执行流程对企业绩效有什么样的影响？

（2）战略执行流程对中层经理战略承诺有何影响？

战略执行流程和中层经理的利益紧密联系。战略执行流程影响着中层经理参与企业战略管理的范围和程度，是中层经理参与决策的有效途径，有助于中层经理利益的表达和博弈，也有益于他们的成长和学习。另外，战略品质决定着中层经理将战略转化为部门和个人任务的难易程度，与中层经理的利益有紧密联系。战略执行流程还影响着中层经理的晋升、职位安排、薪资收入、培训和职位安全等利益。简言之，战略执行流程影响甚至在一定程度上决定着中层经理有多大的可能被安排在合适的岗位上，决定着中层经理在企业组织结构中的位置，对中层经理的职业生涯有着巨大影响。战略执行流程还与中层经理的日常工作量、考核指标、工作自主权及其他利益息息相关，是中层经理最为熟悉和最有发言权的环节。战略执行流程涉及中层经理的诸多利益，与企业的现实情况也最为贴近，对中层经理的影响最大，中层经理也最为看重，成为中层经理的必争之地。可以说，对于中层经理而言，战略执行流程是企业各种流程中利益冲突最大、最难实现畅通和协同的。也就是说，要得到较高性能水平的战略执行流程，需要付出巨大的努力。

中层经理战略承诺衡量的是他们愿意为执行战略付出多少时间和精力，愿意牺牲多少利益，愿意在多大程度上与其他部门进行协同。

综上所述，战略执行流程全方位地影响着中层经理的各种利益，应该会对中层经理战略承诺产生一定的影响。那么，战略执行流程对中层经理战略承诺有何影响？

（3）中层经理战略承诺对企业绩效有何影响？

中层经理在企业中起着承上启下的作用，企业的战略必须通过中层经理贯彻执行。中层经理的角色特征、在组织结构中的位置，决定了他们与员工联系较为紧密。不同的中层经理战略承诺水平代表着不同的付出意愿，那么，中层经理战略承诺对企业绩效有何影响？

（4）中层经理战略承诺在战略执行流程和企业绩效间是否起中介作用？

中层经理历来被视为执行战略的骨干力量。中层经理的利益与企业利益的一致程度极大地影响着中层经理战略承诺水平，而战略执行流程蕴含中层经理几乎全部的利益诉求。中层经理战略承诺水平越高，便越会更加努力地去执行战略，对企业绩效的获取极为关键。毕竟，他们是最靠近市场且具有较强经营管理能力的管理人员。战略执行流程影响全体员工，也就必然会影响企业绩效。中层经理的上行和下行影响所产生的作用不容忽视。那么，中层经理战略承诺在战略执行流程和企业绩效之间是否起中介作用？

1.2 研究目的及研究意义

1.2.1 研究目的

本书意欲厘清战略执行流程、中层经理战略承诺及企业绩效三者之间的关系，为企业构建和运行适宜其环境的战略执行流程，提高中层经理战略承诺水平和企业绩效提供理论依据和实践指南。为此，必须进行如下研究：开发战略执行流程和中层经理战略承诺量表，探析战略执行流程对企业绩效的作用机制。也就是说，本书要研究战略执行流程对企业绩效有何影响；战略执行流程对中层经理战略承诺有何影响；中层经理战略承诺对企业绩效有何影响；中层经理战略承诺在战略执行流程和企业绩效之间是否有中介作用。

1.2.1.1 战略执行流程量表开发

虽然在管理类国际顶级刊物的文献中不乏"战略执行流程"之类的字眼，但将之作为主要构念进行明确研究的并不多。拉里·博西迪和拉姆·查兰在《执行：如何完成任务的学问》一书中用了三章的篇幅详细地描述了战略执行流程的重要作用、特点及应用条件等内容。即便如此，他们仍未开发战略执行流程量表。要进行实证研究，必须测量战略执行流程。因此，开发战略执行流程量表是本书第一个研究目标。这样，不仅可能为本书后续的实证研究奠定基础，也可以为今后的战略执行流程研究提供工具。

1.2.1.2 中层经理战略承诺量表开发

关于战略承诺，学术界持有不同的观点，有人认为战略承诺是战略共识的一个维度；有人认为战略承诺是战略共识的结果变量；还有人认为战略承诺是与战略共识并行的、更贴近战略的独立变量。战略共识也好，战略承诺也罢，都是为了提高企业的战略执行力，从而提高企业绩效。从这个出发点来看，战略承诺自然要比战略共识更贴近战略。显而易见，战略共识不是目的，目的是获取和提升战略承诺，从而更好地执行战略。

目前的研究尚未开发中层经理战略承诺量表，只有杜利（Dooley，2000）根据对美国东南部医院的 68 个战略决策团队的调研，从默德、斯蒂尔斯和波特（Mowday，Steers and Porter，1979）的组织承诺量表中挑出三个题项进行修改后形成了战略承诺量表。但该量表并不是针对中层经理战略承诺而开发的，其中有一个题项具体问及被试者对医院的情感，因此不宜直接应用于中层经理战略承诺的测量。本书在相关文献的基础上，结合实践经验和逻辑推理，在借鉴杜利的战略承诺量表的基础上，经过必要的量表开发程序，开发中层经理战略承诺量表。

1.2.1.3 探索战略执行流程对中层经理战略承诺及企业绩效的影响

战略执行流程包含企业的战略分解、人员和运营，而这三者都对企业绩效有着显著的影响。其实，企业绩效本身就是战略执行流程的主要输出结果之一，也就是说，企业绩效可能会在一定程度上受到战略执行流程的影响。那么，战略执行流程对企业绩效到底有何影响？战略执行流程对中层经理战略承诺又有何影响？

1.2.1.4　探析中层经理战略承诺在战略执行流程与企业绩效间有无中介
作用

在战略管理过程中，中层经理作为部门领导，工作环境复杂且不稳定：在企业内部，他们承受着来自上级、同级和下级各方的压力和影响；反过来，他们对企业各级人员也有很大影响。也就是说，中层经理战略承诺肯定会影响企业绩效。战略执行流程的三个核心子流程与中层经理联系紧密，其利益深藏其中，其作用也蕴含其间。战略执行流程肯定会影响中层经理战略承诺，那么，中层经理战略承诺在战略执行流程对企业绩效的影响过程中是否有中介作用？如果有，属于全部中介还是部分中介？

综上所述，本书的研究目的在于对战略执行流程、中层经理战略承诺及企业绩效三者的关系进行理论和实证分析。具体来说，要研究战略执行流程对企业绩效和中层经理战略承诺有何影响，中层经理战略承诺对企业绩效有何影响，中层经理战略承诺在战略执行流程和企业绩效间有何作用。简言之，本书欲探索战略执行流程对企业绩效的作用机制，揭示中层经理战略承诺在其间发挥什么作用。在此基础上，探索如何提升战略执行流程的性能水平以提高中层经理战略承诺水平，从而提高企业绩效。

1.2.2　研究意义

1.2.2.1　理论意义

之前的文献虽然进行了战略执行流程和中层经理战略承诺的相关研究，但并未明确界定这两个概念。本书明确界定了战略执行流程和中层经理战略承诺，为后续研究提供了参考。同时，本书还通过较为规范和严格的量表开发程序，开发了战略执行流程和中层经理战略承诺量表，为后续研究提供了工具。除此之外，本书通过探索性案例研究和理论分析及逻辑推理，构建了战略执行流程对企业绩效作用机制理论模型，并进行问卷调查获取数据，通过结构方程模型进行研究假设实证检验。战略执行流程、中层经理战略承诺和企业绩效三者的关系得到了验证，中层经理战略承诺在战略执行流程对企业绩效的影响过程中扮演了中介角色。这些为从流程视角研究战略执行提供了实证依据，为深度探索高管层和中层经理之间的耦合作用提供了新的思路。

之前的战略执行研究很少从流程视角进行。战略承诺研究主要集中在高管层，有少数研究将中层经理纳入了研究范围，但将高管层和中层经理二者结合进行的研究并不多，从流程和战略承诺视角将二者结合起来进行研究的则更为鲜见。战略执行流程是全体员工博弈的结果，但主要是在高管层的主导和中层经理的参与下进行构建和运作的。中层经理在战略过程中具有承上启下、认知分散性和整体性并存以及自利等特点。这些特点决定了按照"战略执行流程→中层经理战略承诺→企业绩效"这一理论框架进行研究，具有较高的理论意义。

1.2.2.2 实践意义

（1）实践中，很多企业管理者和管理咨询人员都知道战略执行流程的重要性，但苦于没有可操作的工具，不能很好地把握企业的战略执行流程，也就不能构建或调整适合企业的战略执行流程。本书开发的战略执行流程量表为了解和测试企业的战略执行流程提供了工具，为构建并运行有较高性能水平的战略执行流程提供了建议。

（2）诸多企业管理人员和咨询者虽深谙中层经理在战略执行中的地位和价值，但囿于没有工具来更好地测量中层经理战略承诺水平，如此一来，战略执行的有效性自然大打折扣。企业管理实务中，人们都知道中层经理作用较大，是战略执行的主要力量，可以说得中层者得绩效。本书开发的中层经理战略承诺量表为了解和测试中层经理战略承诺水平提供了工具。

（3）本书对战略执行流程、中层经理战略承诺及企业绩效三者关系的探索使得企业实践者可以掌握一套较为稳定、有规律、有效地执行战略的方法。战略执行流程对企业绩效的作用机制研究有利于实践者深入、具体地了解战略执行流程对中层经理战略承诺的影响；什么样的战略执行流程可以得到较高水平的中层经理战略承诺和良好的企业绩效；作为战略执行主力的中层经理在战略执行流程中最看重什么。这些研究为企业构建和修正以得到适宜的战略执行流程，从而获取较高的中层经理战略承诺和较好的企业绩效提供了依据；为如何激励中层经理提供了较有价值的建议。

1.3 研究内容及研究思路

1.3.1 研究内容

以前的研究对战略执行流程、中层经理战略承诺和企业绩效关注较少，而且都是独立进行的，没有将它们整合起来进行研究以探索它们之间的关系。因此，这是案例研究构建理论的绝好空间和机会。结合文献综述，本书进行了探索性案例研究，提出了两个命题，初步构建了战略执行流程对企业绩效作用机制的理论模型。接下来，本书分析了战略执行主要和常见的障碍，探讨和分析了战略执行流程可以克服和清除这些障碍，介绍并比较了评价企业流程性能水平的主要方法和指标，选择以流程成熟度来评价战略执行流程的性能水平。在上述基础上，通过较为严密的分析，构建了战略执行流程、中层经理战略承诺和企业绩效三者关系的研究假设并构建了最终的理论模型。通过调查问卷收集数据，本书用结构方程模型进行了战略执行流程对企业绩效作用机制理论模型的实证分析。最后，结合本书的结论和企业战略执行的实际状况，提出了基于战略执行流程提升企业绩效的策略和建议，并讨论了本书的不足，指出了未来的研究方向。

战略执行流程包含战略分解、人员和运营三个核心子流程。战略分解流程的目标是有效分解战略，使之具有可执行性。人员流程的目标是有充足的合适的人，并将他们安排在合适的岗位上，为此，在招人、识人、育人、用人、留人等人力资源环节都要下大力气，要构建合适的组织结构，建立合适的激励约束机制。运营流程要解决的是围绕战略并紧扣企业当前面临的最现实的环境和变化情况来制订年度、季度、月度甚至每天的运营计划，使人员有具体的、明确的工作方向和任务。

中层经理战略承诺衡量的是他们为了执行战略愿意付出多少努力。比如，愿意付出多少时间和精力，愿意牺牲多少部门利益及自身利益，愿意多大程度上与其他部门进行协同等。中层经理处于一个角色群中，要面对来自上级、同事及下级的期望。每一个群体构成了一个组，像是一个利益相关者，他们对中层经理有所期望并依赖中层经理的合作才能完成自身的目标，不同组的利益相关者又用不同的标准去评估中层经理战略承诺。中层经理战略承诺存在于"观察者的眼中"，这是一种基于利益相关者对于中层经理的期望和感知而做出的主观判断。中层经理战略承诺变量的数据收集采用了 360 度评价法，即从中层经理的上级、同级、下级及自身收集数据。中层经理在企业中起着不可或缺的桥梁作用，战略执行必须依赖他们。中层经理战略承诺水平决定着其工作的努力程度、协同意愿的强弱程度、牺牲部门利益和自身利益以配合战略执行的可能性和程度。中层经理的角色特征、在组织结构中的位置决定了他们的战略承诺水平对获取企业绩效至关重要。

按照常见的检验中介作用的前提，自变量即战略执行流程与因变量即企业绩效之间有因果关系。因此，首先检验战略执行流程对企业绩效有何影响，然后探析战略执行流程对中层经理战略承诺有何影响；接着检验中层经理战略承诺对企业绩效有何影响；最后检验中层经理战略承诺在战略执行流程和企业绩效之间是否起中介作用，起什么样的中介作用。

具体的研究内容如下：

（1）界定战略执行流程与中层经理战略承诺。这是本书理论模型中的自变量和中介变量，但之前的研究并未界定这两个构念。研发开发量表，界定构念是前提。因此本书的首要任务就是界定战略执行流程和中层经理战略承诺。

（2）开发战略执行流程和中层经理战略承诺量表。尽管战略执行流程和中层经理战略承诺研究得到了部分学者的关注，但至今尚未开发这两个构念的量表，需要进行实证研究，开发这两个量表。本书将遵循量表开发的有关步骤和规范开发战略执行流程和中层经理战略承诺量表。

（3）实证分析战略执行流程对企业绩效的影响。

（4）实证分析战略执行流程对中层经理战略承诺的影响。

（5）实证分析中层经理战略承诺对企业绩效的影响。

（6）实证分析中层经理战略承诺在战略执行流程和企业绩效之间是否有中介作用。

1.3.2 研究思路

本书的研究思路：第1章从研究背景、研究问题的提出、研究目的及意义、研究可能的创新点以及研究内容的安排等方面来介绍研究概况。第2章首先界定了本书的核心构念战略执行流程、中层经理战略承诺，接着介绍了本书的理论基础即资源基础观和不完全合同理论，并进行了战略执行流程、中层经理战略承诺和企业绩效两两间关系的文献梳理和述评，在此基础上发现研究的不足，指出研究方向和空间。第3章进行多案例探索性研究，得出战略执行流程、中层经理战略承诺与企业绩效之间关系的命题，构建了初步的战略执行流程对企业绩效作用机制的理论模型。第4章分析了主要和常见的战略执行障碍，在前两章的基础上，根据已有文献和企业的战略执行实践，逻辑地分析并指出战略执行流程可以有效清除上述战略执行的主要和常见障碍，经过较为严密翔实的理论分析，较为有力地提出了本书的研究假设，构建了最终的战略执行流程、中层经理战略承诺和企业绩效三者关系的理论模型。第5章经过较为严格和规范的量表开发步骤和方法，通过文献分析和实地访谈收集词条，开发题项，通过项目分析、探索性因子分析和验证性因子分析以及多维尺度法，开发了战略执行流程和中层经理战略承诺量表。第6章介绍了本书的研究方法，对通过问卷调查得到的数据进行了预处理和初步的描述性统计分析。第7章用结构方程模型实证检验了战略执行流程、中层经理战略承诺及企业绩效之间关系的研究假设。第8章用三个案例企业进行了验证性案例研究，以检验实证分析结论。第9章在前述章节的基础上，结合企业实践提出了基于战略执行流程的企业绩效提升策略。第10章归纳了本书的研究结论、提出并阐释了本书的研究成果，指出了书中存在的不足，仔细讨论了未来的研究方向和应该注意的问题。

根据上述研究内容具体安排的介绍，本书的篇章结构安排可用图 1 - 1 来展示。

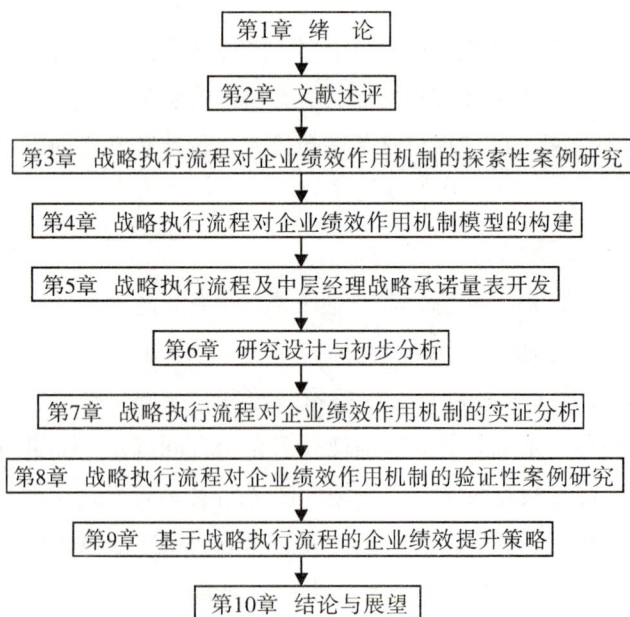

第1章 绪 论

↓

第2章 文献述评

↓

第3章 战略执行流程对企业绩效作用机制的探索性案例研究

↓

第4章 战略执行流程对企业绩效作用机制模型的构建

↓

第5章 战略执行流程及中层经理战略承诺量表开发

↓

第6章 研究设计与初步分析

↓

第7章 战略执行流程对企业绩效作用机制的实证分析

↓

第8章 战略执行流程对企业绩效作用机制的验证性案例研究

↓

第9章 基于战略执行流程的企业绩效提升策略

↓

第10章 结论与展望

图 1 - 1　本书的篇章结构

1.4　研究方法及技术路线

本书主要采用问卷调查和案例研究方法以试图客观剖析战略执行流

程、中层经理战略承诺和企业绩效三个构念之间的关系，采用的数据分析工具主要是 SPSS17.0 和 AMOS17.0 统计软件。

根据战略执行流程对企业绩效作用机制探索性案例研究提炼出的战略执行流程、中层经理战略承诺及企业绩效三者间关系的命题和初步构建的战略执行流程对企业绩效作用机制的理论模型，结合文献述评及企业战略执行的实际状况，经过较为翔实的理论分析和逻辑推导，本书提出了战略执行流程、中层经理战略承诺和企业绩效的相关研究假设并构建了理论模型。之后，在上述基础上严格按照量表开发的一般步骤开发了战略执行流程和中层经理战略承诺两个量表，力图准确测量这两个构念。在对样本企业的基本情况及其战略执行流程、中层经理战略承诺和企业绩效展开问卷调查的基础上，进行数据质量评估以及相关研究假设检验以探索战略执行流程、中层经理战略承诺及企业绩效三者间的关系。

本书采用的技术路线如图 1－2 所示。

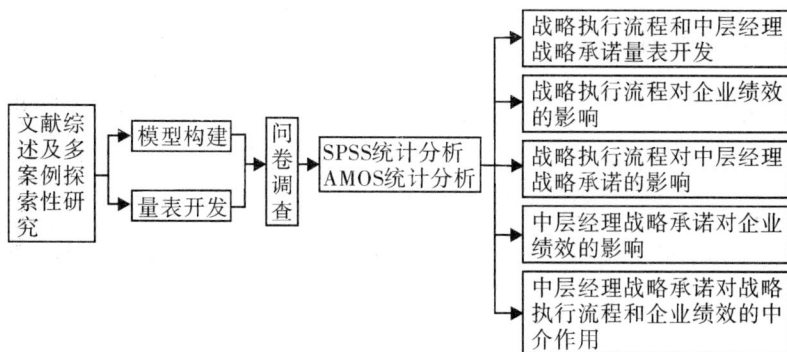

图 1－2 本书采用的技术路线

具体来说，本书将分两个阶段进行战略执行流程、中层经理战略承诺和企业绩效三者关系的研究。

第一个阶段通过探索性案例研究提出命题并构建初步的理论模型，在此基础上根据文献述评及企业战略执行的实际状况提出研究假设，构建理论模型，确定构念维度及测量题项，进行量表开发，编制和修订调查问卷。

第二阶段主要通过对企业进行访谈和问卷调查，用所得数据检验战略执行流程对企业绩效的作用机制。需要具体检验的内容为：战略执行流程对企业绩效的影响；战略执行流程对中层经理战略承诺的影响；中层经理战略承诺对企业绩效的影响；中层经理战略承诺在战略执行流程和企业绩效之间是否起中介作用，如果起作用，起何种作用。

结果分析的具体方法根据研究需要而定，验证量表的信效度主要采用内部一致性系数（Cronbach α 系数）、验证性因子分析（CFA）及多位尺度法等；检验战略执行流程、中层经理战略承诺及企业绩效之间的关系采用结构方程模型进行分析。

本书的调查问卷包含三个量表，战略执行流程和中层经理战略承诺应用本书自行开发的量表进行测量，企业绩效采用已有的国内外学者常用的主观企业综合绩效的成熟量表进行测量。调查方式主要有两种：一是到企业以高管层和中层经理这两个层次的管理人员为主、基层员工为辅进行问卷调查，获取战略执行流程和企业绩效数据，并根据员工名单对中层经理及其上级、同级和下级进行问卷调查，测量中层经理战略承诺；二是在四川某高校商学院 EDP（高级经理培训项目）班发放问卷。两种调查方式以第一种为主，第二种为辅。

1.5　研究的创新点

之前的文献很少从流程视角进行战略执行研究，对战略执行主体的研究主要集中在高管层，很少对中、下层员工进行研究。本书从流程视角对战略执行进行研究，力图探索出有规律地、稳定地执行战略的方法；将战略执行主体的研究范围扩展至中层经理，探索中层经理战略承诺的作用。具体来说，本书的创新体现在以下几方面。

1.5.1　战略执行流程的界定及其量表开发

早在 20 世纪八九十年代，管理类国际权威刊物的文献中就出现了战略执行流程的构念，但未经明确界定及研究。国内不少学者提到了战略执行流程的重要性，也未对其进行深入具体的研究。首次较为深入具体地对战略执行流程进行研究的是霍尼韦尔公司的前总裁兼首席执行官拉里·博西迪和哈佛大学教授拉姆·查兰，他们在《执行：如何完成任务的学问》一书中较为细致地定性描述了战略执行流程的内容、特点和相关注意事项等，认为战略执行流程包括人员、战略和运营流程三个核心子流程，三者之间应协同发展，从整体上进行把握[5]。即便如此，他们也未明确界定战略执行流程，更未开发战略执行流程量表，当然，也就没有进行实证研究。

本书通过对大量文献的反复研读，结合企业战略执行的实际状况，进行深入思考后，将战略执行流程定义为：战略执行主体刚性地执行既定战略或根据环境变化采取反馈测量和不断修正执行等持续性提升措施执行既定战略的一系列逻辑相关的活动的有序集合。

本定义提出战略执行主体这个概念的目的是：虽然执行战略需要分布在企业内外的各利益相关者的配合，但毕竟主要还是依靠企业高、中基层管理人员及所有操作层员工。当然，其中的重点是高管层和中层经理，尤其是中层经理。作为战略执行骨干，中层经理的地位和影响早已得到学术界和实务界的认同，诸多文献对此已有详尽论证。任何流程都包含输入、作用过程、输出三个环节。本定义指出，战略执行流程的输入是战略目标；作用过程则体现为根据环境变化能动地执行战略，暗含在环境稳定、战略的前提假设条件保持不变的状况下不折不扣地执行既定战略，若环境发生较大变化，战略的前提假设条件发生巨变，则根据它们的变化程度对既定战略做出相应调整后继续执行；输出即是战略目标的实现程度，一般表现为企业的各种绩效。该定义强调了所有的这些活动是有逻辑顺序的，体现了流程的特点。

在对战略执行流程构念进行明确界定的基础上，本书从文献研究开始，主要通过访谈搜集词条，通过项目分析、探索性因子分析、验证性因子分析等量表开发的必要步骤，较为可靠地开发了战略执行流程量表，为后续研究提供了工具，为测试和把握企业战略执行流程提供了工具。

1.5.2 中层经理战略承诺的界定及其量表开发

中层经理战略承诺研究属于战略执行研究的范畴，以往的文献并未明确界定中层经理战略承诺，也未开发量表，自然没有对它进行实证研究。而且，以前的研究出现了分歧：有人认为战略承诺是战略共识的一个维度，有人认为战略承诺是战略共识的结果变量，还有人认为战略承诺是一个与战略共识并行的、更贴近战略的独立变量。

本书综合分析了相关文献并结合企业中层经理战略承诺的固有特征，认为中层经理战略承诺是建立在中层经理对战略目标和实现战略的途径和手段，拥有适度信息，并经过理性的思考、积极健康的怀疑、批判性吸收和适度博弈的基础上，为执行既定战略或者根据内外环境的变化，能动、及时和适度地修改既定战略目标（或既定战略的实现途径和手段）后，继续真实而理性地执行，并付出足够努力，甚至适度牺牲利益的意愿。

本定义认为，中层经理战略承诺不是盲目而感性地做出的，而是在对战略有着较为深入的理解和适度的利益博弈的基础上做出的。中层经理不应抱着机械地执行既定战略的意愿，而应持有根据环境和战略的前提假设条件的变化，发挥自己及下属甚至是所有可以影响到人的积极性以能动地执行战略的意愿，即如果战略的前提假设条件发生较大改变，战略执行时应该实行持续性提升措施以修正战略目标，尤其是实现战略的途径和手段。很多企业战略执行不力并不是因为各级员工不赞同战略目标，而是对实现战略目标的途径、方法和工具不认同，从而导致战略执行失败。同时，本定义还暗含授权的必要性，即在执行过程中应提高中层经理的积极性，充分利用他们丰富的经验。总之，应根据具体情况或刚性执行战略，或在一定前提下柔性地执行战略。本定义还强调，中层经理战略承诺测度的是真实而理性地考量中层经理为实现战略愿意付出的多少，排除了虚假承诺，考虑了中层经理的固有特点。

在对中层经理战略承诺进行详细界定的基础上，本书分析了大量的文献，进行实地访谈搜集词条并改编成题项，通过项目分析、探索性因子分析、验证性因子分析等量表开发的必要步骤，较为可靠地开发了中层经理战略承诺量表，为后续研究提供了工具，为测试和把握企业中层经理战略承诺水平提供了工具。

1.5.3 战略执行流程对企业绩效作用机制的模型构建及实证检验

严格说来，战略执行流程是在企业各级员工的博弈下进行构建和运行的，这其间高管层起着主导作用，中层经理是主要的参与者。战略执行流程涉及企业管理的主要方面，必然对企业绩效有较大影响，也会对中层经理战略承诺有较大影响。从流程视角来看，将战略执行流程化对于有效执行战略将会有重要影响，但关于战略执行流程的实证研究尚未出现。中层经理起着承上启下的作用，是战略执行的重要力量。他们的战略承诺对实现企业绩效有着举足轻重的作用，因此研究中层经理战略承诺是一个有重要价值的新课题，目前的研究尚未深入推进到这个层面。本书将战略执行流程、中层经理战略承诺及企业绩效这三个构念进行整合研究以探索三者间的关系，力图揭开战略执行流程对企业绩效的作用机制。这将为有效构建和运行战略执行流程，提升中层经理战略承诺和企业绩效提供理论依据。

第 2 章 文献述评

本章从六个方面对相关理论和文献进行述评：一是对资源基础观和不完全合同理论进行回顾；二是述评战略执行流程的相关研究；三是对中层经理战略承诺进行述评；四是就战略执行流程与企业绩效间关系的相关文献进行述评；五是展开对战略执行流程与中层经理战略承诺之间关系的相关文献进行述评；六是对中层经理战略承诺与企业绩效间关系的相关文献进行讨论。

2.1 资源基础观理论述评

2.1.1 资源基础观理论概述

沃纳菲尔特（Wernerfelt，1984）分析了企业的资源对其绩效的影响，认为企业之间的内部资源不同质，企业可借此提供区别于对手的独特产品或服务。通过对它们的获取、独占和利用，企业可获取竞争优势，这些资源便成了超额利润的源泉，与高绩效紧密相连，成为企业战略的基础[16][17]。

班尼（Barney，1991）认为，企业之间绩效的差异主要是因为资源禀赋的差异，企业若能提高资源的质量或使用效率，将会获得竞争优势[18][17]。

贝特罗夫（Peteraf，1993）指出，企业可以通过垄断低成本获取不同质的资源并限制资源流动和竞争以便占有和保护租金，这可以成为企业竞争优势的源泉[19][17]。

科利斯和蒙哥马利（Collis & Montgomery，1995）认为，企业由实体、无形资产及能力组合而成，其效率与效果由资产和能力决定，拥有最好和最合适资源的企业将比竞争对手表现得更为优异、更为成功[20]。

2.1.2 资源的界定

沃纳菲尔特（1984）指出，所有可以带来竞争优势或劣势的东西都可视为企业资源，包括那些可以被定义为半永久性附属于企业的有形和无形资产[16][17]。

班尼（1986）认为，企业资源是企业制订和执行战略时可以利用的力量，包括所有的信息和知识、组织流程、企业属性、能力等有形和无形资产，它们必须能让企业制订并执行可以提高企业绩效的战略，并使之处于企业的控制之下[21][17]。

阿米特和舒梅克（Amit & Shoemaker，1993）则认为，企业资源表现为各种受其拥有和控制的可用因素的存量，可以结合技术和管理信息系统等更广意义上的资产和联结机制，最终转化成产品或服务[22][17]。

班尼（1991）指出，人力、物力和组织是三类典型的企业资源，但它们不可能都成为战略性资源，只有那些能带来持续竞争优势的资源，才能称为战略性资源[18][17]。

2.1.3 资源的价值特征

资源基础观的核心观点认为，企业的绩效差异源自其拥有的战略性资源不同。战略性资源是那些能够为企业带来持续竞争优势和高利润来源的资源（Amit & Schoemaker，1993）[22]。众多学者就战略性资源的价值特征进行大同小异的分析，本书不再赘述，只对战略管理研究领域最具声望和权威的战略分析框架（VRIO）进行介绍。

（1）价值性。若资源能促进企业把握环境中出现的机会，或者能够抵消或回避存在的威胁，简言之，该资源具有价值才有可能成为严格意义上的资源。

（2）稀缺性。只有被少数人占有的资源才是稀缺的，才能使企业获取竞争优势。如果企业拥有的有价值资源的数量少于完全竞争状态下所需的数量，那么这些资源就有可能产生竞争优势。

（3）不可完全模仿性。资源的价值性和稀缺性是企业产生绩效差异的必要非充分条件。要想持续性地获取优异绩效，资源还应具有不可完全模仿性。这就意味着该资源根本不能模仿，即使可以模仿但成本极高。历史依赖性、因果模糊性和社会复杂性这三个因素导致了资源的不可完全模仿性。历史依赖性即资源产生的独特历史条件难以重现；因果模糊性表明，资源与企业绩效差异间的关系复杂，难以辨清；社会复杂性意味着很多资源属于无形资产，在管理实践上很难把握和塑造。

（4）组织性。价值性、稀缺性和不可完全模仿性虽然重要，但依然只是资源获取竞争优势的必要非充分条件，只有当企业能够有效管理和组织具有价值性、稀缺性和不可完全模仿性的资源时，才有可能构建可持续的竞争优势。也就是说，企业之间，即使资源相同也会因为管理及组织等方面存在的差别而出现绩效差异[23]。于是，组织问题悄然而至：组织工作有没有紧扣充分利用资源这个核心问题来予以开展？正式报告制度、管理控制系统和企业文化等有没有围绕企业资源绩效构建和运行？虽然单个资源的能量有限，但它们与企业的其他资源结合在一起就有可能获得竞争优势。况且，企业的战略性资源在配置或应用过程中可能会形成互补，从而创造更大的价值。[22]因此，在战略分析框架中，组织如调节器般发挥作用。

哈尔（Hall，1992）将资源分为有形资源和无形资源[24]。有形资源较易确认，包括实物和金融资产。有形资源具有一定的稀缺性，但容易被竞争对手购买、模仿和替代，无法构筑起企业可持续的竞争优势，不可能真正成为企业间绩效差异的战略性资源。

无形资源能在一定程度上满足稀缺性和不可完全模仿性的要求，因为有的无形资源可以被企业拥有，大多得到法律保护[25]。除常见的专利和许可证技术外，员工拥有的知识、技能、经验以及团队有效性等都是无形资源，它们难以观测。因此，无形资源比有形资源更能解释企业间成长绩效的差异[22]。

2.1.4　战略资源要素构成

上一节已简单阐释了无形资源是企业产生绩效差异的真正来源。那么，有哪些无形资源呢？学者们对无形资源进行了划分，其中最具影响力的是哈尔的分类框架。哈尔（1992）将无形资源分为"依赖或独立于人的资源"。依赖于人的无形资源包括企业默会知识、企业家学习技能、企业声誉等；独立于人的无形资源表现为当员工或团队离开公司后，依然能维持企业状态的那些无形资源。比如，专利、数据库、合同、知识产权、商标和商业秘密等[24]。

埃德温松（Edvinsson，1997）认为，企业的无形资源包括默会知识、经验、技术、顾客关系和专业技能等[26]。费尔南德斯、蒙特和巴斯克斯（Fernandez，MonteS & Vazquez，2000）则将无形资源分为人力、组织、技术和关系资本等[25]。

按照上述学者的观点，可以将战略执行流程和中层经理战略承诺看作企业的无形资源，一定程度上具备了价值性、稀缺性和难以模仿性，若企业的战略执行流程管理能力较强的话，还可以使它们具备组织性。换言之，战略执行流程和中层经理战略承诺这两个企业的无形资源和战略性资源具有为企业带来可持续竞争优势的特征，是企业绩效差异的主要源头之一。从哈尔的分类容易得到，战略执行流程和中层经理战略承诺都是依赖于人的无形资源，因此应特别重视人的作用和发挥人的积极性。

2.2 不完全合同理论述评

组织之间和人与人之间的一切经济活动本质上都是在或多或少、或明或暗的合同约束下进行的。通过合同的约束和激励，参与交易的各方做出在不同情况下有所为和有所不为的承诺，以便对未来的行为进行约束。这样一来，交易各方就以互相兼顾彼此利益为前提，通过较低的交易成本来实现自身的目标。从现代产权观点的企业理论来看，不完全合同是解开企业基本问题的钥匙（费方域，2009）[27]。

在商业实践中，交易合同在大多数情况下是不可能完全的，很多时候需要修正和再谈判。实际达成的合同不可能将以下问题都一一解决：第一，合同不可能将未来所有可能发生的事件都包含其中；第二，不可能在事件未发生时，将合同各方必须采取的行动、拥有的权利和承担的责任都完整地写入合同条款之中；第三，签订合同时不可能用准确的语言将全部合同内容进行规范、全面的描述；第四，不可能通过第三方执行合同中的全部条款。简言之，合同需要协商和修正，因为在真实的社会经济活动中，合同通常会存在瑕疵，存在模糊和有不同理解的条款。

缔约成本是不完全合同产生的前置因素之一。事物通常较为复杂，具有一定的不确定性，而交易方是有限理性的，存在机会主义行为。这些因素决定了完全合同的缔约成本极为高昂，合同的签订和执行要经历一定的时间，很多事情在签约时根本不可能预先进行设想，有时会影响签约各方的行为和成本收益，对这种可能发生的影响的预期本身也会产生影响[27][28]。签约各方一般情况下都是有限理性的，在多变的环境中，他们不希望也不可能考虑很多，不可能预估与合同条款有关的可能发生的所有事情，更不可能制订应对计划，合同可以利用的语言常常有一定的模糊性，就算能够进行预测和计划，交易方也没有极为准确的语言予以刻画[27][29]。退一步说，如果缔约各方认为事情发生的概率较小，预期发生争议的可能性不太大或者成本过高的话，即使可以被交易方预见和描述，缔约各方也很可能不把它们写入合同条款[27][30]。如果合同当事人之间的沟通已经非常困难，可以强制执行的合同，必须用第三方可以证实的语言来进行描述。那么，对合同运作环境一无所知或知之甚少的第三方要想掌握实情自然也就更为困难了。

不完全信息和机会主义行为也是产生不完全合同的重要因素。"合同要在做什么、如何做以及交易各方以被对方希望的态度和努力程度等方面进行协调和激励。简言之，合同的作用在于让自利的交易各方兼顾与平衡利益。但无论是签订合同之前发生的逆向选择，还是之后产生的道德风险，都增加了签订合同和确定合同条款是否得到履行的困难和成本。"[27][30]

"合同不完全会影响对参与交易各方的激励的一致性和承诺的有效性。第一，合同签订者违约的可能性更大。因为，合同没有也不可能全部明确规定参与交易各方的行为，所有的违约人都很容易辩称自己所做出的行为是最初缔约各方认同的，在此情况下，要明确事情的真相是否如违约方所言，守约方非常难以确定。退一步说，由于不完全合同的存在，第三方很难确认参与交易各方的对错。因而，守约方仍然很难让违约方承担相应的责任，纵然他确信违约方违约。第二，合同约定的状况会发生变化，参与交易的各方必然要根据具体情况对之前签订的合同进行再谈判，但必须认识到的是，再谈判过程会产生成本，有时甚至是高成本：参与交易各方会针对修正条款反复磋商，甚至产生争论；而且，再谈判和重修合同的时候依然会不同程度地存在信息不对称问题；若需要事前专用性投资，不完全合同的成本可能较高。"[27][29]

从不完全合同理论视角来看，正是因为合同的不完全性使得各战略执行主体之间不可能也不会签订完全合同以规范各方的责、权、利，只能在执行战略的过程中不断地再谈判和修正合同。但合同的不完全性会影响对各战略执行主体的激励的一致性和承诺的有效性，从而导致很难有效执行既定战略。从本质上来说，这个难题与由不完全合同引出的各战略执行主体的剩余收益权和剩余控制权的分配不公分不开。剩余收益如果不能被参与交易的各方完全预期、描述或证实，必然会产生不完全合同，如此一来，剩余收益权的"剩余"二字就蕴含合同不能进行规定的含义[27][30]。在企业中，不同层次的战略执行主体的剩余索取权截然不同。一个常见的情形是，利益分配在不同层级员工中通常很不公平，高管层获取的利益远超过其他层级员工，有时甚至与他们自身的贡献和绩效严重不匹配。

所谓所有权，就是指在合同对决策权未做出规定的情形下，实施剩余控制权以及在缔约方履行合同之后获取剩余收益权。现代产权理论视剩余控制权为产权的本质，甚至直接将剩余控制权的定义当成所有权的定义[27][30]。实际生活中签订的合同都是不完全合同，在合同没有规定或者发生了无法证明的问题时，什么人拥有使用或处置合同所涉及的资产的权力？顺理成章地，应由所有者来拥有这个权力。也就是说，所有者可以采用任何与之前已经存在的合同、惯例及法律法规不相违背的方式来对相关有形或无形资产的使用做出决定。因为它是合同遗漏的，或者是合同并未加以规定的，所以相对于合同条款已经做出明确规定的特定的控制权而言，它就形成了剩余控制权[27][30]。剩余控制权具有可分割性，这意味着并不是只有股东才拥有剩余控制权。管理层通常情况下会拥有部分甚至是全部的企业剩余控制权。在两权分离的大公司，股东把与自身权利相关的剩余控制权留给自己，而将那些与经营相关的剩余控制权委托给经营管理者进行代理。所有权并不是绝对的，它视具体状况而定，在不同的情形下，剩余控制权的拥有人有可能不同，非所有者在很多情况下也拥有剩余控制权[27][30]。在不完全合同的世界中，拥有剩余控制权者最终将获取企业利润，如果他们有权将之分配给自己的话。剩余收益权的拥有者并不必然也拥有剩余控制权。剩余收益权会依赖剩余控制权，而且同剩余控制权一样，剩余索取权也具有非排他性、可分割性和可让渡性，也是状态依赖的。人力资本市场对经营管理者能力的评价会受到企业绩效的影响，从而关系到他们的职业生涯和收入。因而，经营管理者成为部分收益的剩余索取者。企业绩效的提升会增加战略执行主体的各种利益，这些利益虽然没有在合同里得到明确规定，但同样可以认为战略执行主体获得了企业的部分收益的剩余索取权。

企业各级员工的诸多利益蕴含在战略执行流程之中。从本质上讲，战略执行流程就是在高管层的主导和中层经理的参与下制定和实施的不完全合同。从战略分解、人员和运营三个子流程的内容和功能可以看出，战略执行流程涉及各方利益，没有也不可能全部明确规定各方的权利和义务，它是剩余控制权和剩余索取权的分配在战略执行主体之间博弈结果的形象展现，也是剩余控制权和剩余索取权在各级战略执行主体间的分配谈判和博弈过程的体现。中层经理战略承诺是中层经理对执行战略将涉及的利益博弈结果的满意程度的反映，也是中层经理这个战略执行骨干力量在执行战略的过程中对一系列不完全合同的满意程度的反映，是在履行这一系列不完全合同后对剩余控制权和剩余收益权的预期的体现。从这个角度来说，战略执行流程实质上就是一系列的关于各级战略执行主体如何执行战略的不完全合同。中层经理战略承诺是中层经理对这一系列不完全合同的满意程度的表现形式。企业绩效就是战略执行主体履行这一系列不完全合同的结果。

本书的研究主题，即战略执行流程对企业绩效作用机制本质上是研究如何尽可能完善战略执行流程涉及的一系列不完全合同以获得更高的中层经理战略承诺。鲍威尔（Powell，2004）认为，企业都或多或少地存在着明知如何才是正确执行战略，却不选择有效执行战略的状态，即执行力黑洞问题[31]。执行力黑洞问题其实就是因为战略执行流程包含的一系列不完全合同并未较好地解决企业各级战略执行主体的剩余控制权和剩余收益权所产生的问题。这导致了各执行主体的利益与企业利益的一致性程度较低，从而出现执行力黑洞问题。而且，正如不完全合同理论所揭示的那样，任何合同不可能穷尽所有可能发生的事件，也不可能描述清楚所有可能发生的事件，所以任何企业都有可能存在执行力黑洞问题。问题的关键在于要尽量地减少执行力黑洞，从这个角度出发，企业执行力的不同就在于执行力黑洞的大小和多少。

2.3 战略执行流程

2.3.1 战略执行概述

2.3.1.1 战略执行的内涵

战略执行包括依据变化的环境不断改变战略的前提假设，增强企业战略执行能力，以便适应巨大的战略挑战的机制；协调有关战略执行人员及所在部门，将激励和产出紧密挂钩；提出商业环境的假设，评估企业能力，结合战略、运营及战略执行；对战略执行的方法和目标进行质疑和讨论，不断跟进和落实责任，是一系列复杂的系统流程[5]。

一般来说，战略执行表现在不同的职能部门和资源领域，表现为企业的日常运作流程，要根据既定战略进行有效管理（Gerry Johnson & Kevan scholes，2004）[32]。

战略执行是根据既定战略形成可执行的具体计划，配置资源并对战略执行主体的决策和行为进行控制的过程（陈国庆，兰宝英，2011）。[33]

战略执行是以战略执行力为基础，以高品质和战略执行者的意愿为前提，战略执行主体通过资源和机制的运用来实现战略目标或者影响，修改既定战略或者促进形成新战略的动态过程（李亚龙，2013）[34]。

2.3.1.2　战略执行与战略执行力

战略执行和战略执行力的相关研究具有一致性和交叠性，要研究战略执行，必然要研究战略执行力。大多数情况下，研究战略执行是以战略执行力作为切入点的，有时甚至将二者混为一谈。战略执行通常被学术界看作企业实现战略目标的过程，战略执行力则被看作实现战略目标的能力[34]。

战略执行力是高效执行战略的保障，是战略执行的依托和抓手。形成战略时，战略执行力必须得到重点考量。战略执行使战略执行力得到了体现和检验，并获得了提高，两者互为条件、相互影响并相互促进[34]。

战略执行力由战略共识、协同和控制构成，源于执行战略过程中运用企业的各种资源和机制达成战略目标的综合能力[3]。战略执行是管理者主要应完成的工作，内在地构成了企业的战略，而战略执行力可视为企业文化的核心要素[5]。企业有效的战略执行力始于战略，终于现场管理[35]。

2.3.1.3　战略执行的前提

战略品质的高低是能否成功执行战略的关键[36]。战略执行的效果受战略执行力与战略类型的有效结合[37]、战略形成过程中程序公正性的影响[38][39]。

战略形成过程中存在很多陷阱，过于强调控制可能会导致对风险的忽视，过于依赖理性分析和战略顺序会造成战略缺陷[40]。战略执行再好也不可能克服劣质战略的危害（Hrebiniak，2006）[1]，况且，若战略品质低劣，再有效的战略执行也无从谈起。战略缺陷主要体现在两方面：战略计划与环境的偏离导致形成缺陷，战略正确但执行过程导致形成缺陷。前者是战略执行可以影响并修改但不能规避的，后者是战略执行的问题。[15]

上述分析虽不够深入，但已经看到了战略及其形成对于战略执行的重要性。战略、战略形成方式和战略执行三者间相互作用，战略及战略形成方式对战略执行的成败有所影响，甚至起决定性作用。目前，学术界对这个双向过程的作用机理尚无深入研究。虽然有个别学者提出，有效的战略执行可弥补战略缺陷，对既定战略可进行修正，但并未深入研究战略执行修正既定战略的方法、路径和成效等问题。战略有既定战略和应急战略之分，在不确定性较高的环境里，企业战略具有较强的柔韧性和应急性，在执行时需要不断地进行调整。因此，战略执行和既定战略两者互为前提，相互影响和促进。今后的研究应深入探究，二者究竟怎样相互影响？相互影响的过程机理是什么？在战略执行过程中有效地修改战略和形成战略的前提条件是什么？简言之，若战略品质不高，战略执行过程采取持续性提升措施的要求就更高。

不难看出，重视战略分解流程研究极为必要。战略分解流程是衔接和融合战略与战略执行的重要环节，有利于深入分析战略及其形成对于战略执行的重要性，也是深入剖析战略执行作用机理的开始。

2.3.1.4　战略执行工具

管理控制系统开始从战略层面和运营层面都崇尚标准化，不支持创新转变为支持企业灵活应对和适应环境，被很多学者视为战略执行的有力工具。

管理控制系统有控制和探索两个常见功能。前者致力于帮助企业进行持续改进和提高效率，以提供高效率和较为可靠的流程；后者的目的在于预测企业内外部条件的变化，以帮助企业灵活面对多变的环境。[41]当前，传统行业中的民营中小企业的内部管理水平较低，管理控制系统的控制功能和探索功能的平衡发展问题并未得到较好的解决，二者之间非但没有协同，反倒对彼此产生了负面影响[42]。这提醒管理者，应加强对二者的协同建设投资，在构建管理控制系统时，应充分考虑传统民营中小企业特点及其所处环境的特殊性，增强其适应性和针对性，从而提高战略执行绩效。目前，依据对控制功能和探索功能重视程度的不同，管理控制系统有一元模型、二分模型和二元模型，保持了与有关学科发展及企业环境变化同步的态势。

一元模型认为只有一种普适的管控模式。该模型一味强调"控制"，完全忽略了企业面临的各种权变因素，并不能很好地发挥管控作用，在此基础上，二分模型应运而生。权变理论认为，企业应根据其战略、内外部环境、规模、技术和文化等因素的变化及时进行调整，否则将导致不利后果。二分模型认为，在不确定性较低的情况下，企业可以构建理性的、标准的和常规的管理控制系统；而在不确定性较高的情况下，企业应建立开放的、具有试验性和学习导向性的管理控制系统。[41]相比于一元模型，二分模型虽然更符合实际，意识到了管理控制系统应该具有控制功能与探索功能，却认为控制功能和探索功能本质上是相冲突的，企业只能选其一。当企业处于不确定性较高的环境时，这种观点就显得非常不合时宜。二分模型的缺点在于矫枉过正，主张运用近乎全部摒弃控制职能的管理控制系统。因此，近年来，集控制功能和探索功能优点于一体的二元模型应运而生。二元模型认为，控制功能追求组织效率和可靠性，探索功能追求组织的创新性和灵活性，两者可共存于组织之中，其有效性显著体现为，在动荡多变的环境中，控制功能和探索功能相互协同和促进，增进彼此的有效性。[41]

安东尼（Anthony）早在1965年就指出，帮助企业执行清晰的既定战略是早期管理控制系统的目标所在，管理控制系统介于战略规划和运营控制之间并联系二者，将企业的战略目标分解为企业内各部门的目标，把长期目标转换成短期目标。[43]安东尼模型的特点在于用会计预算的方法把企业目标逐级分解为部门及个人的绩效目标；用部门和个人业绩评估和计量实际的绩效，并与预算绩效指标进行比较；用报酬机制对绩效进行纠偏。他所推介的管控工具组合就是大家熟知的战略计划和预算控制。这二者目标明确、容易理解且便于贯彻，在企业界沿用至今。安东尼的管控模型建立在若干有关确定性的先验假设的基础上，比如决策信息、控制者与被控制者、控制标准与目标和利益与目标的一致性要明确等[44]。它们并不一定符合企业的实况，因此，不少学者质疑安东尼模型。的确，安东尼模型并未形成有效分解战略目标的机制，过于强调财务指标，很少涉及企业文化和组织结构等影响战略执行的重要因素，模型的涵盖面比较窄，在实操过程中极易受到职能部门的"庸俗化"影响，从而忽视动态的战略控制的交互过程，战略计划简化为"数字游戏"，管理控制活动成为一种程序性的行政事务，失去了其战略意义。[44]

罗奇（Roche）的管理控制系统综合性框架涉及企业环境、执行过程、沟通和反馈方式等因素。他将管理控制的环境因素局限于战略、领导风格、组织结构和目标的界定上，并没有包括企业外部环境、生产技术、人力资源管理和管理哲学等方面的变量。因此，不能反映整个管理控制环境的综合影响；该综合框架对管理控制过程只是简单地描述了业绩计量、沟通反馈和事后监督活动的过程，并没有反映管理控制目标是如何确定，以及战略计划是如何被分解的等很多事前的管控过程，只能被视为管控过程的一个不完整体现。

管理控制系统的传统定义有两个关键的隐含假设：管理控制系统关系到执行经营战略的工具及战略的制定，是一个由上而下的过程。西蒙斯（Simons，2004）认为，管理控制系统是一个与企业战略共同演进的动态的管理控制机制。在他看来，战略是一个有着动态边界的系统，战略的形成过程其实是一个交互过程。同时他还认为，管理控制系统包含边界、诊断、信任和交互控制四个具体的子管理控制系统。从本质上看，这涵盖了"指引战略执行者活动方向，激发他们的执行意愿，关注对他们的报酬和激励和引发他们的变化"等管理控制方法。此外，西蒙斯在管理控制系统中还融入了信息沟通和反馈机制。[45]遗憾的是，西蒙斯的管理控制框架对控制环境的重视程度仍然不够，而这对管理控制系统有着决定性的影响。

马歇尔·罗和科尔比（Marshall Law & Colby）的管理控制系统力图在正规及非正规控制系统之间取得平衡。该管控框架的特点在于构建了由企业管理文化及管理风格、薪酬系统、控制程序及协调整合等构成的可以提供相互支持的正规的和非正规的管理控制系统。该框架极其重视共享价值观的作用，认为管理控制系统的子系统应该支持企业的价值观。该框架另外的一个显著特点是体现了对环境变化的重视，认为设计和构建管理控制系统应当利于企业的整体调整，从而能很好地适应企业环境的巨大变化；认为持续的组织调整颇为重要，不断进行创新和改进是调整工作的基础因素。

作为一个管理控制工具，卡普兰和诺顿（Kaplan & Norton）包含财务、内部流程、顾客、学习与创新四维度的平衡积分卡被业界广为采用。文东华等（2009）的实证研究分析结果表明，管理控制系统的控制功能和探索功能之间可以进行协同，不确定的环境迫使企业增强其探索职能，而控制职能为探索职能提供了保障。[41]

2.3.1.5 战略执行主体

（1）高层管理者。

高层管理者在战略执行过程中扮演了关键的角色，因此他们历来都受到战略执行研究的重视。赫雷比尼亚克和斯诺（Hrebiniak & Snow，1982）认为高管层对战略的参与和影响保证了战略得以成功执行[46]。黄亮等（2009）借鉴韦华宁战略执行的战略共识、控制和协同三维度对珠三角企业家的战略执行力、战略执行绩效的作用机制进行了实证研究，结果表明，企业家的战略执行力决定了战略执行绩效[47]。

（2）中层管理者。

近年来，开始有战略执行主体研究关注了中层经理对战略执行的重要作用。研究者就中层经理的管理风格和战略的契合是有效进行战略执行的重要因素达成了共识。

赫拉克利乌斯（Heracleous，2000）指出，中层经理的个性是战略执行的首要决定因素[48]。瓦德西和（Walderseel & Sheather，1996）则指出，战略和中层管理者风格之间的匹配方式忽视了个性与背景对战略执行的影响，中层经理可通过改变自己的行为以适应不同的企业战略[49]。古思和马克米兰（Guth & MacMillan，1986）认为，人都具有自利性，中层经理能否处理好个体利益和企业利益之间的关系，将对战略执行产生直接影响，为激励他们进行高效战略执行，高层管理者应该灵活应用经典的现存的政治工具来获取中层经理对战略的肯定而全面的承诺[50]。徐淑英等（2004）认为，在中国，国有企业和非国有企业的中层经理的雇佣关系是不一样的[51]。施利特（Schilit，1987）对60名中层管理者（他们处于规模不同和产权结构不同的企业）的实证研究结果表明，在战略执行方面，中层管理者的上行影响比战略决策方面的上行影响更为普遍[52]。弗洛伊德和伍尔德里奇（Floyd & Wooldridge，1994）认为，在战略过程中，中层管理者的战略性角色并不像传统认为的那样，它已经超越了操作性角色，成为核心竞争力的主要构成部分，必须对其进行正确的认识，并将中层经理战略性角色纳入核心竞争力的培育体系[53]。格里·约翰逊和凯文·斯科尔斯（Gerry Johnson & Kevan Scholes，2004）提出，在战略变革管理过程中，中层管理者有着巨大的作用：系统化的执行与控制；根据各利益相关者的反应进行解释与调解；为高管层和一线员工搭桥；向高层管理者提出建议，例如何种因素可能会发展成为企业的阻碍因素，企业需要进行什么改变以避免如此境况的产生[32]。

（3）基层管理者和非管理者。

相较高层管理者和中层管理者，在战略执行中，基层管理人员和一线员工的地位和作用并未得到研究者的足够重视，学术界并没有进行深入的理论分析和实证研究。格罗鲁斯（Grönroos，1985）强调了内部营销的重要性，认为企业必须在执行战略前将战略的重要性与员工进行沟通以获得员工的理解和认同[54]；赫雷比尼亚克和乔伊斯（Hrebiniak & Joyce，1984）指出，企业界的现实情况经常是公司高管层制定战略决策，然后用行政命令让基层管理者和一线员工执行[55]，从未或极少考虑他们的感受（Rapert et al., 1996）[56]，这为战略执行预设了障碍。

2.3.1.6 组织形态

无论是"组织跟随战略"，还是"战略跟随组织"，都显示出战略执行受到组织的极大影响。组织的形态包含组织结构、关系、流程以及界限。战略的成败受到组织结构的显著影响。组织运营受到流程的各种控制。因而流程既可以促进战略执行，也可以阻碍战略执行。流程既涵盖了组织正式的控制（体系、规则和程序），又囊括了社会约束，甚至还包含自我的主观控制。建立并维系企业和各利益相关者的关系对企业绩效有较大影响，具体措施之一就是界定和保持各参与者间的界限。明显地，最重要的事情是要对组织结构、关系、流程和绩效进行协同，而不是受到层出不穷的管理新思潮的影响，迷失了前进的方向（Gerry Johnson & Kevan scholes, 2004）[32]。

德拉赞和霍华德（Drazin & Howard, 1984）视组织结构和战略的耦合为新的业务战略得以成功执行的先决条件，环境的变化要求组织结构迅即进行适度调整[57]。不同的战略所要求的组织结构也不同。比如，奥尔森等（Olson et al, 2005）提出了四种组织结构与行为的组合：以管理为主导，顾客为中心的创新，顾客为中心进行的成本控制以及中庸主义。它们与特定的业务战略相匹配，便于确定哪一种组合对特定战略的执行起到更大的作用。

部分研究认为，各级战略执行主体之间的制度性关系对战略执行绩效具有显著的影响作用。战略业务单元（SBU）的战略执行受到公司战略业务单元的关系、流程、职能部门间的结构和营销策略的影响（Walker & Ruekert, 1987）[58]。

2.3.1.7 战略执行研究框架

战略管理的相关文献提出的研究战略执行的框架可以分为两类：首先，简单地将战略的影响因素置于同一框架。低成本战略和差异化战略需要通过流程和结构予以执行，战略类型不同，执行的形式也不相同（Skivington & Daft, 1991）。[59] 诺贝尔（Noble, 1999）从结构与人际流程两个视角回顾了战略执行研究[60]。诺贝尔和穆哈（Noble & Mokwa, 1999）基于上述基础，从流程视角出发，研究了战略执行，强调了认知和承诺等内容[61]。佩蒂格鲁等（Pettigrew et al, 1992）把战略执行的相关变量分成战略制定流程、战略背景、战略内容和战略结果四个类型[62]。奥库莫斯（Okumus，2001）认为，在战略执行的过程中，任何一个变量的任何一个问题都有可能会影响其他的战略执行变量，进而对战略执行流程的有效性造成影响，在动态和复杂的条件下，要完全匹配战略执行变量是一个极难完成的挑战，但在这些所有变量的综合作用下，有效地执行战略是完全有可能的[63]。

第二类战略执行研究框架按时间或变量间的因果关系对战略执行变量进行了归类。诺贝尔（1999）从企业战略执行前、企业执行战略的努力、企业对战略执行流程的管理、跨职能绩效的最大化四个阶段描绘了战略执行的研究框架。这个战略执行框架对战略目标、组织结构、领导力、沟通和激励这五个管理层面提出了相应的要求。在战略执行的不同阶段，这五个管理因素也会有所变化。李亚龙与张黎明（2018）构建了一个初阶战略执行框架：战略执行流程对中层经理战略承诺水平有正向影响；中层经理战略承诺水平对员工绩效和态度有正向影响；EOR 调节中层经理战略承诺对员工的绩效和态度有影响[64]。薛云奎等（2005）指出，战略执行框架涵盖了战略共识、协同和控制三个维度，相较于战略共识，战略协同和控制对战略执行的作用更为显著和突出[3]。

2.3.2 战略执行流程的概念界定

虽然从 20 世纪 80 年代开始，管理类国际权威刊物上就不时有文献提到战略执行流程（Strategy execution process），但到目前为止，相关研究尚未明确界定战略执行流程。即使是战略执行流程研究的代表拉里·博西迪和拉姆·查兰，亦未明确界定战略执行流程，仅描述了战略执行流程包含三个子流程。战略执行流程是本书的核心构念，必须对其进行明确界定。本节将从相关的基本概念入手，逐步深入直至剖析战略执行流程的内涵，最终对其进行明确界定，为后续研究奠定基础。

2.3.2.1 流程

The Oxford English Dictionary（Ⅷ）（《牛津英语词典》）将"流程"定义为能产生特定结果的，用明确的方式进行的一个或一系列连续的和有规律的行动或操作[65]。《朗文当代英语词典》中是这样定义的：一系列相关的人类活动或操作有意识地产生一种特定结果[66]。冉斌等（2008）认为流程是产生特定结果的活动，这些活动以一系列连续而有规律的特定方式

予以进行[67]。陈禹六认为，流程是一系列活动的集合，这些活动的集合在逻辑上是相关的，它们围绕特定的目标或任务而进行组织[68]。阿兰（Allan，1993）认为，最简单的流程由一系列单独的任务组成，有一个输入和输出的过程，输入经过相关流程后变为输出，流程对输入的处理可以是将之转变（Transform）、转换（Transfer）成输出，或仅照料（Look after）其经过，以原样输出[69]。芮明杰等（1997）认为，事物发展变化的时间变动顺序、发展的逻辑状况抑或空间过程即为流程，企业的实质就是根据各种各样的流程来进行运作，因为流程表现为工作的做法或结构，囊括了事物发展变化的经过和始末。

2.3.2.2 企业流程

（1）企业流程的定义。

芮明杰（1997）认为企业流程是活动的有序集合，这些活动是为了完成某项任务或某个目标而举行的，它们之间是逻辑相关的。汉默（Hammer，1990）在《哈佛商业评论》（*Harvard Business Review*）上发表了著名的"Reengineerng Work：Don't Automate，obliterate"一文，他认为企业流程是一系列能为顾客创造价值的相关联的活动进程[70]。随后他和钱皮指出，企业流程是相互联系、彼此影响、有因果关系及投入产出的过程。张征超（2011）认为，组织流程是指解决事情的全过程，该过程由彼此间有序和有方向性的若干活动组成，表现为一定的行事方法和风格，它们是一些约定俗成的正式或非正式的做事方法，从这个意义上来讲，企业流程是所有制度的前提和基础[72]。张绪柱（2011）认为，企业流程是一系列连续的活动，它们通过资源进行输入输出的转化，是追求企业目标的路径，阐释了所有的行为[73]。

（2）企业流程的基本要素和结构。

芮明杰（1997）认为，企业流程里蕴含的最根本性的成分就是所谓的企业流程的基本要素，包含各种企业活动、企业活动之间的逻辑关系、完成企业活动的方式及企业活动的执行者，基本要素的任何一点微小的变化都可能产生不同的流程[73]。根据系统的层次性原理，流程可以被看作一个在结构上具有分形特点和层次性的复杂系统，具有可表现为基本活动或子流程的基本流程单元[9][73]。

流程性受流程构成要素及其相互作用关系和空间组合状态的决定性影响。流程要素通过一定的逻辑关系组合形成的空间状态叫作流程结构，由流程单元间的关系决定，是流程的骨架，一定层次和逻辑关系的流程单元构成了各种企业流程[9][73]。流程系统是一个开放的系统，从本质上讲，企业就是通过若干流程来和外界交换能量的，通过流程系统，企业在内部实现了各种各样的转换[9][73]。

（3）企业流程的基本内核。

芮明杰等（1977）认为，同行业企业的流程应该大致相同，当然，前提仅从企业流程的基本要素进行考量，是不考虑其他因素。但现实状况却并不是这样，即使是同行业企业，流程也表现出很大差异，企业绩效也是一样。缘由在于企业流程的基本内核不同，由此决定了企业特性区别巨大。企业流程构成要素的不同导致了企业的流程千差万别；在不同的基本内核的作用下，即使是做相同的工作，对于不同的企业，其流程也有可能完全不同[10]。小林裕认为，企业流程不可避免地会受到独特的企业个性与企业文化等因素的影响，而所谓独特的企业个性，就是企业的价值观和行动模式[11]。

2.3.2.3 战略执行流程

（1）战略执行流程的定义。

拉里·博西迪和拉姆·查兰（2008）认为，战略执行流程包含三个核心子流程：人员流程、战略流程和运营流程[5]。但他们并未明确界定战略执行流程。

要界定战略执行流程，必然要先界定战略执行。约翰逊等（Johnson et al, 2004）认为，战略执行表现为需要根据既定战略有效进行管理的企业的不同资源领域内的日常运作流程[32]。

拉里·博西迪和拉姆·查兰（2008）认为，战略执行是系统化的流程。在这个流程里，应对战略执行的方法和目标持怀疑态度并进行周全严谨的讨论。在此基础上持续跟进，确保战略执行的具体责任落地；假设战略执行流程的商业环境，客观评估企业的战略执行力，紧密结合战略执行主体、战略和运营，协调战略执行主体及其所在的部门，将对战略执行主体的奖励与他们的产出挂钩；战略执行流程还包括一些会随环境而不停变化的战略的前提假设。另外，还包括提高企业的战略执行力，以便适应艰巨的战略挑战的机制。[5]

李亚龙（2013）认为，战略执行是以企业利益相关者的战略执行意愿及可执行的战略为前提，以战略执行力为基础，战略执行主体运用资源和机制实现战略目标或者影响，修改既定战略或者能动帮助制定新战略的动态过程[34]。

学术界将战略制定和执行进行分离是出于研究之便，同时，在过去环境稳定、不确定性较低的条件下，战略执行和战略制定也确实可以分离。但在当今充满超竞争和不确定性的环境中，传统的战略制定和执行二分的研究方法已经难以再满足需求，不能再对二者进行人为的割裂了。实际上，制定战略的时候就必须将战略执行作为一个重要的约束变量进行考虑。战略执行始于战略制定，二者相互渗透，相互影响。战略执行受到战略及其制定方式的影响。战略执行时常常根据环境的变化能动地修改战略，甚至生成新的战略，明茨伯格所说的应急战略多数就是在执行战略的过程中产生的。当发现企业所处的现实环境已不满足既定战略的前提假设，甚至发生了巨变时，为了适应环境的变化，企业的应急战略应运而生。可以说，很多企业之所以执行战略失败，其原因要么是既定战略品质低劣，要么是执行不力，要么是既定战略所依赖的前提条件已然不在，而战略执行主体在战略执行过程中并未及时、能动地修改既定战略，以柔性地、实事求是地、从真正意义上有效地执行战略。在此过程中，各战略执行主体务必提供足够的支持与配合。否则，再好的战略也不能得到有效执行。必须指出，很少有战略完美到一经制定就不必修改，因此，战略执行流程其实是战略执行主体在执行既定战略的同时，不断地、不同程度地修改既定战略的过程。当既定战略品质较高，与企业环境相匹配时，战略执行主体应刚性地执行既定战略；当既定战略品质不高，或既定战略赖以成立的前提发生巨变时，战略执行主体应及时地、能动地采取反馈测量、修正战略目标或战略执行的途径和手段等持续性提升措施以柔性地执行经过调整的甚至是全新的战略。

综上所述，战略执行流程为战略执行主体刚性执行既定战略或根据环境变化采取持续性提升措施以执行既定战略的一系列逻辑相关的活动的有序集合。

（2）战略执行流程的构成。

当前，急速变化的环境要求企业必须重视组织职能的整合，在整个组织中，打破职能的界限变得普遍起来。组织变得越来越扁平，愈发被视为流程[74]。"企业里充满了若干的流程，可以说企业就是由各不相同的流程组成的。企业不同，流程通常也不同。正因为流程的不同，在现实生活中，企业也表现得各不相同。但必须看到，企业有着部分共同的流程，即使这些企业处于不同的行业。任何一个企业的运作都少不了人，那么它必有人事流程，需要分解战略，少不了战略分解流程。这些流程构成了企业的基本流程。"[10]芮明杰（1997）按企业活动性质将企业的基本流程划分为管理流程和运营流程；按流程的处理对象划分为实物流程和信息流程；按流程跨越组织的范围划分为个人间流程、部门间流程和组织间流程；按流程的结构特性划分为串联流程、并联流程和反馈流程；按活动间的中介程度与合作程度分为间接－隔绝、间接－合作、直接－隔绝和直接－合作四种模式。他还认为，管理流程中各项活动本身也是流程，同样也由活动构成。比如，企业的很多工作由目标确定、形成战略并执行等活动组成，它们其实就是复杂的流程，并画图表示了战略性计划制订和执行流程。这是国内较早提及战略执行流程构念的学者。

范哈韦贝克和托勒斯曼（Vanhaverbeke & Torreman，1999）认为，流程按功能可分为顾客流程、研发流程、计划与控制流程及人员和服务流程[75]。

张绪柱（2011）认为，流程包括业务流程、战略流程和支持流程[73]。

佩帕德和罗兰（Pepper & Roland）将企业流程分为经营、战略和保障三个流程；实现组织的日常功能是经营流程的主要目标，如赢取、满足并支持客户等；战略流程的主要目标是规划和开拓企业的未来，比如企业的战略、产品和新流程研发等；提供保障是保障流程的主要目标，以保证战略和经营流程得到顺利执行。信息系统管理和人力资源管理等就可归为保障流程[76][10]。

拉里·博西迪、拉姆·查兰（2008）提出战略执行流程包含战略流程、人员流程和运营流程，并认为三者间应该相互联系、相互协同[5]。

可见，上述学者提到的各种企业流程虽名称各异，但实际上存在交叉甚至重合的成分。比如，佩帕德、罗兰提到战略流程、经营流程和保障流程其实和拉里·博西迪、拉姆·查兰提出的战略流程、人员流程和运营流程颇为相似；拉里·博西迪、拉姆·查兰提出的战略流程和佩帕德、罗兰提出的战略流程基本相同，都指的是战略形成过程，包含对企业较为重要的事项的确定过程；拉里·博西迪、拉姆·查兰的运营流程和佩帕德、罗兰提出的经营流程也相同，只是叫法不同而已；拉里·博西迪和拉姆·查兰提出的人员流程其实与佩帕德、罗兰提出的保障流程中的人力资源部分和组织结构部分含义相同。

本书认为要成功执行战略,首要条件当推有效的战略分解。它衔接和融合了战略形成和战略执行,将战略形成和执行有机地联系起来,是战略执行流程逻辑上的起始子流程。没有人,战略执行无从谈起,因此人员流程不可少;日常运营是落地环节,运营流程不可或缺。这三个核心的战略执行流程子流程涵盖了战略执行的主要事宜,也基本上囊括了企业管理的主要内容。

迈克尔·波特(1996)在其刊载于《哈佛商业评论》的经典文献"What is Strategy"中明确指出:人们通常将运营效益与战略混为一谈,为了追求生产率、质量和速度,企业发明了许多运营管理工具和手段。虽然运营效率大为改善,但却无法把这些改善转化为持续的获利能力。不知不觉中,管理工具取代了战略,管理者奋力推动管理工具的同时却离成功越来越远[77]。"战略是重要的,但好战略必须以事实和数据为基础,而且要有详细具体的运营方案,否则,战略有可能成为宣传口号和毫无意义的愿景,试想一下,中国有多少企业整天喊着战略口号,打着战略旗帜,却没有具体可以执行的运营方案"[78]。通常情况下,战略的目标是要指出企业的发展方向[79]。战略分解流程的主要目标是将既定战略有效分解为高品质的阶段性战略目标和任务。所谓高品质战略,就是要求战略具备正确性和可执行性。战略的正确性就是战略方向要符合企业的内外部环境,战略目标清晰明确。这样,高效执行战略才有意义,否则,执行效率越高,损失越惨重。可执行性指战略具备可接受、可检验、可分解和可实现等性质。可接受性意味着战略被企业员工接受。执行战略的主体是企业员工,因此战略要获得他们的理解,并且在一定程度上符合他们的利益。可检验性意味着战略要尽可能地具体和量化,易于检验。可分解性要求战略可转化为阶段性目标及具体的工作安排。可实现性表明战略的难度要适中,要具有较强的现实性,经过战略执行主体一定程度的努力可以实现,不能理想化,不能超出企业拥有的资源能力。具体来说,高品质战略应满足以下要求:形成战略时应明确战略执行的方式,应考虑战略形成过程中员工的参与程度,应评估企业的战略执行力,应明确并平衡重要的阶段性目标,战略计划能否直接或容易转化为行动计划,人员和运营之间的联结是否紧密。

战略分解流程的目标在于通过战略执行主体进行充分沟通和适度博弈,根据战略的要求协调人员流程和运营流程,将战略分解为中期和短期目标，并细化为各阶段、各部门、各员工的具体任务。战略分解流程关系到战略执行流程的输入，即战略和执行过程中其他流程是否能有效衔接、无缝对接和高效协同，关系到能否在最大程度上弥合战略执行鸿沟。它既是战略执行流程的逻辑起始子流程，也可以视为战略流程的逻辑结束活动。战略执行流程的这一起始子流程极为重要，应予以充分的重视。

解决战略执行者的相关问题是人员流程的目标[79]。人员流程有效与否取决于战略执行主体在战略指引下进行活动的有效性，包括岗位设置的合理性、人员安排和岗位职责的匹配性、激励机制设计与个人能力和业绩的关联性等[79]。一言以蔽之，人员流程的目标就是有充足的战略执行人选，并将他们安排在合适的岗位上。为此，要根据战略分解流程的输出完成四个方面的任务：联系各阶段的战略和运营计划目标，对个人进行深入准确的评估，为公司提供完善的领导层培养渠道，填充领导输送管道[5]。

芮明杰（1997）是这样界定运营流程的：企业从事生产或提供服务的基本活动组成的流程以及为这些基本活动提供支持的活动所组成的流程构成了企业日常运作的运营流程，它们日复一日、不断循环，以完成企业的经营目标。运营流程的功能是为人员指出具体的工作方向和任务。为此，要依据战略分解流程的输出，将企业所处的现实环境和运营计划赖以建立的前提条件紧密联系，明确各部门如何协同，怎样选择备选方案，怎样在实际情况有变时及时修正战略，如何根据运营计划确定具体预算，避免常见的预算之争，制订出符合最直接、最现实的经营环境的年度、季度、月度甚至每天的运营计划[5]。

2.4 中层经理战略承诺

2.4.1 中层经理战略承诺的作用

战略承诺反映的是企业战略执行主体执行战略的意愿，所要测度的是他们为了执行战略愿意支付多少成本，体现了战略执行主体对战略的情感特性。学术界对战略承诺的研究持有不同的观点，有的认为战略承诺是战略共识的一个维度，有的认为战略承诺是战略共识的结果变量，有的认为战略承诺更贴近战略，与战略共识是并行的构念。弗洛伊德和伍尔德里奇（1989）指出，战略共识包含战略理解和战略承诺，战略理解反映了战略承诺的认知特性，战略承诺则反映了战略共识的情感特性，他们还根据战略理解和战略承诺这两个维度将战略共识分为强承诺、盲目投入、知情怀疑和弱承诺四种类型[80]。黄再胜（2011）则认为，战略共识由战略理解、战略认同和战略承诺三方面构成[81]。杜利等（2000）则把战略承诺看作战略理解的结果变量[82]。可以看出，战略承诺研究是对战略共识研究的深入、细化和推进。

"早期的研究主要把战略共识定义为企业高管团队关于企业目标、手段或经营环境的看法的一致性程度；近期的研究则把相关主体扩大到了企业中下层管理者甚至全体员工。虽然这些定义相差有别，但大体上都赋予战略共识两大特征：（1）战略共识反映的是一种认知状态，是企业利益相关者群体对战略议题的共享式理解；（2）战略共识是企业战略决策过程（strategic decision process）的一个结果变量。"[12]

战略共识的范围过小会导致战略执行主体缺乏足够的承诺。若仅限于在高管层达成战略共识，即使高管层达成了一致，也有可能出现中层经理和其他层级员工误解战略或缺乏战略承诺的情况。战略共识过于具体也会导致缺乏战略承诺，战略执行主体在没有对战略的理解和欣赏的前提下就同意具体的战略活动，只会导致不适宜的行动，缺乏战略承诺，而且这种对战略的理解和欣赏应该是在足够的战略理性的促动下产生的。当然，战略共识不够具体也会带来战略执行的鸿沟。即使每个战略执行主体都同意基础性的战略前提假设和目标，但他们却又有着不同的利益诉求和行动，同样难以对具体的战略事项达成战略共识，其结果一样会带来战略执行鸿沟（Floyd & Wooldridge，1992）[83]。

学术界之所以出现上述分歧是因为战略承诺的重要性，在有效的战略执行过程中，仅使企业中下层管理者服从是不够的，还需要他们的积极参与和有效配合[12]。

弗洛伊德和伍尔德里奇（1992）的研究显示：高管层经常抱怨中层经理在执行缩减战略的过程中拖后腿，知道应如何作为却不作为。这些中层经理表达了两方面的担心：第一，他们把削减战略视为误导并认为其过于激进，致使其破坏了企业经过多年锤炼形成的能力，他们之所以抵制，是因为他们认为该战略与公司利益相矛盾；第二，较少的利他想法使得中层经理把削减战略理解为结束其所在部门的开始，对于经理而言，成本削减引发了关于其自身的威胁，他们若持合作态度，将会与个人的职业前景相矛盾。总的来说，经理们知道他们被期待做什么，但却不承诺去做[83]。

诺贝尔和穆哈（1999）发现，中层经理对企业营销战略的承诺与其角色内绩效有正相关关系[61]。加尼翁等（2008）认为，如果战略执行主体缺乏承诺，企业在执行过程中就会出现阳奉阴违和活动混乱的境况[13]。科斯加德和施瑞格尔（Korsgaard & Schweiger, 1995）运用案例分析探索了程序公正对建立员工承诺的重要性[84]。施利特（1987）的实证研究结论显示，中层经理就战略执行的上行影响比战略决策的上行影响更为显著和普遍[52]。

威廉姆斯（Williams, 2000）根据过去15年里100个组织战略变革的实例，建立了一个在战略变革过程中发挥和整合作为战略资源的中层管理人员作用的模型，并提出了中层经理是成功实施战略变革的最重要资源的论断[8]；弗洛伊德和莱恩（Floyd & Lane, 2000）研究了不同层级管理者在培育企业竞争力的战略再造过程中发生的角色冲突。他们认为，中层经理的个体角色冲突比其他层级管理者的角色冲突要多，其主要原因在于中层经理在战略再造的过程中担负了能动的战略角色[85]。

中层经理是影响企业战略执行的重要力量。约翰逊等（1989）认为，不同级别的管理者对企业战略的认知存在差距，这对企业战略的执行有负面影响，而中层经理可以有效减少这种认知上的差距[14]；于斌等（2007）认为，中层经理是企业的战略执行者，负责将组织的战略转化为运营层面的具体日常活动[15]。

之前的研究主要围绕高管层进行战略承诺研究，虽然有学者提出应将战略承诺的研究范围扩大到中下层管理者甚至全体员工，但只是提出了研究方向，并未明确界定中层经理战略承诺，更未开发中层经理战略承诺量表。中层经理战略承诺是本书研究的一个核心概念。因此，本书后续内容将开发量表以探索如何测量中层经理战略承诺，实证检验战略执行流程对中层经理战略承诺有何影响，中层经理战略承诺对企业绩效有何影响以及中层经理战略承诺在战略执行流程和企业绩效之间的作用。

2.4.2　中层经理战略承诺的概念界定

2.4.2.1　中层经理

杜顿、阿什福德和伍尔德里奇等（Dutton & Ashford, 1993；Wooldridge et al, 2008）认为，中层经理是指那些介于高管层和一线督导层之间进行直接运营，在战略规划和战略执行过程中扮演重要角色的经理[86][87]。本书所指的中层经理是单体企业里的中层管理者或集团企业战略运营单位里的中层管理者，他们从事联结垂直性相关团体的活动，并对本部门工作承担责任，即明茨伯格所说的中间线管理者。明茨伯格认为："在企业的层级结构中，中层经理所做的工作是在上级和下级的直接监督中进行的；他们收集并将本部门绩效的相关信息有选择地报告给有关上级；中层经理还要参与相关决策工作。比如，反映部门的难处，建议需要变革的事项，妥善地处理自身该做的工作，将需要上司决策的事项及时汇报，合理配置部门资源，向以本部门员工为主的相关战略执行主体阐述有关事宜，积极带领部门员工执行有关事项；和高管层一样，中层经理不仅要做直接监督下属的工作，还要对部门边界之外的情况进行及时妥善的处理；他们必须和单位内外的有关人员保持适度的联系。中层经理要重视职能战略的制定，当然，这必然会受到企业战略的显著影响。从上到下，管理者工作的导向会发生改变，将更为明确具体，抽象度降低，更聚焦于具体的工作。"[88]

2.4.2.2　战略承诺

之前的文献普遍认为，战略承诺反映的是员工对战略的情感特性。目前，关于战略承诺的研究观点有几种：一种观点认为战略承诺是战略共识的维度之一；一种观点认为战略承诺是战略共识的结果变量；还有一种观点认为战略承诺是与战略共识并行的独立构念。很多文献持战略共识对企业绩效有正向影响的观点。也就是说，无论战略承诺是战略共识的一个维度抑或是其结果变量，其对企业绩效的影响都是正向的。原因很简单，无论将战略承诺看成战略共识的一个维度还是结果，它和战略共识对企业绩效的影响都是同步的。但也有文献认为战略承诺与高企业绩效没有联系。这反映出战略承诺若只是简单反映员工对战略的情感性特征，很可能会导致盲目而机械地执行既定战略，如此则其对战略执行的帮助并没有想象中那么大。

弗洛伊德和伍尔德里奇（1990）的实证研究结果并不支持中层经理战略共识与企业的高绩效相联系。他们认为："这个结果反映了对战略的健康怀疑的价值所在，也就是说，对具体战略的早熟的或者是无争议的共识会切断新想法的流动，实际上这是一种战略近视的形式。"[89]也就是说，简单的、仅仅具有情感特征的战略承诺很多时候对提高企业绩效没有显著影响。

企业界战略管理现状表明，任何战略都不可能完美到一经制定就不需要任何哪怕是微小的修改，现实实践中很难找到战略执行时不对战略做出任何修改的范例。事实上，在战略执行过程中对战略的修改只是程度和范围上的区别，最常见的现象是，在执行战略时微调或适度修改既定战略。战略承诺的对象不仅仅是战略目标，还包括实现战略目标的途径和手段。事实上，战略意图或战略目标通常不会受到太大的质疑和抵触[5]，执行主体对战略的承诺更多地受到实现战略的途径和手段的影响，且通常是负面影响，因为实现战略的途径与手段和他们的利益紧密联系。实际上，战略承诺承载的是为实现战略而付出努力甚至牺牲利益的意愿。

综上，本书认为，战略承诺即战略执行主体在对战略目标和实现战略的途径和手段有着适度信息的基础上，经过理性的思考、积极健康的怀疑、批判性吸收和适度博弈，为执行既定战略或者根据企业内外部环境的变化，能动、及时和适度地修改既定战略目标（或其实现的途径和手段）后继续执行的真实而理性的、愿意付出足够努力，甚至适度牺牲利益的意愿。也就是说，战略承诺体现了战略执行主体真实而理性地为能动和有效地执行战略所愿意进行努力和付出的程度。

2.4.2.3 中层经理战略承诺

学术界之所以出现关于战略承诺究竟是战略共识的维度还是其结果变量的分歧，主要是由于战略承诺本身所具有的重要性。对于中层经理而言，战略的有效执行需要他们的积极参与和有效配合，因而，中层经理战略承诺不可或缺。

弗洛伊德和伍尔德里奇（1992）的研究显示：在企业的战略执行过程中，任何层级、任何岗位的员工都存在拖企业后腿的可能，出现他们知道应该做什么却不愿意去做的执行力黑洞。实践中的大量案例也证明了这一点。就中层经理这个群体而言，其在企业组织结构中具有特殊性，起着承上启下的作用，他们会本能地追求特定的利益，同时也理性地、选择性地执行符合个体利益的战略决策，如果有涉及切身利益的战略，可能会招致他们强烈的对抗。企业战略执行过程中存在冲突是正常的，只是要分析这些冲突是利益之争还是沟通不善所导致的。[83]加尼翁（Gagnon，2008）则进一步指出，如果企业各级战略执行主体缺乏战略承诺，那么在战略执行过程中就会出现上有政策、下有对策及战略活动混乱无序的不利状况[13]。

福特和韦斯坦（Ford & Weisstein，2003）识别了两个层面的承诺：对整个组织政策的承诺和对战略方向的承诺[90]。弗洛伊德和伍尔德里奇

（1992）指出："对高管层而言，制定战略方向相对容易，难的是使组织按照新的优先事项采取行动，而这类执行问题常常是因为中层经理对战略缺乏承诺所致；除非经理对战略有一定程度的承诺，否则即使他们完全了解战略，行动也会缺乏热情；一般来说，战略承诺取决于经理们对深思熟虑的战略是怎样调适企业利益和自身私人利益的理解和认知；经理们对战略的看法形成了他们行动的基础，当他们有共同的理解和认知而且与高管层的愿景一致，那么这个既定战略就有可能得到有效执行。否则，经理们会采取不相关或不支持的优先事项，真正的战略也就得不到实现了；重组激励系统和组织结构以便能够体现和表达预期战略，对经理们来说，这样的战略沟通效果超过了语言沟通效果。此外，通过战略执行和组织成员利益的匹配，它们成为了建立战略承诺的关键。"[83]

　　古思和麦克米伦（Guth & MacMillan，1986）以人具有自私性作为前提假设，从政治学视角探析了中层经理有效执行战略的角色。他们认为，能否处理好中层经理的个人利益和企业利益间的关系将直接影响战略执行的有效程度。为了激励中层经理有效执行战略，高管层应灵活运用各种经典的政治工具以期得到肯定而全面的中层经理战略承诺。[50]

　　在前述对战略承诺概念界定的基础上，本书结合中层经理在企业组织结构中处于中间环节，起着承上启下作用的特点，将中层经理战略承诺概括为：中层经理在拥有执行战略所需的较为完备的信息基础上，通过个体理性的思考、质疑甚至博弈后，根据情景变化刚性或柔性地执行既定战略的真实而理性的意愿。

2.5　战略执行流程与企业绩效

　　波特（Porter，1996）认为，进行组织流程活动是组织的基本能力之所在[91]。这意味着战略执行变成了流程，驱动着多职能团队的卷入，使战略执行变得更为复杂[92]。（Best，1997）强调有三种主要力量影响着战略执行：对战略计划的主人翁精神、对计划的支持和战略计划的适应性[93]。（Ruekert & Walker，1987）认为，主人翁精神在以团队为导向的战略执行中变得更加复杂，但通过运用团队成员特有的才能提高了流程的性能水平[94]。（Engelhoff，1993）认为，对战略计划的支持需要赢得组织的承诺以使战略得以有效执行，比如提供时间、分配资源、沟通、必要的技能等[95]。战略计划的适应性重视反馈的测量、持续性修正执行等连续提升措施的重要作用[93]。对上述三种力量的回应取决于如何分配战略执行的责任，当前的环境特点决定了职能的专门化并不利于战略执行。所以要加强团队成员关于战略计划的主人翁精神，由此，团队概念在战略制定和执行中逐渐流行起来。相似地，团队卷入应该会加强对计划的支持，为适应性的计划提供基础。当关于团队流程的组织学习出现时，执行力会得到提高。[92]

要成功执行战略，主要挑战之一就是协调和整合好参与战略执行的个体和职能部门的活动。所有必须要做的工作都处在互相联系的活动的网络之中，正因如此，战略执行是复杂的。[92]模块化为战略执行提供了一个有希望的框架。模块由复杂的流程组成，而这些流程又是由一个整体功能可以独立设计的、更小的子系统构建起来的（Baldwin & Clark，1997）[96]。这些模块在成功的战略执行必须做什么方面相当相似。模块的力量在于其可以协调相互联系的成分，同时使每个模块在职能上相互独立。流程模块的设计和战略执行都具有需要将独立的贡献和参与单元的活动联系起来的特征。模块范例提供了一个有用的框架来协调不同执行参与者的贡献。战略尤其需要合并几个互相关联的模块[92]。作为战略执行的向导，模块的强制性逻辑集中于式样和接口界面的概念，这些模块详细说明了它们之间是怎样互动的[96]。模块的逻辑也强调了厘清战略执行细节的重要性，它不仅可以提供给每个模块足够的弹性以履行其职能，还能通过系统样式使模块相联系。成功整合几个独立的参与者的贡献是有可能的，这正是战略执行的本质所在[92]。

公司内部没有持续的沟通，行为将会变得随机和无组织，这会导致不良绩效[97]。正如邓肯和莫里亚里蒂（Duncan & Moriarity，1988）所指出的，沟通网络将人们联结在一起，创造了组织关系，这些关系又服务于形成、组织和分解知识的机制[98]。当企业能确保员工拥有持续、自由的信息交换机制时，绩效得以提高（Rapert and Wren，1998）[99]。莫莉·英霍夫·拉珀特（Molly Inhofe Rapert，et al，2002）的实证结论显示，高管层和内外部市场间的经常沟通对职能部门绩效和企业绩效都有正面影响[100]。

詹姆斯·E．S 和理查德·L．D（James E．S．& Richard L．D，1991）甚至将日常组织结构中的成员间互动流程模式看成组织结构的一个维度[59]。松散的耦合系统和组织化失序的隐喻揭示了这种互动的重要性[101]。史崔克和斯塔瑟姆（Stryker & Statham，1985）认为，流程将组织描绘成互动网络[102]，在这个网络般的流程中，互动得以发生，愿景得以共享，共识得以达成，行为得到有规律的模仿[103]。如果组织成员没有互动和共享的愿景，那么，组织行为将会呈现随意和无组织的状态，组织结构和资源被看作工具，因为战略执行被描绘成在组织的正式结构和支持系统中的技术调整[104]。这实际上阐释的就是拉里·博西迪和拉姆·查兰（2008）倡导的要将战略流程、人员流程和运营流程结合起来，使其相互配合，从而作为一个整体进行运作的理想模式。在这种模式下，战略执行流程的三个核心子流程之间暗含逻辑顺序，但三者间并没有明显的界限，而是进行信息的高度交换，大幅度、大范围地进行共同调整，相互协同，形成战略执行流程的良性循环。

2.6 战略执行流程与中层经理战略承诺

大量的理论和研究显示，中层经理对企业战略做出了重要贡献[105]。杜托和阿什福德（Dutton & Ashford，1993）描述了中层经理是如何通过对高管层进行游说和推介战略事项从而影响战略的[86]。塞勒斯（Sayles，1993）认为，中层经理扮演着整合和调整组织能力的角色[106]。战略执行不力已成为诸多企业共同存在的问题，极大地影响着企业的健康发展，中层经理战略承诺水平的高低是其中的重要因素。相关研究早已指出，与执行战略相比，制定战略要相对容易一些。令绝大多数企业高管感到头痛的是，制定好企业战略后，企业成员应该根据战略方案中的优先战略事项采取行动，但中层经理的战略承诺能力不足，常常导致战略难以执行。根据前文对战略承诺和中层经理战略承诺构念的界定可知，若中层经理对高管们可能深思熟虑后制定的既定战略在企业利益和自身利益的协调兼容性上缺乏应有的认知，或者说问题并非出于认知，而是因为直接的利益冲突，中层经理必然在具体的执行过程中缺乏积极性，企业想要实现真正的战略绩效自然成了镜中月、水中花。

古思和麦克米伦（1986）认为人都是自利的，他们从政治学的视角出发，分析了中层经理在战略执行的过程中所扮演的角色，认为中层经理的利益和企业利益之间的关系直接影响着战略执行的有效性，因此应予以其高度重视，处理好二者利益的一致性。同时，为了激励中层经理努力有效地执行战略，各种经典的政治工具应该被高管层灵活运用，以便获得肯定而全面的中层经理战略承诺。[50]

巴洛贡（Balogun，2003）认为，中层经理可以对战略变革做出贡献，他们在战略变革过程中扮演了调解员的角色，而该角色称职与否主要依赖于高管层主导的组织设计的科学合理性。失去这个前提，中层经理非但不能扮演好战略变革调解员的角色，反而极有可能变成战略指标的阻碍者。[107]

弗洛伊德和伍尔德里奇（1994）从两个维度，即中层经理的上行性与下行性行为及认知的分散性与整合性，指出中层经理在战略过程中有提供战略方案、合成信息、培育适应能力和执行既定战略四种作用[53]。

威廉姆斯（2000）认为，中层经理是成功进行战略变革的最重要的资源，并构建了一个在战略变革过程中发挥及整合中层经理作用的模型[108]。（Gagnon et al.）的实证研究结果显示，员工的战略知识和组织信任感对战略承诺有显著影响[13]。

上述研究已经触及战略执行流程与中层经理战略承诺间的关系，但遗憾的是并未对二者的关系进行明确研究，所得到的结论是方向性和描述性的，缺乏实证研究。从本质上说，上述研究均属于战略执行流程的研究范围，并指出要尽可能考虑中层经理的利益，以获取和提升中层经理战略承诺。

不难看出，战略执行流程的三个核心子流程都与中层经理的个人利益紧密相连。战略分解流程决定着中层经理参与分解战略的程度，在战略分解过程中能发挥多大作用，决定着战略分解的有效性。人员流程影响甚至决定着中层经理能否被安排在合适的岗位上，能否得到相应的报酬，能否公平地进入企业高管层的选拔渠道，当然也决定着表现不佳者是否会得到相应的处罚。运营流程决定着中层经理日常工作量的大小；本年度、季度、月度甚至每天的工作压力；运营计划是否合乎逻辑，是否符合现实环境，中层经理的诸多切身利益都与运营流程息息相关。总之，中层经理的个人利益蕴含和隐藏在战略执行流程之中，其三个核心子流程畅通与否、科学合理与否、协同度如何极大地影响着中层经理的直接利益和间接利益、现实利益和未来利益、物质利益和精神利益。

因此，深入具体地进行实证研究以探析战略执行流程对中层经理战略承诺的影响是极其必要的。战略执行流程对中层经理战略承诺有何影响？这对于企业根据自身情况科学合理地构建适合自己的战略执行流程，提高中层经理战略承诺有着重要的理论意义和实践价值。

2.7 中层经理战略承诺与企业绩效

伍尔德里奇和弗洛伊德（Woolridge & Floyd，1990）构建了中层经理、战略流程以及企业绩效三者之间关系的理论模型，并对 20 个处于不同行业、不同规模的企业进行实证分析。结果表明，用高质量的战略决策和有效的战略执行把中层经理纳入战略过程有利于提升企业绩效。同时，他们还指出，由战略理解与承诺形成的中层经理之间的战略一致性和企业绩效并没有显著的关系[89]。

弗洛伊德和伍尔德里奇（1992）的研究显示，在绩效最好的公司里，中层经理常常会与高管层就备选战略进行长时间、令人信服的沟通[83]。弗洛伊德和伍尔德里奇（1997）研究了中层经理在企业中的正式地位、战略影响和企业绩效的关系，认为企业绩效更多地与中层经理下行影响的一致性程度及上行影响的变化程度紧密联系，而中层经理的战略影响是由他们对内外部环境的调节媒介能力引起的。除此之外，对企业绩效的正向影响取决于经理个体上行影响的整体模式是否有益于其在网络中心的转换，以及其下行影响的模式与组织对控制和弹性的需求之间是否有适当的平衡[109]。

野田佳彦（Nonaka，1988）在分析了组织中常见的自上而下和自下而上两种决策模式的基础上，创新性地提出了自中由上而下的决策模式，这种模式强调了中层经理的能动作用[110]。

塞勒斯（1993）探析了中层经理怎样扮演工作领导以及如何构建操作系统等问题，并认为中层经理将战略性和操作性双重角色进行了有机结合[106]。

金（King，2001）从组织能力的角度对中层经理和管理组织能力的关系进行了分析，并探索了它们在企业获取竞争优势的过程中是怎样进行融合的，在这个过程中，中层经理居于关键地位[8]。

企业绩效是一个令全球的企业管理学者都感到棘手的问题。目前，关于企业绩效的界定，学术界尚未达成共识。罗胜强和姜嬿（2008）旗帜鲜明地指出，企业绩效是一个伪多维构念，只是一组构念的概括性标签，研究者常常错误地将企业绩效当作多维构念来使用。[111]明确界定构念是进行测量的基础和前提，在尚未达成共识的状况下，对企业绩效的测量方法也就呈现出百家争鸣的局面。

按照数据获取方式进行分类，企业绩效可分为主客观指标量度。主观指标量度指以被试企业运营情况的认知为标准来衡量相较主要竞争者或行业平均水平而言的企业绩效水平；客观指标量度则用实际的企业绩效数据进行分析。除此之外，有研究者还从财务绩效和非财务绩效两个方面对企业绩效进行测量。最典型的企业绩效测量方法还有从上述四个方面同时进行的，如文卡特拉曼和拉马努贾姆（Venkatraman & Ramanujam，1986）就综合了财务绩效－非财务绩效以及客观绩效－主观绩效，提出了一种囊括了四种可能的企业绩效的测量方法[112]。

主观绩效和客观绩效之间有着很强的相关性，就企业财务绩效的测量而言，主观评价法同客观评价法相比，一样具有较好的效度[112]。德莱尼和赫塞里德（Delaney & Huselid，1996）指出，应加入一些主观判断来评价一个企业有无达成企业绩效的相关目标，主观指标通常与客观指标具有较强相关性[113]。布朗内尔和邓克（Brownell & Dunk，1991）指出，没有证据能够证明企业的管理会计报表、现金流量报表以及投资回报率等客观财务数据一定会比自我主观评价的绩效更符合实际情况[114]。

本书之所以采用被试自我主观报告的相对绩效方法对企业绩效进行测量，是因为企业通常情况下都不愿意公开透露其绩效数据，而且，诸多绩效测量领域的学者也都认为主观报告的相对绩效法在战略管理和市场营销研究领域具有较高的信效度。同时，被试者往往比较熟悉自己的企业和主要竞争对手的绩效状况，因而这种相对绩效指标对实际绩效指标是一种重要的补充（Birley & westhead，1990）。[115]

2.8　文献综述小结

诸多研究显示，企业的流程对维持其稳定性有着非同寻常的作用（Meyer，1982）[116]，在组织的战略变革过程中做出了重要的贡献（Quinn & Cameron，1983）[117]。安德森（Andersen，2000）通过对食品、住宿接待、医院、计算机等不同行业的企业进行实证研究得出：在所有的行业环境中，战略规划都是重要的绩效驱动力量，能够同时提高经济绩效和组织创新[118]。战略分解流程的主要目的是有效分解战略，中短期目标和任务的适宜性对企业绩效的提高肯定会有影响。流程是一个组织将输入转化为输出的过程，对于组织来说，输出的价值应该比输入的价值高[119]。

之前文献中存在的三个主要问题迟滞了对高管层和中层经理共同影响

战略执行的研究。这三个主要问题是：第一，在研究高管层对企业绩效的影响时，如此多的高管层研究者将重点放在了高管层的构成和高管层内部作用的过程（Carpenter et al., 2004）[120]。部分评论推断，这种聚焦于内部的研究是没有结果的，需要探索其他的管理层对企业绩效的影响过程（Certoet al., 2006）[121]。但很少有文献根据高管层和中层经理之间的互动来研究这种选择性的流程[53]。第二，研究者对战略执行的关注程度明显弱于对战略制定的关注程度，这应该引起足够的重视。因为战略管理的这两个环节有着内在的紧密联系[122]，企业中约有一半的战略决策失败是因为战略执行而不是战略制定[123]。第三，很少按照为了获得战略制定和执行之间的一致性来考虑高管层和中层经理具体的耦合功能。研究者们将高管层和中层经理的战略角色分别、详细地进行了说明（Mantere，2008）[124]，但他们没有就通过在这两个关键管理层级间的互动来获得一致性的具体功能进行研究[125]。

综合本章的文献述评可以看出，学者们直接或间接地对战略执行流程、中层经理战略承诺和企业绩效三个构念中的单个构念或构念两两之间的关系进行了不同程度的探索，为后续的相关研究奠定了基础，如下几方面有待于进一步推进。

（1）开发战略执行流程量表。战略执行流程如何测量？之前的研究没有开发战略执行流程量表，甚至没有进行明确的界定，不能进行相关的实证分析。因此，要深入研究战略执行流程，必须开发量表对其进行有效测量。

（2）开发中层经理战略承诺量表。同样，中层经理战略承诺也缺乏量表，要将战略承诺的研究范围推进至中层经理层面，必须开发中层经理战略承诺量表。

（3）战略执行流程对企业绩效和中层经理战略承诺有何影响？怎样详略得当、科学合理地构建和运行具有一定性能水平的、适合企业的战略执行流程以获取较高的中层经理战略承诺和企业绩效？关于这些问题的研究对改善战略执行研究极为薄弱的状况大有裨益。

（4）中层经理战略承诺对企业绩效有何影响？在战略执行流程和企业绩效之间有何作用？

基于上述分析，本书力图揭示战略执行流程对企业绩效的作用机制，即研究战略执行流程、中层经理战略承诺及企业绩效三者之间有何关系。

为此需要研究六个具体的问题：战略执行流程如何测量？中层经理战略承诺如何测量？战略执行流程对企业绩效有何影响？战略执行流程对中层经理战略承诺有怎样的影响？中层经理战略承诺对企业绩效有何影响？中层经理战略承诺在战略执行流程影响企业绩效过程中是否起中介作用？

第3章 战略执行流程对企业绩效作用机制的探索性案例研究

从上一章可以看出，目前的战略执行研究已经触及战略执行流程、中层经理战略承诺及企业绩效这三个构念中两两之间的关系，但这些研究仍然是独立和分散的，并未将这三个构念整合起来进行研究以厘清它们之间的关系。

本章试图探索战略执行流程、中层经理战略承诺及企业绩效三者间的关系，提出相关命题，构建初步的理论模型。

具体来说，战略执行流程对企业绩效有无影响？如果有，其影响程度如何？战略执行流程对中层经理战略承诺有无影响？如果有，有何影响？战略执行流程的三大核心子流程对中层经理战略承诺有无影响？如果有，有何影响？中层经理战略承诺对企业绩效有无影响？如果有，有何影响？战略执行流程如何测量？中层经理战略承诺如何测量？这些问题在之前的研究中并未很好地解决。

"对某个现象知之甚少，而当时的观点看起来不适合去解释这个现象，因为这些观点缺乏实证基础，彼此间或与常识矛盾。此外，有时候理论检验研究中的偶然发现也会促使产生新的研究思路。在这样的情形下，案例研究特别恰当，因为从案例中构建理论不需要基于过去的文献或先前的实证证据。另外，当现有理论迟迟不能更新的时候，由案例研究构建理论的过程所蕴含的内在矛盾可能导致新颖理论的产生。更广泛地说，由案例构建理论的研究过程一般在回答未开发研究领域中那些'如何'和'为什么'的研究问题时特别有效。"[126]

因此，在上一章文献述评的基础上，本章应用案例研究来构建理论，探索战略执行流程、中层经理战略承诺及企业绩效三者之间的关系是较为合适的。

3.1 理论背景

上一章已经分别对战略执行流程、中层经理战略承诺与企业绩效进行了梳理和评述。之前的文献尚未将这三个构念整合起来进行研究，本章力图不带任何预设地对战略执行流程、中层经理战略承诺与企业绩效的关系进行初步探索。

拉里·博西迪和拉姆·查兰（2008）认为："战略执行流程含人员流程、战略流程和运营流程这三个核心子流程；三个流程之间应相互配合，作为一个整体把握才能发挥功效。"[5]中层经理在企业的战略执行过程中起着承上启下的作用，他们对战略执行有着不可忽视的影响。中层经理对高管层在战略制定和其他方面有着不可低估的影响。很多时候，中层经理向下的影响显得更为明显。在特定规模尤其是中型以上的企业中，中层经理可以全程了解对企业绩效产生直接贡献的一线员工的绩效和工作态度。中层经理在企业中所处的特定网络节点位置，决定着他们对企业的战略和绩效有着极大的影响。

不难看出，战略执行流程囊括了企业经营管理基本的和重要的方面，战略执行流程必然地、合乎逻辑地影响企业绩效。研究中层经理如何影响企业绩效的文献并不少，但具体研究中层经理战略承诺对企业绩效的影响的文献却颇为鲜见。按理说，战略执行流程影响企业绩效或多或少地要通过作为战略执行主力的中层经理来进行，但实际情况是否如此，不得而知。本章目的就是对案例企业的战略执行流程、中层经理战略承诺和企业绩效三者之间的关系进行探析。

3.2 案例研究方法

3.2.1 案例选择

根据有限的关于战略执行流程、中层经理战略承诺和企业绩效之间关系的理论，本书通过对多案例的研究进行理论构建（Eisenhardt，1989a）[127]。多案例比单案例更为普适、稳健和精炼（Eisenhardt & Graebner，2007）[128]。本研究的嵌入式设计包含战略执行流程、中层经理战略承诺和企业绩效这几个分析单元，可以使理论更加丰富、更为精确（Yin，2003）[129]。

格拉泽和施特劳斯（Glaser & Strauss，1967）认为，应该用理论抽样决定案例数量，意思是说当新增的个案不能带来更多新知识的时候，应停止增加案例[130]。艾森哈特（Eisenhardt）建议一般选取 4～10 个案例进行研究。由于研究条件所限，本书取其下限，选用四家企业作为案例研究对象。除了案例的数量，案例选择的标准也是一个不容忽视的方面，本书在选择这四个案例企业时主要考虑了如下因素。

（1）必须兼顾信息的可获得性和企业的代表性，不应该也不必要随机选择案例企业（Eisenhardt，1989）[127]。本书选择了笔者曾经工作过的三家企业及一家笔者熟悉的企业作为案例企业。

（2）由于战略执行流程、中层经理战略承诺与企业绩效是不同行业、不同产权性质、不同区域的企业都存在和都要面对的。因此，本书认为一些案例研究者提出的控制外部变异的要求在此并无大碍，重点是要考虑案例企业的行业和产权性质的分散度。行业方面，本书中选择的案例企业包括医疗器械制造、房地产、酒店和物业管理四大行业；产权性质方面，有家族企业、国有独资、混合所有制和中外合资。

（3）为保证企业的战略执行流程和中层经理战略承诺有着较为明显和稳定的特征和表现，本书所选择的案例企业的运营时间都超过了10 年。

综合上述关于案例企业数量和选择标准的考虑，本书所选择的案例企业包括四个行业的四家公司。

3.2.2 数据收集

本书主要采用以下几种数据源收集方法：访谈、问卷调查和档案数据。多源数据的三角验证可提供更为精确的信息，得到更加稳健的理论结果（Anand，Gardner & Morris，2007）[131]。本书的主要数据源是笔者通过历时约一个月的访谈和问卷调查而得。本书的访谈对象分布在企业的 4 个层级：总经理、高管（总经理之外）、中层经理及其下级。

笔者访谈了 4 家案例企业的总经理、部分高管、大多数中层经理及与之配对的直接下属，详情见表 3 - 1。数据来源主要有以下：（1）对公司总经理和部分高管的初步访谈；（2）对中层经理进行半结构化访谈和问卷调查；（3）对员工进行问卷调查；（4）二手数据和其他数据。

表 3 - 1　案例企业一览

公司	创建时间（年）	近三年平均营业收入（千万元）	员工人数（人）	访谈人数（人）	被访谈者职位层次		
					总经理	高管	中层经理
SL	1989	15	560	6	1	1	4
TY	2003	7.5	500	10	1	2	7
XLFK	1997	40	45	7	1	2	4
XLWY	1999	6	1000	9	1	3	5

　　总经理访谈　对总经理的初步访谈采用开放式或半结构化的形式进行。访谈开始，笔者要求总经理描述所在公司战略执行流程的具体情况，然后请他们描述公司中层经理战略承诺的整体情况，最后请他们介绍企业绩效。在让总经理确认最近或正在进行的战略分解流程、人员流程和运营流程中的全部或部分情况之后，本书选择相应的流程及其间涉及的中层经理进行深入研究。

　　高管访谈　对总经理进行初步访谈后，笔者对大多数高管进行了半结构化访谈，主要问及公司的战略执行流程状况以及受其直接管理的中层经理的战略承诺水平，并请他们介绍企业绩效。按照归纳研究方法，笔者对那些在访谈中很健谈很愿意透露信息的高管进行了补充访谈。每位高管的访谈通常持续 30 ~ 60 分钟。

　　中层经理访谈　笔者对中层经理进行了结构化访谈，主要问及他们自身的战略承诺水平，对战略执行流程三个子流程的意见和评价，并请他们指出哪个流程对其最为重要，最后让他们介绍企业绩效。每位中层经理的访谈通常持续 60 ~ 90 分钟。

　　为了获得更全面的信息（Esisenhardt，1989a），当被访者的描述简短或在叙述过程中产生一些新奇线索时，笔者要求被访者提供更多的细节信息，并以封闭式问题或填问答卷的形式结束访谈。[126]

　　本书采用几种方法来规避或减少被访者的潜在偏见。第一，面谈的被访者来自公司的不同部门和多个层级；第二，本书采用开放式和半开放式问卷的方式，让掌握大量信息的被访者集中于最近的重要活动，以此来限制其回忆上的误差并提高精确性（Golden，1992）[132]。第三，采取匿名的方式，鼓励被访者直率地回答问题。第四，本书使用"法庭咨询式"的方式，集中于被访者的真实描述或观察其他人的行为（Huber and power，

1985)[133]。第五，本书对多个被访者的数据和档案文件进行三角验证（Jick，1979)[134]。

问卷调查 笔者在进行访谈的同时也进行了问卷调查，以获得有关企业战略执行流程、中层经理战略承诺水平、企业绩效的调查数据。

参与和旁听会议 笔者参与或旁听了案例企业由总经理主持的中层经理以上级别管理者参加的会议部分中层经理主持的部门例会。笔者主要观察战略执行流程状况和中层经理战略承诺情况。

二手资料和其他数据 本书研究了可获得的案例企业所处行业的产业报告和案例企业的内部文件，并进行了非正式观察以获取二手资料和其他数据。

3.2.3 分析方法

根据艾森哈德（Eisenhardt，1989b）多案例理论构建的建议，本书尽量在没有任何预设的前提下使用内部案例和跨案例分析[135]。

首先，本研究通过收集来的所有数据建立了一个初始文档，然后开始内部案例分析，以战略执行流程和中层经理战略承诺为分析单位，建立初步的构念间关系。在此基础上，本书将企业绩效纳入考虑范围，建立与每个案例企业相配的初步的理论关系。

其次，本书把每家案例企业作为一个案例，按照复制逻辑进行跨案例分析。用一般跨案例分析去探索可替代的理论关系和构念，比起上一步产生的理论，这可能与数据更匹配（Eisenhardt，1989a）。例如，本书对战略执行流程进行随机匹配、有意构建的匹配和相同执行流程的匹配去研究更广泛的一致性模型（Yin，1989)[129]，用图表的形式去精炼这些构念和理论的关系（Miles & Huberman，1994)[136]。通过使用复制逻辑，本书从一些案例中初步发展出理论，然后用其他案例来验证它的有效性并对它进行改善。一些理论关系是确定的，而一些未能通过重复验证的则需要修正或丢弃。

在跨案例分析的过程中，本书不断在产生理论、案例数据和文献之间循环，进一步提炼产生的构念定义，抽象水平、构念的测量，以及理论关系（Eisenhardt，1989a)[127]。过去的研究对形成的关系的理论逻辑的提炼和命题的创造是非常有帮助的。当前的研究揭示了这种理论贡献：从某种程度上对现有命题提供了逻辑和证据支持。因此，每个命题的理论逻辑是一种典型的混合物，它混合了基于案例研究证据的观点，以前的研究和独立的逻辑（Eisenhadrt and Graebner，2007）[128]。本书一直论证，直到案例与产生的理论实现牢固的匹配。

3.3 数据分析及初始命题的提出

本节将对从四个案例企业收集而来的数据进行编码并归类，分别对每个案例企业的战略执行流程、中层经理战略承诺和企业绩效进行描述和评价，提出初步的命题和概念模型，为第 4 章提出具体的研究假设和最终的理论模型奠定基础。

3.3.1 构念的衡量

本书的研究主题是战略执行流程、中层经理战略承诺和企业绩效三者有何关系。在描述新框架前，先要说明如何衡量战略执行流程、中层经理战略承诺和企业绩效。

第一，对战略执行流程的测量分为战略分解流程、人员流程和运营流程三个维度，由中层经理和高管进行打分（采用七点李克特量表），取平均值。

第二，对中层经理战略承诺的测量采用非严格性 360 度评价法，即主要由中层经理的上级、同级、自己和下属进行打分，但少数样本未一一对应（采用七点李克特量表），取平均值。

第三，由中层经理和高管对企业绩效的测量进行打分（采用七点李克特量表），取平均值。

第四，对被访者的回答采用定性方法进行衡量。战略执行流程用成熟度衡量其性能水平。战略执行流程成熟度高、中层经理战略承诺水平高、企业绩效良好表示为正面评价。

例如："嗯，我的意思是他（某中层经理）执行战略的决心真的很大，他管辖的部门员工工作表现都很好，态度也很好（XLWY 副总经理）。"如此这般，本研究打 6 分。

战略执行流程成熟度低、中层经理战略承诺水平较低、企业绩效不好皆表示为负面评价。

例如：这是个糟糕的运营流程。（SL 生产部经理）

第五，本研究评估企业的战略执行流程、中层经理战略承诺与企业绩效的结果。

3.3.2 案例数据信息评价汇总

在数据编码和描述分析的前提下，本节用分数（满分 7 分）评价了所选的 4 家企业的战略执行流程、中层经理战略承诺与企业绩效。表 3－2 总结了本研究对战略执行流程、中层经理战略承诺及企业绩效的评估，并应用了部分有代表性的被访者的回答。

表 3－2　案例企业战略执行流程、中层经理战略承诺与企业绩效概况

公司	企业绩效	中层经理战略承诺	战略分解流程	人员流程	运营流程	流程、承诺、企业绩效结果	代表性观点引用
SL	4	3	2	4	5	人员流程较差，运营流程不错，战略分解流程能将战略有效分解；中层经理主导战略分解的程度不够高，主要在高管的控制下分解战略；老板任总经理，精于研发和运营；高层管理者多是创业期元老；领导培养渠道不通畅，激励机制缺乏，中层经理普遍缺乏战略承诺；企业绩效尚可	"老板很厉害，懂技术、懂市场、懂生产，开发的产品都是市场上较为成熟的产品，所以开发什么产品等战略决策没必要征求高管和中层经理意见，我将战略分解后他们执行就是。"（总经理）"我们主要是做制造和研发，但研发是外包。"（总经理）
TY	5	5	5	5	5	三个子流程都较好；中层经理战略承诺较高；企业绩效很好；2011 年对很多楼层和客房进行翻修，客房价格成功提高50%却未引起入住率波动；餐饮实行酒店餐饮酒楼化，生意异常火爆，通常需提前一天才能预订到包间	"在这儿资历、能力和经验得到承认的员工都能往上升。"（前厅部经理）"公司日常运营非常规范，周一至周五每日的例会质量都较高，很多战略性问题在不知不觉中已经得到解决。"（副总经理）
XLFK	4	4	4	3	4	三个子流程都处于中等水平；中层经理背地牢骚较多，但工作完成得不错；企业绩效较好	"本人嘛，这辈子也就是个工程部经理了。"（中层经理）"本人的收入在工薪阶层算是高的。"（中层经理）"牢骚归牢骚，工作还得做好，被老板点名可不好。"（中层经理）
XLWY	4	5	4	3	5	战略分解流程较差、运营流程不错、人员流程中等。外聘管理人员几乎无一能"生存"；通常没有深入的市场调研就上马项目；除主业物业管理外，5 年间公司已涉及 5 个行业，企业绩效不错	"公司人才渠道单一，去年招聘一批中层管理人员，无一幸免都被挤走。"（副总经理）"现在员工难招，服务质量较前几年下滑不少。"（中层经理）"公司涉入电梯维修、绿化设计和施工等行业，本人都不知道，公司也未做什么调研，有些项目是亏损的。"（副总经理）

3.3.2.1 战略执行流程对中层经理战略承诺的影响

学界普遍认为，战略承诺要么是战略共识的一个维度，要么是其结果变量，要么是和其并行的一个构念。战略共识的直接目的应该是取得和提升战略承诺，并希望由此提高企业绩效。之前的研究认为，战略共识的前因主要有：人口统计学特征、决策过程特征、战略品质特征和组织结构特征。决策过程特征与中短期目标和任务特征属于战略分解流程的内容，人口统计学特征和组织结构特征可纳入人员流程。无论是人口统计学特征、组织结构特征，还是决策过程特征和目标任务特征，都未能全面深入地阐释并反映人员流程和战略分解流程对战略承诺的影响。表3-3归纳了本研究关于中层经理战略承诺的数据和发现，提供了具有代表性的被访者观点。

表3-3 中层经理战略承诺的起源：战略执行三大核心流程的对比

公司	中层经理战略承诺	战略分解流程	人员流程	运营流程	战略承诺与流程的关联度	各代表性观点引用
SL	偏低	能将战略分解为适应企业面临的现实环境，中期和短期目标适宜	领导层培养渠道不畅	运营计划符合实际情况	与人员流程关联度高	"常务副总经理是高中学历，已经在公司工作十几年，其他高管也都在公司工作了6年以上。高管学历普遍偏低。中层经理和新进员工学历比高管整体要高。高管的知识和能力都已经跟不上形势，但我怕撤换他们会引起公司的震荡。"（总经理）"老板很厉害，技术、市场、生产什么都懂，我们照办就是，中短期目标和任务较为协调，可行性较高。"（中层经理）
TY	较高	中短期战略目标分解合理，能较好地适应环境变化，战略分解集中在高管层进行，但分解过程较为充分地应用了中层经理的一线丰富经验	用人得当领导层培养渠道较为通畅合理，较到位	运营规范，绩效评估公平合理，激励得当	与三个流程关联度都较高	"酒店内部管理很规范，日常运作基本按照标准运作程序进行，每年的运营计划依据上年情况进行制定，较为客观；公认的资历、能力和经验都不错的人大多得到了提升，收入、培训等也还不错，我们觉得还是公平的。至于大幅度提价，酒店餐饮酒楼化这些所谓的

公司	中层经理战略承诺	战略分解流程	人员流程	运营流程	战略承诺与流程的关联度	各代表性观点引用
						战略问题和本研究关系不大，执行就是。"（中层经理）"年度利润目标我们努力就可以达到，大多数节日的促销安排较为合理，感觉压力不大，但还是需要大力调动员工积极性，以促进针对老客户的销售和对新客户的挖掘。"（中层经理）
XLFK	一般	短期战略目标明确，符合企业内外环境、资源能力，战略分解过程集权；"一言堂"	基本做到量才使用，对员工培训等投资也较大，但和员工的沟通不够，不能让员工了解其发展预期	运营计划与现实情况较为吻合，各层级管理者按部就班地完成公司目标	与三流程协同度关联度高	"反正大家干的和拿的都有目共睹，什么事情说得过去就行。说实话，总经理掌舵还可以，也算重视人才；开发进度拿捏得还是不错的。"（工程部经理）"去年'金九月'销售目标定得很好，我们努力后都达到了，提成比较丰厚。"（销售部经理）
XLWY	较高	战略分解过程粗放，董事长、总经理"一言堂"，中层经理只能被动地接受任务和目标	中层以上经理都持有公司股份，公司对管理人员投资力度较大，管理者基本上都是内部提拔	运营计划与现实情况的吻合程度为中等	与人员和运营流程关联度高	"公司中层以上的经理都持有公司股份，大家干劲比较足，这些年取得了跨越式发展，管理面积已经超过500万平方米；进入了电梯维修、绿化设计与施工、洗涤等行业，多数获得了成功；但内部管理跟不上扩张速度，人才储备不够且来源渠道单一，只能靠内部提拔，外聘中层经理几乎不能在公司'生存'。"（副总经理）"本人的收入在本地同行中是最高的，公司对培训等投资力度也较大。"（中层经理）

SL公司的战略执行流程是一个很好的例子。创业企业家兼总经理的L先生精通技术，了解市场，熟悉生产。该公司战略分解的过程较为集权，

但分解之后的战略目标和任务品质不错，符合企业的环境，也发挥了公司的资源能力，很务实，易于落地。由于 L 先生是创业企业家，浸淫该行业三十余年，有着非常丰富的一线实战经验，在他的监督管理下，公司的运营流程有条不紊，很符合实际情况。常务副总经理及其他高管基本上都是公司元老，在公司工作时间长的已经十几年，短的也有六年以上。他们学历较低，经营管理理念、管理能力及创新能力跟不上形势发展需要，较为严重地阻碍了公司的发展。中层经理和基层管理者学历普遍高于高管，但公司对中基层管理者的培养力度很小；公司的绩效评估和激励制度匮乏；领导层培养渠道严重堵塞；未及时处理业绩不佳者；人力资源政策和实际效益脱钩。总结起来，公司的人员流程不畅，虽然总经理能力很强，制定的战略和运营计划都很好，也能较好地将战略进行分解，但中层经理战略承诺水平较为低下，员工积极性、主动性和创造性都较差，企业绩效一般。

相反，XLWY 公司的战略品质不能和 SL 公司相比，较为冒进，几年间竟然涉足五个行业。运营计划制订得也不如 SL 公司符合实际情况。但 XLWY 公司的人员流程较有特色，最大的亮点就是中层经理及以上层级的管理者都持有公司股份；对管理人员的培训力度也较大；管理人员能得到大胆的任用和锻炼。典型的例子如：现任总经理助理 G 先生，除了协助总经理，还直接分管了两个小区，但他七年前只是 XLFK 的司机；副总经理 F 女士，2004 年只是 XLWY 公司的一名普通行政人员，几年前凭着较强的沟通协调能力，已提升至副总经理职位。XLWY 公司的中层经理战略承诺水平较高，能够为了完成目标而努力地、创造性地工作。公司近六年获得了跨越式发展，实现了几何级增长；公司涉足几个不同的行业，个别项目出现亏损。另外，由于扩张过快，涉足行业过多，XLWY 公司的管理深度明显不够，服务质量大幅下滑。

TY 公司在战略分解、人员和运营流程三个方面都完成得较好，能将战略有效地分解为中短期目标和任务，中层经理在战略分解过程中话语权较大；能够将合适的人员安排在合适的岗位上；人才培养体系健全，后备人才充足；运营计划务实进取，服务质量较为稳定，执行能力较强，中层经理战略承诺水平较高。大多数高管都是 2007 年以后从内部逐步提拔起来的，过去多为部门副经理及以下级别的管理人员。比如，房务总监 W 女士在 2003 年至 2008 年间历任前厅部主管、部门副经理，凭着出色的业务能力和较强的团队协作精神，直接提升至房务总监职位。销售总监 C 先生，

2003 年至 2008 年间任中餐厅经理、销售部经理，后提升至营销总监职位。TY 公司的领导层培养渠道通畅，能力、资历和业绩较为优秀的员工通常都能得到应有的培养和提升，人才储备较为丰富。凭借其较有深度的管理，将战略分解为适宜的阶段性目标和任务。比如，在周一至周五每天早上的例会和日常的程序性决策中已经较为充分地听取了中层经理甚至基层管理者和一线员工的意见，信息来源广泛而充分，战略分解就是在这样的基础上进行的。近五年来，TY 公司创造了高端酒店餐饮酒楼化（包间经常需要提前一天预订），客房单间和标间协议价提升约 50% 后入住率不降反升的极高的企业绩效。运营流程稳健、务实和进取，年度、季度、月度、每个节假日的促销等都能成功地围绕战略分解流程所得到的阶段性目标来制订与环境匹配的日常运营计划并予以成功执行。

为什么中层经理战略承诺源于战略执行流程呢？一个可能的重要原因是，中层经理的利益和企业预期绩效的兼容程度对中层经理战略承诺水平的高低有着根本性影响，对中层经理进行从分解战略目标、绩效评估和激励出发的行为控制，可以使他们在追求个体利益的同时促进企业绩效有效实现[81]。而战略执行流程的目标主要就是要实现企业绩效和中层经理利益的兼容，从而获得较高的中层经理战略承诺水平，最终促进企业绩效的提高。

中层经理的利益主要蕴含于战略分解流程、人员流程和运营流程。战略分解流程涉及中层经理在战略分解过程中的博弈平台，人员流程关系到中层经理得到培养的力度、职位升迁的可能性等；而运营流程影响着企业中短期运营目标实现的难易程度，这极大地影响着中层经理的收入、职位稳定性、日常工作量和工作难度等。一般来说，战略都不会出现太大问题[5]，或者说，战略愿景和战略目标一般不会过于偏离企业环境，因此战略本身不会有太大的问题，但战略的实现手段和途径比较容易出现问题，而战略分解流程、人员流程和运营流程就是重要的战略实现手段和途径，可能会极大地影响中层经理的利益，从而影响其战略承诺。

综上，可以提出命题如下：

命题一：战略执行流程对中层经理战略承诺有正向影响。

3.3.2.2　中层经理战略承诺对企业绩效的影响

现有文献对中层经理战略承诺与企业绩效间关系的看法各异。诺布尔和莫夸（Noble & Mokwa，1999）认为中层经理对企业营销战略的承诺与其角色内绩效（role performance）正相关[61]。伍尔德里奇和弗洛伊德

（1990）认为，战略理解与战略承诺所构成的中层经理间的战略一致性和企业绩效并没有显著关系，甚至可能会产生负面影响[80]。

表3-4归纳了本书关于中层经理战略承诺与企业绩效的数据和发现。TY公司的内部管理规范，战略变革平稳迅速，中层经理有较高的战略承诺水平。TY公司已开业运营十几年，部分客房略显陈旧。TY公司准备以客房翻新为契机，将单标间的协议价从400元/间·夜提升至600元/间·夜。针对当地高端餐饮市场高星级酒店冷而地方酒楼热的市场特点，公司进行了大幅度变革，实行酒店餐饮酒楼化，酒店拟扩建五个豪华包间。在战略执行期间，各部门经理密切配合，很好地实现了战略目标。前厅部经理负责收集客人意见并进行分析，餐饮部经理负责包间风格、面积和功能方案的拟定，工程部经理负责监督和协调施工，财务部经理负责配合餐饮部经理做出预算和资金调度使用，客房部经理负责制订客房装修方案并监督施工。在不影响住店客人的前提下进行施工，既要满足五星级酒店施工装修的标准，又要不影响酒店的正常运营。部门经理表现出了较高的战略承诺水平，经常加班加点与设计师、施工方、供应商等沟通协调，最后，圆满地执行了战略。客房协议价成功提升了50%却未影响入住率。餐厅包间很符合客人的品位，避免了过去高端酒店餐厅包间奢华有余，温馨、家常味不足的弊端，有效迎合了不同细分市场客户的需求。员工对经理们的努力和敬业精神看在眼里，记在心里，自觉服从他们的工作安排，努力工作，主动地为客人服务并及时反馈客人的意见，帮助同事解决工作上的麻烦。例如，餐饮部的很多员工从心底佩服自己年轻的部门经理，对他很服气，认为这么年轻就当部门经理确实是依靠他自己的努力和能力的结果。受到鼓励，他们也想努力工作，争取有个好的职业生涯。

表3-4　中层经理战略承诺与企业绩效

公司	企业绩效	中层经理战略承诺	代表性观点引用
SL	4	3	"'群众眼睛是雪亮的'，他们（中层经理）都混日子，凭啥子要我们拼死拼活地干哦，不然绩效还会提高些。"（生产部门员工） "干啥子事过得去就行了，干多了也没什么好处，又不多拿钱又不升职的，你说绩效能好到哪里去呢。"（行政部门员工） "其实我们也有难处，有些事情不好讲，怎么可能一个初中生（指常务副总经理）在那儿指手画脚的，懂啥子嘛。有这点绩效算不错的了，还想怎么样呢？"（中层经理）

公司	企业绩效	中层经理战略承诺	代表性观点引用
TY	5	5	"虽然人家（指前厅部经理）比我们收入高得多，但确实能力比本人强，英语就比本人强，处理投诉也挺不错。周一到周四每天中午的例会和培训她（前厅部经理）都在。根据最近发生的情况进行的修正和培训比较到位，本人学到不少东西，慢慢积累，差不多了就跳槽去应聘大堂经理。很多人都想好好工作锻炼自己，所以当有客人到来，我们都会抓住机会推销，不让客人流失，所以入住率这两年都蛮高的。"（前厅部员工） "经理要求我们按酒店顾客印象标准对客人服务，我们就按标准服务呗，谁让我们是服务员。人家（中层经理）都这样做了，我们还有啥话说。客人都挺满意的，生意很火，有时候我们都累得不行了。营业收入肯定高啊，其他五星级酒店的中餐生意和我们没法比。"（餐饮部员工） "他每天都要检查几间客房，很仔细，好几天都加班到晚上，督促客房装修，虽然没卖劳动力，也够辛苦的了，人家是经理嘛，你说我们能不好好干吗？这儿收入福利都不错，生意稳定，住店客人很多，而且都是常客，我们在这工作都快8年了。"（客房服务员）
XLFK	4	4	"少说话多做事，做好自己的事就行了，我们学经理的标准工作就够了。企业绩效还是不错的，中国的房子不愁卖噻。"（工程部员工） "很正常，只要把关系处好就行，事情嘛做得差不多就行了，多做多错、少做少错、不做不错。上一期房子卖得很好，我们经理和广告公司还是努力了的，挺不错。"（策划部员工）
XLWY	4	5	"他们（中层经理）也倒是很努力的，大太阳下还走来走去的。"（绿化部员工）"那天顾客服务部经理和没素质的那家业主辩论起来了，硬是把物管费收来了。厉害！这样我们干起来也开心，工资有保障了，企业收入也上去了。"（保洁部员工） "小区主任经常主动向我点头微笑，他也很努力，每周都要拜访10户业主，业主满意度统计下来不错，物管费收取率很高的，平均超过了95%。"（业主服务部员工）

　　与此相反，SL公司的中层经理战略承诺水平较低，自身工作没有主动性和创造性，只是机械地完成程序性工作。员工们也纷纷效仿，调整自己的工作努力程度，能够勉强应付基本的工作考核即可。

　　为什么中层经理战略承诺对企业绩效有影响呢？关键在于中层经理既是部门员工的领导，又是培训者，更是垂范者。中层经理在战略执行过程中付出和愿意付出的程度，就战略与员工沟通的多寡等，这些都直接影响着中层经理所在部门的业绩，从而影响着企业绩效。总结起来，本研究提出命题如下：

　　命题二：中层经理战略承诺对企业绩效有正向影响。

3.4 案例研究结论

当前，企业日益重视战略执行以应对激烈的竞争。从某种意义上来说，企业就是各种流程的集合体。流程存在的价值和目的就是要得到较为稳定的输出，而且输出应大于输入。但什么样的战略执行流程能达到这样的要求呢？之前的研究聚焦于高管层，主要研究他们的人口学特征对战略执行的影响，或者研究高管层内部结构对战略执行的影响。部分学者将目光下移到了中层经理并取得了一定的研究成果，但尚未进行战略执行流程和中层经理战略承诺及企业绩效三者关系的研究。企业的战略执行状况依然欠佳，战略执行的理论研究也止步不前。

本章对四个不同行业的样书企业进行了探索性研究，提出了涉及战略执行流程、中层经理战略承诺与企业绩效三者关系的两个命题。本书认为，战略分解流程和人员流程是在高管层的主导下进行构建和运作的；运营流程是在高管层的指导和督促下，有时是在高管层主导或强力控制下运行的。当然，中层经理在这个过程中的参与方式、作用和影响会随着具体情形的变化而变化。也就是说，战略执行流程其实主要是高管层和中层经理之间进行耦合的一个载体，一个特定的不可回避的场所，一个形象的体现。换句话说就是，战略执行流程体现的是高管层和中层经理这两个核心战略执行主体在剩余控制权和剩余收益权分配上的争夺状况。研究战略执行流程对中层经理战略承诺及企业绩效的影响，实质上主要就是研究高管层和中层经理之间的耦合情况对中层经理战略承诺有何影响，对企业绩效有何影响，亦即战略执行流程所体现的中层经理的利益与企业利益的一致性程度对中层经理战略承诺有何影响，对企业绩效有何影响。

通过上述研究，本章构建了战略执行流程对企业绩效作用机制的初步概念模型（见图3-1）。但研究样本中的企业数量有限，而且为了能够进行深入的调研，所选案例企业的代表性也会受到一定程度的限制，因此，本章结论的外部效度可能不够高。下一章将在本章的基础上进行更深入的研究以提出具体的研究假设，从而构建更为全面的概念模型。

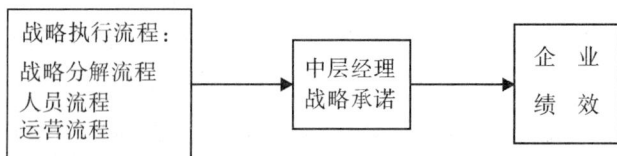

图3-1　战略执行流程对企业绩效作用机制初步概念模型

第4章 战略执行流程对企业绩效作用机制模型的构建

从上一章可知，战略执行流程对中层经理战略承诺具有正向影响，而中层经理战略承诺对企业绩效具有正向影响。这只是一个粗略的构念间关系的描述，还需进行更为详尽的理论分析以构建经过修正的战略执行流程对企业绩效的作用机制模型。战略执行难这一问题为理论界和实务界所公认，要研究战略执行流程对中层经理战略承诺和企业绩效的影响，首先应厘清战略执行存在哪些障碍；接下来探索战略执行流程能否清除这些障碍；如果答案是肯定的，那么战略执行流程对企业绩效有何影响；中层经理战略承诺在其间扮演了什么角色，起到了什么作用；弄清了这些问题，也就揭开了战略执行的黑箱，剖析了战略执行流程对企业绩效的作用机制。

4.1 战略执行的主要障碍分析

劳伦斯·G. 赫里比尼亚克（Lawrence G. Hrebiniak，2006）通过对243 名参与战略制定和执行的经理以及 443 名进行战略执行的经理的实证研究，指出了如下常见和主要的战略执行障碍：经理们受过较多的战略规划训练却很少得到战略执行训练；高管层认为执行战略是中下层员工的事情；战略制定和执行分离；战略执行比战略制定耗时长；战略执行比战略制定涉及的人员多，会产生更多的问题；缺乏有效管理变革和克服抵制变革的能力；劣质或模糊的战略；没有引导努力执行战略的指导方针或模型；负责执行战略的个体或单元间缺乏信息共享；试图执行与现存权力结构冲突的战略；执行决策的责任或义务不清晰。[1]

经理们对战略制定的了解多于战略执行。大多数 MBA 课程给学生们传授了大量关于战略制定和规划的知识，而且核心课程通常都会反复讲授竞争战略、市场战略、财务战略，却没有针对战略执行开设课程。即便开设了，最多也就是蜻蜓点水般讲解战略执行，浅尝辄止。能够得到清晰强调的通常是战略的概念、基本的战略规划而不是战略执行。企业界的情况也并无二致，经理们得到的培训和训练更多是战略规划而不是战略执行。[1]

很多高层经理认为高管层是进行战略思考和战略规划的，中下层员工则负责贯彻战略执行，进行重复性工作。相对于战略规划而言，战略执行明显只需要较少的能力和智慧，这样的理解无疑贬低了战略执行，如此一来，一群从事战略规划的所谓有挑战性创新工作的高层经理将战略执行这个烫手山芋塞给了中下层员工。如果战略执行的相关事宜发生了错误和扭曲，战略计划没有成功实现，那么责任就正好落在了那些不能执行一个完美的合理的可行计划的执行者身上。[1]

长期以来，战略制定和执行被认为是战略管理过程中两个截然分离的部分，可以从概念和实践上分别予以讨论。的确，在逻辑上，执行跟随战略。一个人不可能执行、开展或确保完成一些事情，除非这些事情是存在的。战略先予执行，但这并不能成为战略和执行割裂的原因。战略和执行不是二分的，相反，在战略和执行相互适应的整个过程中，战略和执行相互依赖和影响。战略影响执行，执行影响战略变革和战略规划。[1]

战略执行是一个流程，比制定战略需要的时间更长。这个特性使得经理们聚焦和控制战略执行流程更为困难。一些不可预测的事情会突然发生，吸引经理们的注意力。比如，利率波动、竞争对手不按预设出牌、顾客需求变化、关键员工辞职等，使得战略变革结果和执行方法的确定难度较大，这些都明显地增加了战略执行的难度。将战略执行理解为一个流程极为重要，它不是单个的决策或行动的结果，而是随着时间的推移，一系列综合性决策或行动的结果。战略执行是一个流程，需要大量的注意力来让其产生作用，试图寻找一种快速解决战略执行的办法注定会失败。[1]

战略执行比战略制定涉及的人数多，则意味着向下的组织沟通或者跨功能的部门沟通变成了一种挑战；通过激励整个企业支持战略执行的努力，则变成了一个可能的必需品和问题；用日常目标联结战略目标以及在组织的不同层次和地点关注个体，则变成了一个应当而有挑战性的任务。涉及的人越多，有效执行战略的挑战就越大。[1]

企业缺乏有效管理战略变革及减少对执行新决策和行动的抵制力是战略执行的一大障碍。劳伦斯·G. 赫里比尼亚克（2006）的开放式访谈和小组讨论将文化置于与很多变革相关的核心位置。缺乏有效管理变革的能力还体现在经理们在执行流程中的处理速度，在执行战略时多快才合适成了一个关键的问题。在战略执行流程中，战略制定所需求的结构、激励、信息、反馈机制等问题常常大而复杂。经理对这些需求的反应和建立新的方法及系统必须保持怎样的速度持何意见？调研显示，经理认为过快的速度常常会危害执行流程，具有一定的危险性。[1]

就劣质或模糊战略来说，劳伦斯·G. 赫里比尼亚克认为战略是主要的驱动程序，劣质战略会导致不良的执行和结果。因此，首先将焦点集中于高品质战略是重要的。他们的研究表明：一个劣质或模糊的战略严重限制了对执行的努力并因此变为一个主要障碍，好的执行并不能克服劣质战略或贫乏的战略规划的缺点。就没有指导方针或模型来引导执行而言，经理们迫切想要有个合乎逻辑的模型来指导执行。没有指导方针，执行就迷失了方向。没有引导，员工在做他们认为重要的事情时便容易出现不协调、分歧甚至是矛盾的决策和行动。没有受益于合乎逻辑的方法，执行便是令人苦恼的甚至是失败的，因为经理们不知道要采取什么步骤及何时采取这些步骤，经理们需要知道执行战略的顺序，并且了解为何聚焦于这些步骤。[1]

信息共享不足和责任义务不清晰这两个障碍意味着跨组织单元的协调和整合可能会遭受损失，从而导致战略执行失败。因为战略执行常常需要协调、有效的配合及信息共享。不具备这些知识的转移和整合能力当然不能有效执行战略。

成功的战略执行表明获得了支持执行计划的能力。战略执行常常使得他人按某种方式执行或改变他们的行为。引导执行的前提假设是有影响他人的能力。引导有效变革是成功执行战略的一个必需条件，其前提假设是要有影响他人的能力，引导他人进入有目的的行动中来。劳伦斯·G. 赫里比尼亚克通过对经理的调研，试图执行与现行权力结构相冲突的战略，失败的概率很大，与那些在组织各个层级有着影响但不同意执行计划的人对抗，无疑会出现功能障碍。[1]

4.2　战略执行流程的性能评价

战略执行流程对企业绩效的作用机制的研究实质上就是研究不同性能水平的战略执行流程对企业绩效的影响。要达到研究目的，首要问题和难点是测量战略执行流程的性能水平。因此，如何较为全面和恰当地评价战略执行流程的性能水平对评价方法提出了较高的要求。

流程在企业中通常表现为正式或非正式的行为方式，而企业里的各种流程就是这些行为方式，企业通过一系列流程活动创造了价值，因此，企业流程是企业管理的基础[72]。不同的企业流程有不同的性能，而不同性能的企业流程自然有不同的结果，对企业内一切事物有不同的影响。现原有目标企业未必能实现新的目标。因此，企业对组织流程性能的理解若仅仅停留于是否能实现目标的层面，既不客观，也缺乏说服力。企业应该将视角放在组织流程的运行过程中，并根据各种行为在企业目标实现过程中的作用来判断组织流程性能的高低。

根据综上所述，我们可以将组织流程性能的概念定义为：本质上是为组织并获取社会资源，在人力、物力、财力等实现组织目标所需资源的分配和协调中，组织流程在一定时间内实现节约成本、利润最大化的能力。

拉里·博西迪和拉姆·查兰（2008）强调，战略执行的核心在于流程间应相互配合，所以领导者需要在了解执行流程的同时能够将其作为一个整体加以把握。事实上，能否对战略执行流程核心子流程进行正确把握正是成功者和失败者之间的差别所在。[5]但他们只是提出了一个理念和方向，并没有指出应该怎样评价战略执行流程的性能。

邓（1994）认为中介度和协同度可以刻画业务流程的特征。中介度指企业流程的各个活动间输入输出的有序流动程度。中介度高的流程含有大量的有序步骤，而对于中介度低的流程，其包含的很多活动常常直接作用于最终结果。协同度指为促进流程结果的实现，参与者互相交换信息的频率和强度。协同度高意味着流程内的活动或子流程间信息交换的频率和强度高，反之则低。具体来说，信息交换的程度可以从完全隔绝到高度协同，近乎一体。根据中介度和协同度这两个维度，邓将企业流程的各种活动之间产生作用的模式分为四种：间接－隔绝、间接－协同、直接－隔绝和直接－协同。[137]在论述流程协同度时，他只强调了信息交换的频率和强度，而未提及共同调整的程度和范围。本书认为，还应加上共同调整的程度和范围，流程协同度才能得到完整的刻画。

林健（2001）提出的企业流程绩效评价指标体系主要包括：①流程质量，即流程的适应性。它包含两方面的含义：一是流程适应于企业组织和个人的能力，二是流程适应于产品生产的能力。②流程成本，即流程消耗的企业资源。③流程效率，即单位时间的流程产出与实现流程产出所消耗资源的比率。④流程周期，即输入到输出的时间，包含流程的实际运作时间和对市场的响应时间。⑤资源利用率。⑥有效作业率。分为增值作业和非增值作业[138]。战略执行流程的性能水平涉及企业管理的宏观和微观层面，林健提出的业务流程评价指标体系虽较为全面，但以定性分析为主，各指标间的相互关系不明确，且指标过于宽泛，重点不突出，因此并不适宜用来评价战略执行流程。

杨德英（2005）介绍了如何识别和判断关键的企业流程。对于流程的特征他使用灵活性、周期、成本和质量四个指标来进行刻画。[139]该流程性能评价指标体系的优点在于其较为全面，缺点在其过程复杂、运算麻烦，可操作性有待提高。

布利克利（Bleakley，1993）将增强流程能力视为通过流程再造来得到更多更强的能力，从而得到更适宜的成本结构，因此，他认为可从增加流程能力的角度来评价流程的性能。[140]

张人千等（2000）认为要评估流程活动的绩效，可以用质量、成本、服务、时间、附加值等指标予以进行[141]。它们的确应该得到足够的重视，但指标间的关系和量化是个尚待解决的难题，阻碍了真正有效地应用于流程性能的评估。而且，战略执行流程最重要的是协同，该指标体系并未抓住要害。

林慧苹等（2001）主张从战略和业务两个方面来评价业务流程。可从经济效益、战略和顾客需求等方面进行战略分析，从资源配置、业务过程、经营约束、组织配置等方面进行业务层分析。更具体地，他们从静态和动态两个方面对业务层进行分析，前者包含资源配置的均衡度与活动的重要性两个指标，后者包括产量、时间、队列长度、资源利用率、成本等有更多明细指标的指标。[142]她们提出的其实是战略执行流程的运营子流程的性能评价指标，而战略执行流程涉及战略层次和人事层次，因此不足以用来进行战略执行流程性能的评价。

刘飚（2003）提出用成本、效率、顾客满意度和质量四大类指标评价业务流程性能[143]。可从流程成本、作业成本和资源成本三个方面来综合分析业务流程成本指标[144]；可从业务流程的时间和业务流程等待处理的任务队列长度进行评价业务流程的效率指标。业务流程的顾客满意度也称为流程有效性，指顾客需求得到流程的输出满足的程度[145]。假如在合适的时间、地点和价格，流程能提供合适品质的输出来满足顾客，流程的顾客满意度和有效性就高。从广义上来讲，流程产品和服务的质量及满足流程顾客需求的适用性都可称为业务流程质量。[143]

　　成熟度是用于描述事物发展阶段、阶段特征及发展方向的结构性工具[146]。卡内基梅隆大学软件工程研究所定义成熟度为软件开发组织用于定义、实施、控制和改进其软件过程的一种阶段性描述，该研究所提出的"CMM-PMM"流程成熟度模型将流程成熟度等级分为临时、定义、关联、集成和外延五个流程级别[147]。之后，很多学者将其引用转化进行企业流程的评价。李纪铉（Lee Jihyun）等提出的"LBPMM"模型含五级成熟度，每个级别与流程影响域、对流程监控能力和流程改进影响力等相联系[148]。迈克尔·哈默（Michael Hammer, 2007）提出流程和企业成熟度模型（Process and Enterprise Maturity Model, PEMM），他用流程的设计、测评、操作者能力、基础设施及拥有者五个因素四个层次对流程成熟度进行刻画[149]。林永毅和李敏强（2008）提出了六级四维业务流程管理成熟度模型，他们从管理活动、组织岗位、企业文化和IT支撑四个领域以初始、重复、定义、管理、优化和创新六个层级来刻画企业业务流程成熟度[150]。赵涛等（2009）提出"BPMMM"业务流程管理成熟度模型，从战略与组织文化、业务流程管理活动、客户关系管理、人力资源及组织管理、知识管理和IT管理六大管理领域将业务流程成熟度分初始、可复用、可定义、可管理和优化五级[146]。ATM公司王玉荣等（2011）结合哈默的"PEMM"模型形成了流程成熟度评估体系。她们围绕流程设计、流程执行、流程管理、人力资源支撑和IT系统支撑五个维度25个问题构建了流程成熟度量表。[151]

　　从上述各种流程性能的评价方法中可以看出：效率、质量、成本、顾客满意度等指标比较适合运营层面流程的评估；中介度和协调度这两个指标评估流程性能虽然触及了流程的核心特征，但较为单一且不易量化，并不能很好地测量企业战略执行流程的性能。毕竟，战略执行流程横跨了企业宏观层面的战略和微观层面的运营，涉及企业的方方面面。战略执行之所以成为企业界和学术界的难题，根本原因之一就在于其过于复杂，牵涉面广。战略执行基本上涉及组织的所有活动（Nobel, 1999）[60]，管理学的所有概念几乎与之都有或多或少的关系，管理学的理念、建议以及具体的做法都与之有这样或那样的关系，甚至可以将它们都划入执行战略的过程（司徒达贤，2003）。除流程成熟度外，上述学者对业务流程性能评价的各种指标主要是针对具体的较低层面的业务流程提出的，比较合适运营流程性能的评估，但运营流程只是战略执行流程的一个子流程，不能满足战略执行流程涉及的分解战略、人员和运营这几个企业核心业务流程的要求，也没突出战略执行流程的诸多特点。

战略执行难就难在其并不仅仅是技术问题，更关系到各级战略执行主体的利益。战略执行流程本身有流程的设计、执行者和拥有者、基础设施和测评等环节，如何准确判断企业战略执行流程所处发展阶段，如何诊断战略执行流程协同的难度和关键所在，如何找出需要变革的流程、流程变革的数量及时间的确定等成为评价战略执行流程的重中之重。[152] 不同于评价某个具体的操作层面流程的流程评估方法，流程成熟度能较为全面和客观地评价战略执行流程的性能。

借鉴迈克尔·哈默的"PEMM"模型，结合之前对战略执行流程的分析，本书从战略分解流程、人员流程和运营流程这三个战略执行流程的核心子流程领域区分不同的成熟度层次来评估战略执行流程成熟度。这样的话，战略执行流程成熟度包含的领域较广，分级较多，能较好地把握企业战略执行流程所处的阶段，客观准确地评估战略执行流程的性能。同时，用流程成熟度可以较为准确地测量战略执行流程不同成熟度层次与其他变量如企业绩效之间的关系，利于操作，便于获取数据，开展定量研究较容易。

综上所述，流程成熟度评价法涵盖了邓（Teng）等提出的评价流程性能的中介度和协调度指标的优点，也包含了流程质量、成本、效率、顾客满意度等常见的流程性能评估方法的优势，还增加了流程能动因素和不同的层次水平，横跨模糊的流程管理、自我优化和提升的自组织层级，能较为容易和准确地测量企业战略执行流程的性能水平。因此，本书用成熟度评价法来评估战略执行流程性能，探索不同成熟度的战略执行流程与企业绩效和中层经理战略承诺之间的关系，为提升战略执行流程性能、企业绩效和中层经理战略承诺水平提供客观依据是可行的。流程成熟度评价法在当前的企业流程性能评价方法中是较为适宜进行战略执行流程性能评价的，比其他评价方法更为全面、客观且易于操作，适宜进行包含不同层次流程的战略执行流程的性能评价。

4.3 战略执行流程与企业绩效

战略执行流程对企业绩效必然有较大的影响，因为战略执行流程的输出主要就是企业绩效。战略执行流程的构建和运行，主要目的就是获取企业绩效。不同成熟度的战略执行流程意味着其性能水平不同，对企业绩效的影响也就不同。

詹姆斯·斯基文顿和里卡德·达夫特（James E. Skivington & Richard L. Daft，1991）[59]构建了一个执行业务战略的模型。该模型将流程和组织结构框架视为执行既定业务战略的两种形式。其中，关于流程，他们将其分为互动和奖惩两个方面。互动包括正式和非正式的沟通以及拥护支持；奖惩包括人员替换、物质奖励和精神奖励。组织结构框架由组织结构和系统构成。组织结构表现为专门化和形式化两种，而系统由与市场相关和运营相关的开支以及培训构成。这一模型包含的内容和战略执行流程中的人员流程和运营流程这两个子流程在本质上是一致的，而且强调了流程对互动的要求。

迈克尔·哈默早就指出，企业的本质是不断地将例外情况流程化。企业的能力之一是形成各种流程，以便更有竞争性地提供产品和服务。前述章节曾有论述，很多时候，企业高管层制定战略的难度远远不及执行战略的难度。现实中之所以存在诸多这样的情形，原因很多，其中较为重要的是，多个部门、多种职能团队参与到战略执行过程中，使战略执行变得复杂起来，不容易管控。要想实现特定的战略执行绩效，需要战略执行主体具有较强的主人翁精神，支持战略计划并对之有一定的适应性。这不难理解，任何事情的成功都离不开利益相关者的投入，具有主人翁精神的战略执行者在复杂的、充满不确定性的情景下通过团队成员各自的才能来提高战略执行流程的性能水平，必将对战略绩效的实现做出贡献。

战略执行者对既定的战略计划有足够的认知，达成较高的战略共识，具有较高的战略承诺水平，进而支持战略计划，开展不折不扣的执行行动，在执行战略所需的时间、资源、沟通和必备技能等方面的付出，势必对战略绩效的实现具有不可忽视的正向作用。

要提升战略执行绩效，在过去，只要在既定战略环境下具有刚性的执行力就可以实现，但在"黑天鹅"频频出现的今天，仅有刚性的执行力显然难以适应当下激烈的竞争环境，还需要在战略执行的过程中极度重视提升战略的适应性。为此要不断地进行反馈测量，即时响应并持续地对战略执行的路径、方法和措施等进行修正。这样的战略适应能力，必然会获得足够高的战略绩效。

在企业的战略执行过程中，影响战略绩效实现的因素在于没能很好地协调和整合好各个战略执行者之间的活动。一个可能的、有效的解决办法就是构建战略执行流程体系，打造端到端的战略执行流程，将若干复杂的事务和人员纳入特定的框架内，构建刚性和柔性兼具的模块。这些模块在战略执行任务方面必须具有刚性，在环境变化时必须对做出即时响应的部分保持柔性。

流程化执行战略，不外乎是在企业固有的三对矛盾中寻求平衡，以获取良好的战略绩效。企业固有的三对矛盾是：长期和短期、效益和效率、稳定和创新。模块的逻辑既强调强制性，又重视弹性，系统使得模块之间相互联系，规避了常见的矛盾，并且若干战略执行者之间可能发生冲突的工作得以整合，这必然对战略绩效的实现有很大的正向影响。

信息经济时代竞争的挑战给了战略执行一个重要的暗示，那就是减少了组织单位和个人对信息控制的垄断能力，为执行战略而杠杆性地使用信息以缩短必要的时间带来了机遇[153]。普遍来说，互联网时代，信息交换的开放性帮助了跨职能团队并改变了层级制组织结构和信息系统的所有权。这些信息获取方式的变化趋势应该会加强战略执行的努力。信息畅通性的增强应该会促进内在职能的协调，减少信息拥有者的权力，这些都将会对战略执行起到较大的帮助；信息交换的经济性应该也会帮助缩减执行需要的时间。[92]与战略分析相比，速度是作为支撑战略行动的一种类型（Schnaars，1998）[154]。大量使用信息可以获得在短时间内进行更加完整彻底的分析的优势。众所周知，对战略执行而言，缩短时间的好处是显而易见的。当然，速度不仅是关于人的问题，还是关于信息使用的问题。[92]如果战略执行流程成熟度较高，可以有效地利用信息，为战略执行提供方便和支持。无论是战略分解流程、人员流程还是运营流程，只要成熟度高，必然会降低单位或个体对信息的垄断性使用，减少信息拥有者权力，提高信息交换的经济性，从而更加有效地执行战略，获取更好的企业绩效。

沃尔什（Walsh，1991）认为组织不应该被看作仅仅包含目标和沟通网络的组织结构。相反，应将组织看作一个由组织成员的交际行为构成的社会集体，就如一个解释系统一样，组织就是一个主体间通过持续的社会互动来共享意图的网络，组织的这种社会结构是在组织成员中产生和作为储存组织知识的条件。[155]克斯腾（Kersten，1986）认为，通过组织成员间日常的互动，组织成了大多数知识、文化和规范性现实的根本性的载体，这种象征性的现实表明作为事实的信仰、目标和态度是称心如意的、合适的和可以接受的。[156]战略执行流程本身就是一个很好的存储组织知识的构件，战略执行流程成熟度越高，组织的协同性越好。战略执行流程其实就是组织知识、文化、规则的载体，成熟度越高，表明越能更好地协调组织成员的交际行为，企业绩效也会更好。

公司内部没有持续的沟通，行为将会变得随机和无组织，这会导致绩效低下。[59]正如邓肯和森严（Duncan & Moriarity, 1988）指出的那样，沟通网络将人们联结在一起，创造了组织关系。这些关系为形成、组织和分解知识的机制服务[98]。当组织机制确保在组织成员中有一个持续的、自由信息交换机制时，绩效将得以提高（Rapert and Wren, 1998）。[99]莫莉·英霍夫·拉珀特等人（Molly Inhofe Rapert, et al, 2002）的实证显示，高管层和内外部市场间经常的沟通对职能部门绩效和企业绩效都有正面影响。[100]

战略执行不应该是仓促杂乱的事务，也不应该是依靠好员工为实现他们的希望而发挥主动性来执行战略的无组织的松散行为，战略执行是有显著的内在逻辑顺序的流程。某些活动应该在另外一些活动之后发生，比如运营流程若在战略分解流程尚未结束就开始运行，势必会造成流程的混乱，带来严重偏离战略目标的结果，战略也就不可能得到成功的执行。

如果要达成既定战略绩效，那么战略执行者之前的互动流程性能水平极为重要，有学者甚至将日常组织结构中各成员间的互动流程模式看作组织结构的维度之一。任何企业其实都是由若干的人员和元素构成的或大或小的互动方式和路径多元的具有各自企业特色的网络。在由各种企业流程构成的网络中，人与人之间、部门与部门之间、业务与业务之间、流程与流程之间的互动会以一定的方式和频率来进行，企业的战略愿景得到或强或弱的传播和共享，战略共识或高或低地得以达成，战略执行的具体行动或多或少地受到有意识的模仿。很难想象，企业成员中如果没有足够的互动和共同的战略愿景，企业的行为必然随意，组织化程度必然很低，企业的战略绩效必然得不到保障。在战略执行过程中，组织结构和资源是效果不错的工具。这就要求战略分解、人员和运营流程应当协同，并成为整体运转的理想的执行模式。不难发现，三个子流程间有其特定的逻辑存在，虽然没有清晰的界限，但是它们频繁地进行信息交换，并根据环境的变化进行调整，由此自觉或不自觉地出现了对战略绩效的实现有正面作用的良性的流程优化结果。

从本质来看，上面的论述从不同的角度阐释了不同成熟度的战略执行流程和企业绩效之间的关系。显然，成熟度越高，战略执行流程的协同性越好，畅通度越高，信息交换和共同调整的力度越大；战略执行流程管理能力越强，效率更高，各子流程性能越好，成本越低，顾客满意度越高。总之，在其他变量得到控制的前提下，作为企业一种重要的无形资源，战略执行流程的成熟度越高，企业的绩效应该越好。因此，本书提出如下假设：

H1：战略执行流程成熟度对企业绩效有显著正向影响。

很多文献认为，员工参与战略既有正面影响，也有负面影响。一方面，员工的参与增强了愿景共享，增强了理性，提高了适应性；另一方面，员工的参与加剧了政治行为、增强了文化惰性，有了更多的限制。纳丁等（Nardine，et al，2004）对六千余名经理进行了调研，调研结果证实了前者而否定了后者。他们的研究还得出一个结论：那些参与得更多更深的人倾向于将制定战略时的那些商业和非商业的限制条件看得不那么重要，因此他们认为，那些更多地参与战略的经理们不仅用更加赞成的目光看待战略分解流程，而且使战略分解流程以更加有效的方式进行。毕竟，理解是管理行为的基础，参与战略分解流程增强了经理们对战略的理解。因此，他们认为对大多数组织而言，增加参与的人员对战略分解流程有益。扩大参与战略分解流程人员的范围有如下的正面效果：提高战略执行、提高决策质量、更好地理解深思熟虑的战略，促进组织学习、增强组织承诺、提高工作满意度，更加适合的核心竞争力与竞争优势的形成。简单来说就是：创造共享愿景产生共享的认识，产生对愿景的共享承诺。[157]

战略分解流程主要的输出就是中短期战略目标和任务，战略分解的有效性是衡量战略分解流程性能水平的重要指标。战略分解流程成熟度越高，就越利于得到更高品质的阶段性战略目标的任务。因为成熟度高的战略分解流程形成了合适的机制以有效地分解战略，适宜地调整参与分解战略的人员的范围和参与的程度，能使中短期战略目标和任务更为符合企业面临的即时的实际环境，能较为客观地估量企业的即时的资源能力。总之，战略分解流程成熟度越高，对企业绩效的影响就越大。因此，本书提出如下假设：

H1a：战略分解流程成熟度对企业绩效有显著正向影响。

人员流程的主要目的是实现战略目标，有充足的战略执行人选并将合适的人员安排在合适的岗位上，发挥他们的积极性、能动性和创造性以有效地执行战略。识人、用人、评估人、激励人和控制人历来是领导的本职工作之一，将什么样的人安排在什么样的岗位上，用什么样的制度来激励约束他们，这本就受到和应该受到高管层的主导和控制。人员流程涉及各级战略执行主体的诸多切身利益，包括长期利益和短期利益、物质利益和非物质利益等，最为重要的是，中层经理的职业发展前景可能会受到人员流程决定性的影响。因此人员流程要与战略分解流程进行较多的协同，高管层和中层经理之间要有较多的沟通、互动和影响。人员流程实质上要解决的是企业的人力资源问题，涉及员工的收入、组织结构等问题。若人员流程成熟度较高，则表明企业能将其人力资源政策和战略紧密挂钩，能较好地解决员工收入的内部公平性和外部竞争性问题，能培养充足的人员并有成熟稳定的选拔机制将他们安排在合适的岗位上。这些举措对获得员工的认可，换来其较高水平的承诺和企业绩效有利的表现大有裨益。因此，本书提出如下假设：

H1b：人员流程成熟度对企业绩效有显著正向影响。

运营流程要解决的是企业短期的经营计划、日常的工作和行动安排，为员工指出具体的工作方向和工作任务。战略目标主要就是由各阶段的运营目标集成而来的，因此，高管层必然要施加影响于运营流程，不时调整方向和目标以适应环境变化。运营流程成熟度越高，则说明企业越能很好地将战略分解流程形成的中短期战略目标和任务继续转化为企业短期和日常的经营计划、工作安排和行动指南；它们之间的契合度越高，说明企业能及时根据环境变化调整运营，协同各个部门，协同供应商和客户。这些行为必将对企业绩效起到积极作用。因此，本书提出如下假设：

H1c：运营流程成熟度对企业绩效有显著正向影响。

4.4 战略执行流程与中层经理战略承诺

战略执行流程的主要本质就是在高管层主导下由中层经理参与构建并维持运行。因此，高层经理和中层经理的良性互动是有效执行战略的核心所在，他们之间的利益博弈是战略执行流程的主要障碍之一。在企业里，这两个层级的战略执行主体对战略执行有重要影响。战略执行流程的成熟度标志着战略执行流程的性能水平，即从没有或只有模糊的流程管理意识，整体来说战略执行流程从无序状态进入自组织状态，能够进行流程的自我优化和持续提升。不同成熟度的战略执行流程意味着利益分配的公平程度不同、权力的正面运用的程度不同、公司政治的积极性不同、中层经理的利益和公司利益的一致性程度不同。这些因素难免会影响中层经理对战略的认知和理解，最终会影响他们的战略承诺水平。

艾森哈特（Eisenhardt，1989）发现，在高速变化的环境中，不是冲突的存在而是管理方式影响了决策质量。[135]实际上，这样的冲突可以成为提高决策质量的来源，然而，缺乏询问技巧，冲突可能引发一群决策者最满意而不是最优化的解决办法的谈判[158]。高层经理有权把资源分配和人员安排之间的隶属关系作为将战略决策变为行动的基本手段。[159]这实际上描述的是人员流程和运营流程的主要活动。构建和运行战略执行流程的各种规则本身就是对各级战略执行主体很有影响力的一种管理方式，不同成熟度的战略执行流程必然会对中层经理战略承诺水平有不同影响。

流程的中介度和协同度与战略执行流程中的互动和奖惩相关联。互动就是组织的信息处理行为，包括通过高管层描述的战略得以执行的工具性价值的正式的、自上而下的沟通，也包括员工交谈、象征性机制的使用和丰富的媒介来表达既定战略的工具性价值的非正式沟通；奖惩包括人员的更换以及物质奖励和精神奖励。互动和奖惩是执行既定战略的组织流程的行为表现。那些不具体、不能分解和属于思辨性质而不是具体的产品或技术的战略可以通过互动流程得到执行。这些战略是非程序化的，执行起来不易流程化，因为它们不明确具体，对于这些新行动，下属之间的责任不清晰。对组织成员来说，这种新的或不熟悉的战略思想可能是一种新的思考方式，产生了一定的不确定性。这些非程序化的战略强调流程形态，因为新的战略意图和解释是组织变革的基本组成部分（James E. Skivington & Richard L. Daft，1983）。[160]在这种情形下，成熟度较高的战略分解流程，中层经理参与分解战略的程度较深，战略承诺水平会更高。因为，参与得更多更深，中层经理会倾向于将决定战略时的那些商业和非商业的限制条件看得不那么重要，更多地参与战略分解的中层经理们不仅用更加赞成的目光看待战略分解流程，而且以使战略分解流程更加有效的方式采取行动。毕竟，理解是管理行为的基础，而参与战略分解流程增强了经理们对战略的理解。

在战略执行的整个过程中，员工参与的范围和市场有效性之间正相关[161]。参与形成了更大范围的回应，提高了组织的技能和知识水平，增强了组织的适应能力；通过共享愿景的引导，卷入越多，则经理们就越认为流程更加理性和更加有适应性；卷入增强了经理们对战略流程的满意倾向，减弱了对战略流程有负面看法的倾向；卷入是对战略的健康理解和认知的一个重要前提，不仅会改变经理们的认知和理解，还可能改变他们的行为。[157]

从 4.1 节所分析战略执行的主要障碍可知，虽然它们的表现形式各异，但除少数情况外，大多数执行障碍产生的原因在于企业的战略执行流程成熟度不高。不同层级员工之间尤其是高管层和中层经理就战略执行所形成的不完全合同，但又没有形成良好的惯例以处理不完全的部分，中层经理在战略执行过程中对高管层的信任度不够，或者说权力利益在高管层和中层经理之间的分配不够公平，由此而致的中层经理战略承诺水平不高。日常的具体表现就是高管层和中层经理之间缺乏足够的互动，耦合度不高，利益不一致。这些原因导致战略和战略执行之间的一致性程度不高，形成了众所周知的战略执行鸿沟。继续深究的话，战略执行难的本质原因通常在于中下层战略执行主体的利益未得到足够的重视、战略执行主体间利益不公平以及个人利益与公司利益不一致。无论是劣质或模糊的战略、缺乏有效的管理变革和克服对变革的抵制能力、负责战略执行的个体或职能部门间缺乏信息共享，还是战略制定和执行分离、经理们接受的战略规划培训多于战略执行培训，还是执行决策的责任义务不清晰，无一不体现出高管层和中层经理间耦合度不够，利益分配不公平。归纳起来，这些战略执行障碍产生的主因在于战略执行流程成熟度不够高。

战略执行流程表面上未提及高管层，但实际上它是在高管层主导下进行构建和运转的。毫无疑问，战略分解流程的主导者必然是高管层。虽然很多文献提到了中层经理甚至是基层经理和关键员工对战略分解有重要作用，但是从组织结构和实际的运行状况来看，战略分解主要还是高管层的责任，毕竟只有高管层才拥有全面而充分的信息，他们有足够的动力和能力跳出部门本位主义，统筹全局，有足够的能力来主导战略分解。更为重要的是，高管层需要通过战略分解流程来平衡各方利益，在这个过程中，必然甚至是必须充分考虑中层经理的意见，发挥中层经理丰富运营经验的作用，收集中层经理丰富的一线运营信息。

人员流程的目标是围绕战略分解流程所分解出的阶段性战略目标和任务合理安排战略执行人选，发挥战略执行主体的积极性、能动性和创造性以有效执行战略。识人、用人、评估人、激励人和控制人是该流程的主要活动。将什么样的人安排在什么样的中层经理岗位上，用什么样的制度来激励约束他们，权力的正面运用程度如何，收入的公平性和竞争性等是该流程应该解决的问题。这些本就受到高管层的主导和控制。中层经理的收入、职位、培训、职业生涯的发展趋势等诸多利益都会受到人员流程很大的甚至是决定性的影响。

运营流程的目标是根据战略分解流程所分解出的阶段性战略目标和任务来制订符合眼前最现实环境的企业短期和即期经营计划，进行日常的工作和行动安排，为战略执行人员指出具体的工作方向和任务。战略目标主要由各阶段的运营目标集成而得。因此，高管层必然要施加影响于运营流程，不时校正其方向，调整其目标以适应环境变化。总之，战略执行流程应该置于高管层的控制之下。但必须提出的是，高管层对战略执行流程的主导和控制应该建立在与中层经理充分互动的前提下。如果战略执行流程体现出高管层和中层经理之间耦合度不够的话，那么中层经理的战略承诺水平必然不高，战略执行的有效性必然大打折扣。

就经理们接受的战略规划培训多于战略执行培训这一障碍，当然有人辩称，执行不可能被传授，因为执行涉及"做"和在职经验。即便如此，劳伦斯和赫里比尼亚克（2006）研究认为，依然可以教授经理们一些通向成功执行的关键步骤、行动或变量；中层经理能从展示流程、步骤或决策卷入和使战略得以运作的逻辑方法的模型中获益，这样的模型可以知晓和引导随后的执行行动。若战略执行流程成熟度较高，它的三个核心子流程正好可以发挥培训经理们如何执行战略的作用。可以想象，对经理们就战略执行进行的培训应该会起到积极的作用，让经理们更加理解战略、战略执行的步骤和所需的资源及方法等，这对促进中层经理战略承诺不无裨益。因而，不同成熟度的战略执行流程对中层经理战略承诺影响不同。

过去，人们认为执行是非高管层的任务这一障碍也可通过战略执行流程得到较好的解决。每一个组织在战略计划与战略执行上多少都有一点分离现象，严重的话会导致组织的功能障碍、机能失调，造成真正的战略执行问题[1]。战略执行需要各级战略执行主体都要有主人翁精神，经理们必须承诺和自觉地将战略执行流程置于有效执行的中心位置。战略执行流程不是管理工作中的琐碎部分，而是管理工作的本质和精华所在，是高管层的主要职责。战略执行流程更需要中层经理的积极参与和鼎力协助，也是中层经理的利益所在。不同成熟度的战略执行流程对中层经理战略承诺水平的影响自然不同。

传统上，战略的制定和执行是分离的，称为战略执行鸿沟。实际上，它们是相互依赖的，劳伦斯·G.赫里比尼亚克（2006）认为，它们之间的关系有两个关键启发[1]：第一，当那些负责执行战略的人同时也是战略分解流程的一部分时，最有可能得到一个成功的战略结果。规划者和执行者之间的互动越多，或者规划和执行这两个流程或任务之间的重合部分越多，成功执行战略的可能性就越大。而战略分解流程是战略规划者和执行者相互影响的重要环节。第二，战略要成功就需要有在战略规划的同时考虑战略执行的观点。经理们必须像思考战略规划一样来思考战略执行。战略执行的事项或问题必须作为战略制定的一部分，战略制定和执行也是战略管理的一部分。这种双重的或同时的观点虽然重要但难于实现，对有效执行战略提出了挑战。战略分解流程衔接并融合了战略形成和战略执行，将战略形成纳入战略执行，也将战略执行融入战略形成之中。从逻辑上讲，战略分解流程是战略执行流程的起始子流程，同时也是战略形成流程的终端子流程。这颠覆了传统的战略形成和战略执行二分的观点，在形成战略时就切实考虑了战略执行，进行了有效的衔接，战略形成和战略执行水乳交融，你中有我、我中有你，填补了战略制定和执行之间的鸿沟。而且，人员流程和运营流程主要依据战略分解流程来进行构建和运作，这样一来，战略形成和执行的耦合度较高，一脉相承。战略形成和执行的耦合度越高，战略执行流程成熟度就越高，中层经理的参与程度就越高。从诸多文献达成的共识来看，这势必会提高中层经理战略承诺水平，有效地执行战略就是水到渠成的事情，而这其实是战略分解流程的核心功能之所在。

战略执行需要的时间比战略形成需要的时间长，尽管战略计划可能需要几个星期、几个月甚至数年，但战略执行通常要用比战略形成更长的时间，这的确容易引起执行障碍。时间长意味着增加了经理们执行战略的压力，一些不可预见的事情会突然发生，使得经理们集中全部精力于战略执行流程，控制战略执行流程变得更加困难。长期计划必须转化为中短期目标，必须建立控制以提供反馈并保持管理层并肩战斗应对外界的冲击和变革，战略执行流程必须是动态的、适应性的、能及时响应和弥补意外事件的。战略执行流程并不是一个单一决策或行动的结果，而是一系列随着时间的推移进行综合决策或行动的结果。战略执行流程需要大量的注意力来使其得以产生作用。快并不总是好的，成功的整合需要时间和注意力。这对经理们提出了一个真正的挑战，增加了战略执行的难度。战略执行流程的三个子流程充分考虑了这一点，让中层经理参与甚至主导战略分解流程的目的之一就是让他们在一开始就深刻认识到战略任务的长期性和整体性。而人员流程在这个问题上所要解决的是要将能长期保持注意力、能抓住战略重点以很好控制战略执行过程的人安排在合适的岗位上；有较好的人力资源政策，激励战略执行主体较长时间地聚焦于战略执行的重难点事项上。运营流程的目标是兼容和衔接短期运营目标和长期战略计划。因此，成熟度较高的战略执行流程可以通过提升作为战略执行主力的中层经理的战略承诺水平来抑制或解决因执行时间较长可能产生的各种问题。

战略执行涉及的人数众多会导致战略沟通难度加大，这一障碍在战略执行流程的影响下可能会得到较好的解决。合适的战略分解流程具备很好的战略沟通效果。在战略形成阶段吸纳尽可能多的人员参与分解战略，是一种基础性的战略沟通方式，在这个流程的引导下，成熟度较高的人员流程完成了有充足的人选并将他们安排在合适的岗位上的目标，这势必又会提高战略沟通的效果，向组织内外传达明确的战略执行信息。被安排在合适岗位上的人又会积极努力地宣传战略，为有效执行战略而与相关的人员进行充分的沟通，配合他人和部门，适度牺牲部门和自身的利益，这些都是重要的战略性沟通方式。运营流程要解决短期的、日常的经营计划也会向战略执行主体传达重要的战略执行信息，密切联系各战略执行主体。也就是说，战略执行流程的三个核心子流程都具备了良好的战略沟通能力，通过对中层经理的影响构建并提高其战略承诺水平，从而通过他们向更多的利益相关者沟通战略，自然能有效地解决人多沟通难的问题。

企业缺乏变革管理和减少变革抵制的能力的问题逻辑上可由战略执行流程和中层经理战略承诺来解决。人们对变革的抵制主要是担心变革会有损其利益。这包含既定战略目标可能带来的对员工利益的损害，也可能是战略执行的手段和途径带来的对部分或全部员工利益的损害，还可能变革本身并不会带来什么损害，但由于企业缺乏变革管理和减少变革抵制的能力而造成员工无谓的担心。若战略分解流程成熟度较高，则能缓解甚至消除人们对战略目标会损害其利益的担心；若人员流程和运营流程成熟度较高，则能缓解甚至消除战略执行主体对战略执行的手段和途径会损害其利益的担心。简言之，若战略执行流程成熟度较高的话，则其本身就是一个充分的战略沟通的过程，是一个较好的平衡利益的过程，必然会提高中层经理战略承诺水平，通过中层经理的努力，当然能较好地降低或消除员工无谓的担心。

劣质或模糊的战略是战略执行的一大障碍，没有战略的引导，执行就是无用的努力。具体来说，两个问题极为关键，战略的哪些方面对战略执行结果施加的影响最多；如何处理公司战略和职能战略的关系，两者之间如何协调互动来影响这些结果。战略分解流程的目标就是要用合适的战略分解方式形成高品质的中短期战略目标和任务；人员流程和运营流程的目标之一就是解决公司战略和职能战略之间的协调衔接问题，这两个子流程本质上都是围绕战略分解流程进行构建和运作的。如此这般，将会有效去除劣质或模糊的战略。总之，若战略执行流程成熟度较高，必将对中层经理战略承诺水平产生正面影响。

信息共享不足和责任义务不明这一战略执行障碍可以通过战略执行流程予以解决。战略分解流程让更多的人参与战略分解的目的和作用之一就是提高信息共享度，在源头上让作为战略执行主力的中层经理较为充分地参与分解战略，在高管层主导下提高信息流动性、透明度和共享程度；人员流程和运营流程致力于在执行手段和途径上最大限度地保持企业利益和个体利益的一致性，致力于将合适的人员安排在合适的岗位上，建立适宜环境的组织结构，制订科学合理的日常运营计划，这些对适宜地区分执行者的责任和义务贡献很大。信息共享程度和责任义务的明晰程度是战略执行流程成熟度的体现，信息共享程度和责任义务的明晰程度越高，战略执行流程成熟度就越高，越能有效提升中层经理战略承诺水平，较好地消除信息共享不足和责任义务不明的障碍。

获得在组织中有影响力的人的合作和支持对执行既定战略有极大的帮助。战略执行流程成熟度，其实就是在企业各级战略执行主体尤其是高管层和中层经理的博弈下，显现出来的战略执行流程的性能水平，中层经理在组织中承上启下，其上行影响和下行影响对战略的分解和执行都有不可忽视的作用，获得较高水平的中层经理战略承诺对成功执行战略有着重要意义。若战略执行流程成熟度较高，就会从不同角度、不同层面照顾到中层经理的利益。也就是说，战略执行流程成熟度高，对提高中层经理战略承诺水平肯定有正面的影响。

战略分解流程的目标是将战略分解为具有较高品质的阶段性战略目标和任务，即中短期战略目标和任务要符合企业的实际环境、易于理解、可被广大员工接受。劳伦斯·G. 赫里比尼亚克（2006）认为战略是主要的驱动程序，劣质战略导致不良的执行和结果。因此，首先将焦点集中于合理的战略是重要的。他对243名涉及战略形成和执行的经理进行研究后得出：一个劣质或模糊的战略严重限制了战略执行并成为一个主要的障碍，好的执行并不能克服劣质战略或贫乏的战略规划的缺点。弗洛伊德和伍尔德里奇（1992）认为，在中层经理的信息合成、倡导、培养适应性和执行既定战略的四个角色中，每个角色都将不同的思考和以变化为导向的行为注入战略分解流程，潜在地影响组织，使得组织和外部环境保持一致[87]。成功战略分解的一个先决条件是中层经理参与其中以确保能不断地评估环境条件，并以此信息来决定是继续执行现存战略还是修改之以适应环境变化[85]。在此过程中，可以预期中层经理会扮演一个重要角色，因为他们常常是那个在环境中看到新机会并借此发动和支持新举措的人[162]，当然，如果他们感觉新战略有缺陷或者违背了他们的私人利益，也可能会抵制新举措[50]。因此，为了使高管层和中层经理在战略分解过程中的分离活动得到统一，且两个群体间可以整合与分享信息，从双方角度出发看问题并用这种整合作为行动的基础是很关键的（Anneloes M. L. Raes & Marielle G. Heijltjes & Ursula Glunk & Robert A. Roe, 2011）。[163]

中层经理垂直联结相关群体[164]，正如李克特（1961）所说，这些"联结针"联结着由高层经理根据低层运营经理的日常运营状况所提供的整体方向[165]。这种中介角色建立了显著影响组织的可能性[166]。人员流程的目标和功能主要是对领导层培养渠道进行构建、对表现不佳的人进行处理、结合人力资源管理政策与实际效益、将人员与战略和运营结合起来等[5]。可以看出，这关系到中层经理的职位升迁、是否会被安排到合适的职位、职位安全、薪酬激励等。人员流程对中层经理战略承诺的重要性不言而喻。

中层经理的责任和利益诉求较多地体现在运营流程中。年度运营计划、季度运营计划、月度运营计划等短期运营是中层经理工作的重头戏。衡量中层经理绩效并对之进行激励的依据主要是运营流程中的若干指标。它们涉及中层经理的收入、工作投入及升迁等，中层经理的诸多切身利益都蕴含在运营流程之中。运营流程对中层经理战略承诺有一定影响。

综上所述，战略执行流程的诸多功能，实质上是通过高管层和中层经理之间就战略执行所涉及的一系列不完全合同的博弈及对执行后的利益分配的预期和信任程度来予以实现的，是战略执行流程成熟度的具体体现。这两个重要层级的战略执行主体之间的耦合度至关重要。战略分解流程若充分听取中层经理的意见，发挥其丰富的一线运营经验和充分及时的经营信息优势，让其在分解战略的过程中有足够的话语权，对促进这个重要的执行主体的个体利益与公司利益的一致性大有裨益；对平衡战略执行主体间的利益意义深远；对有效签订和执行战略执行流程所涉及的一系列不完全合同，提高中层经理对战略执行的结果及利益分配的预期极为关键。如此一来，所分解的战略必然具有较高品质。人员流程若能将作为执行骨干的中层经理安排在合适的位置上，充分发挥其才智，则可以提高他们的积极性和创造性。运营流程成熟度较高，在利于发挥中层经理的优势，对中层经理的日常工作提供可行的指导，也符合其切身利益。这三个战略执行流程的核心子流程蕴含了中层经理的诸多利益，若成熟度较高，则能提高中层经理战略承诺水平。总之，中层经理在职业前景、收入、工作压力、职位安全、名誉以及在职训练等各方面的利益分别与战略执行流程挂钩。因此，不同成熟度的战略执行流程对中层经理战略承诺水平有不同的影响，战略执行流程的成熟度越高，越能获得高水平的中层经理战略承诺。战略执行流程的三个核心子流程与中层经理战略承诺之间的关系同样呈现这样的特点。结合上一章探索性案例研究得出的命题一，即战略执行流程对中层经理战略承诺有显著正向影响，本书提出研究假设如下：

H2：战略执行流程成熟度对中层经理战略承诺水平有显著正向影响；

H2a：战略分解流程成熟度对中层经理战略承诺水平有显著正向影响；

H2b：人员流程成熟度对中层经理战略承诺水平有显著正向影响；

H2c：运营流程成熟度对中层经理战略承诺水平有显著正向影响。

4.5 中层经理战略承诺与企业绩效

中层经理战略承诺水平的高低代表着这一重要的战略执行主体对战略的情感的深厚程度，表征着其执行战略的意愿程度。中层经理战略承诺水平的高低对企业绩效有着较大影响。因为，在组织中，权力拥有者对绩效的影响是显而易见的，权力的有效使用对组织的成功至关重要，而组织中低级别参与者事实上拥有决定战略执行有效性的权力。

4.5.1 组织中低级别参与者的权力来源

权力是一种影响他人的思想、行为或情感的潜在能力。权力是使他人用自己所期望的方式做事的潜力，是一种可以使用的社会能量，可以转化为影响。用休（Siu）的话说，潜在的权力可以转化为活动的权力。权力可以对他人的信念、情感和行为施加影响；潜在的权力是施加影响的能力，而活动的权力则是施加影响的行动，一个人对他人运用权力的程度就是他所能得到的期望的顺从程度（Siu，1979）。[167]

权力始于结构问题。虽然个人技巧决定了使用权力的效率，但权力基本上不是个人或个性的问题，权力首先是一种重要的结构上的现象。[168]专业化分工是个体和组织间产生依赖的根本原因。由于分工，组织成员在按时完成前期任务、精确的信息、材料的供给、称职的人员以及策略上的支持等完成自身的任务所需做的事情上依赖于他人。[169]结构决定了人员和团队的角色、期望和资源配置是如何限定的，在确立组织的角色、期望和资源配置时，结构的功能表明权力首先且最重要的是一种结构现象，以及为何组织中权力的有效使用对成功至关重要[172]。在组织中，负责执行比较重要任务的人和单位在发展和运用组织权力上具有天然优势[168]。资源的配置决定了对个人或团队完成工作的能力有巨大的影响，而结构影响资源的配置。使用权力的一个主因是为了影响资源配置，资源配置又影响组织中权力的平衡，这两个变量紧密联系。权力不可能独立于结构的环境之外，反之亦然。[169]

马克斯·韦伯和亨利·法约尔等早期的组织学学者简单地假定权力和正式规则在等级组织中通过高层地位者逐级向下传递给地位较低者。部分当代学者仍然倾向于把职权视为组织中权力来源或者至少是主要的来源，但大多数组织行为学者并不这样看待权力。约翰·科特（1985）认为在当今的组织中，完成工作所必需的权力与工作伴随而来的权力（职权）间的差距正在拉大。大部分组织行为学者仅仅将职权看作众多可获得的组织权力资源中的一种，而权力是全方位的，不仅仅是沿着等级向下扩散。以职权为基础的权力绝非组织中权力的唯一形式。实际上，其他形式的权力常常超过来自职权的权力。组织中的领导与管理问题的分离或区分得越多，前者与权力问题的联系就越紧密，而这些问题远远超过了职权问题。[169]

费伦奇和雷文（1958）从假设权力和影响至少包含两个行动者间的关

系开始，推论出易于接受的行动者的反应是更为有效地解释社会影响和权力现象的关键。他们将权力的五个基础或来源做了区别，认为这五种来源或基础不同的权力在吸引力（接受者对权力使用主体的情绪）和对权力使用的抵抗两方面的效果具有不同的后果。强制性权力通常会减少吸引力并引起很强的抵抗，而奖赏性权力可以增强吸引力并带来最低水平的抵抗。对权力道德限制的一种早期观点认为，强制性越是合法化，就越会导致抵抗并减少吸引力。[170]

戴维·麦加尼克（David Mechanic）考查了影响和权力的来源，这些来源所关注的目标是那些比潜在的影响拥有更正式职权的人。约翰·科特认为，权力要求有依赖感，而低层次员工有一整套"工具"让其他人依赖他们，这些"工具"包括专业知识、努力和兴趣、吸引力或魅力、在组织中的位置和职位、在组织内部结合体及组织之间结合体中的成员身份以及对规则的了解的。[169]

萨兰奇和普费弗（Salancik & Preffer, 1977）[171] 视权力为能把组织与它们的环境现实联结在一起的少数几个有用的机制之一。他们假定权力出自一个组织本质上的功能需要。他们认为，权力来自处理一个组织中最关键事物的从属单位及个人。权力的有效利用使得那些参与关键性活动的从属单位都能在重要位置上安插亲信并控制稀缺性资源，由此增加了他们生存和扩张的可能性。参与关键职能的从属单位兴旺了，而参与非关键性职能的单位萧条了，组织也就重新进行了组合。由于组织面临的最关键权变因素包括环境状况，这一权力分配的过程解释了组织是如何根据外部世界的需要不断自我重新调整的。他们相信权力在组织中被分享与其说是出于组织发展原则或参与性民主的关心，不如说是出于必要，是出于结构性职能的需要。他们确认了三个变量因素：资源稀缺程度，资源对于从属单位核心活动的重要程度，关于已存在的组织应做什么或如何做的不确定性程度。通过这三个因素，从属单位成员对权力的使用可以被用来确定重要决策是如何做出的。当这三个因素与最有可能与获得并保持权力的从属单位的鉴别联系起来时，就有可能利用组织行为学对权力的一种看法来预测组织的决策过程，在没有明确的标准时，使用控制资源配置的决策权可能是最有效的指标。他们的权力战略权变理论具有深远的影响。如果说从属单位对权力的使用有助于组织按照关键需要来调整自身的话，那么对权力使用的抑制，比如减少不必要的冲突，则会降低组织的适应性。所以目前的组织行为学文献很少使用"冲突解决"这个词汇，而用"冲突管理"来替代它，积极地利用冲突以及权力斗争来实现组织利益。[169]

普费弗（1992）[172] 讨论了决策机制和执行时的权力及影响力。他指出，人们经常试图忽略权力及影响力，这导致人们丧失了理解它们的社会过程和培训管理及人员处理它们的机会。回避的后果是除最高层管理者外，几乎任何人都不能再去采取行动把事情做完。人们从小就被告知一个问题会有正确或错误的答案。但在组织中，问题的解决方法很少是清晰的。大多数决策很复杂，组织成员最关键的是培养坚韧不拔的意志，面对挫折勇往直前，以及如何扭转形势的洞察力。最重要的技能可能是对决策进行管理。组织成员需要的是不惧怕实施权力和影响力的领导人。组织领导者知道这是成功必备的，组织成员也应该具有同样的认知。组织需要一个强有力的共同的愿景、文化和目标来为之努力，而这些离不开策略性地运用权力和影响力使之达成一致。如果企业要实施有效的管理就需要认识竞争性利益，因为它们与本书的关注点和对完成工作所必需的权力理解有关。人们越是认识和理解组织中权力的重要性，在实施决策和把组织带向成功时就越有效。

多尔温·卡尔特（Dorwin Cartwright，1959）认为，在所有的社会状态中，尤其是等级社会，某些拥有权力的人具有帮助或阻碍其他人实现其目的的导向行为。情绪上的安全感非常依赖这种权力的大小以及它使用时的善意。只有当权力被明确承认时，社会状态对情绪调节的影响才能被充分理解。[173]

组织中的低级别参与者常常能争取到并使用与他们在这些组织中的正式职位不相关的相当大的权力。他们通常通过控制获得信息、人员和工具的途径使别人依赖于他们。信息包括关于组织的知识、人员的知识以及规范、程序和技术的知识等；人员包括任何该组织在某种程度上依赖的内部及外部的人员；工具包括组织的全部物质材料或它的来源（设备、机器和钱等）。低级别参与者通常不靠使用组织的角色结构实现其控制，而是靠绕过、有意破坏或操纵它来实现。低级别参与者实现权力最有效的方法是获取、保持和控制获得人员、信息和工具的途径。当实现这一点时，低级别参与者就能使高级别参与者依赖他们。因此，依赖性以及对依赖关系的操纵就成为低级别参与者权力的关键。具体来说，影响权力的因素有专业知识、努力及利益、吸引力、位置和地位、结合体以及规则。不断增强的专业化及组织成长使得专家或参谋人员变得日益重要，专业化知识在组织中的重要性逐步增加。一个人能承担的责任是有限的，随着组织任务复杂性的提高以及组织规模的扩大，职责委托出现了，专家级专业人员被引入以提供信息和研究，于是高级参与者开始依赖他们。专家对权力拥有巨大的潜力，他们可以隐瞒信息，提供错误信息等，而如果专家感到不满，组织的怠工可能性将会增加。低级别参与者使用权力的程度部分地取决于他们在高级别参与者不愿意参加的领域进行努力的意愿。他们的努力直接与其在某个领域中的利益程度相关。虽然很多做决策的权力很容易从低级别参与者的权限中去除，但这是有代价的——高级别参与者要愿意花时间精力去处理这些事情。由于职责被委派给了低级别参与者，伴随而来的当然是他们有了一定程度的权力。如果低级别参与者发现自己的权力有危险，他就可能用各种方法逐渐损害系统。当一个组织把自由选择权给予低级别参与者时，通常随之失去的是必要的灵活性。连续监督成本太高，需要的管理者太多；通常考虑各种因素之后，用行政自由选择权来交换合作和不滥用权力是较容易的事。吸引力或称之为人格魅力是低级别参与者的个人原因。有吸引力的人更有可能获得人员便利，而这种便利一旦实现，他们就极有可能获得提升。当然依赖性也是成为吸引力权力的关键，因为无论一个人依赖别人是为了得到服务还是赞赏或影响，最有关系的还是价值极高的相关合作。在任何组织中，成员在物理空间和社会空间中的地位都是影响获得人员、信息及工具的重要因素。一些低级别参与者可能在组织中居于非常接近中心的地位。不同职能的群体服务于不同的功能，每个群体通常在组织中保持自身的权力结构。组织中的每一项这类职能性任务，通常会形成一个控制该任务相关活动的特殊群体领域。虽然这些任务通常在组织中的最高水平上是协调的，但是它们在中低水平上却经常是不协调的。然而，在这些复合结构的低级别参与者中形成结合体是很常见的。低级别参与者可以利用他们对组织规则的了解来阻碍可能发生的变化。熟悉组织及其规则的低级别参与者经常能找到规则来支持那些他们不必要去做要求他们做的事的观点，而且规则也经常使他们的懒散变得合理化。当社团和联盟也包括进来时，规则将变得格外复杂，因为此时参与者有两套规则可以依赖。当其他因素保持不变时，低级别参与者很有可能占了高职权者的上风，特别是当在位者的命令而不是职权本身被认为是不合法的时候（David Mechanic，1962）。[174]

杰拉尔德·R. 萨伦斯克（Gerald. R. Salen Silk）和杰弗里·普费弗（Jeffrey Preffer）在《谁获得权力以及如何保持它：权力的战略权变模型》一文中提出，权力是获取处理关键问题的机构从属单位（个人、部门）的某种力量。从属单位的使用权力，实际上所有拥有它的人都在使用它，以期在稀缺的关键资源被控制、重要职位被安插亲信及组织问题和政策被限定的情况下，提高他们自身的生存能力。由于在权力发展及被使用的过程中，组织变得与环境更一致或更不一致，这一矛盾是组织权力最有趣的方面，即导致管理成为一种最不稳定的职业。权力不过是使事情按一个人所希望的方式完成的能力。权力是由组织面临的关键的不确定性和问题所决定的，并转而影响组织的决策，组织就与其面临的现实相协调。一句话，权力促进了组织对其环境或其问题的适应。权力分享是因为没有一个人能控制组织中所有希望的活动。由于权力来自活动而不是个人，所有个人或从属群体的权力永远不是绝对的，而且从根本上来讲是来自环境背景。个人在任何时候拥有的权力大小不仅取决于其控制的活动，还取决于参与活动的其他人或实现活动的手段，也就是说，取决于组织期望且关键的活动。出于这些原因，个人的权力总是依赖于他人的权力。其他人、群体或组织能够对组织的关键权变因素进行界定，也可以降低个体对组织的关键权变因素做出贡献的唯一性。

权力围绕稀缺性资源及其重要活动的事实，使得对这些活动的控制和组织成为争夺权力的主战场。只要一个人能组织并控制资源配置及如何界定什么是关键性资源，相对丰富或次要的资源甚至也会成为权力的基础。定义组织中什么是最关键的权力，而且，它还是理解组织与环境不协调的关键。如果一个组织把某些实际上不重要的活动定义为重要的，那么考虑流入该组织的资源，它很可能无法生存，至少不会以它现在的形式生存。多数组织面对的关键权变因素来自他们运转所处的环境。这点决定了可得到的资源和要处理的问题。权力围绕解决这些问题来组织，这就提出了一个使组织与其外部环境协调一致的重要机制。战略权变模型表明，对组织重要资源有贡献的从属单位将在组织中获得影响。他们的影响也许会使组织的活动专注于那些决定其资源的权变因素。为什么部门领导要试图影响组织的决策来帮助自己的部门而排斥其他部门？在这种环境下做出决策是基于组织的整体目标和目的。在这种环境中权力被视为对现代机构中较为简明的合理职权的一种不正当威胁。稀缺性表明每当组织资源稀缺时，从属单位试图施加影响。通过极小的努力，它总是可以得到它想要的。关键性表明一个人不会浪费力气或冒着被认为顽固不化的风险去改变那些对其运作不重要的决策。不确定性表明当个人不同意组织应当做什么或如何做时，权力及其他社会过程将影响决策。其中的原因是如果没有明确的评判标准来解决利益冲突，那么解决的唯一办法就是某些形式的社会过程，包括权力、地位、社会关系或一些武断的方式。在不确定性条件下，有权力的经理可以在任何场合对他的事务进行争辩并通常会获胜。既然没有真正的全体意见，其他争论者也就不会提出相应的反驳或积累足够的反抗。而且，由于他的权力及他们所需要控制的资源，其他反驳者更有可能顺从这位有权经理的观点。权力会影响稀缺及重要资源的配置。最有可能在竞争中生存的从属单位是那些对组织最重要的单位，对组织的重要性使它们有权力影响资源配置，因而增强了它们自身的生存可能。

权力不仅影响组织中关键群体的生存，还影响处在关键领导职位上的个人的选择，并通过这一过程进一步使组织与其环境背景相协调。伴随着管理者的选择，可发现组织的环境会影响行政变动。环境作为组织问题的一个来源，可以使管理者或难或易地展示他们对组织的价值。处在竞争性环境或不稳定市场条件下的企业，人员变动是最大的问题。有趣的是，不稳定是整个行业而非其中个别公司的特征。给单个公司造成麻烦的因素被归结于或错误的归结于管理者本身。组织面临的权变关键权变因素是会变化的。当它们变化时，可以合理地预测个人和从属群体的权力也会随之变化。组织权力中有一个重要的矛盾：一方面，权力产生于组织面临的权变因素，而且当这些因素变化时，权力的基础也变化了；另一方面，从属单位倾向于使用其权力来影响组织决策以实现其偏好，尤其是当他们自身的生存受到关键资源稀缺的威胁时。第一个方面说明组织很可能与其环境相协调，因为权力会把适应环境的能力带到关键职位上去。第二个方面说明掌权者不会轻易放弃其职位，他们会努力寻找保持持续权势的措施。简言之，变化和稳定通过同一机制起作用，结果，组织永远无法与其环境或需要完全相协调。一个使从属单位维持其权力的途径是它们说明自己的功能对组织很关键的能力，而实际上可能并非如此。组织需要与现在的权力分配相一致，也基于人类有一种把问题按熟悉的方式进行分类的倾向。人们通常会从自己的职业的角度去看待组织问题，也就是说，并不能自动地说明组织的权力问题，那么，就很可能是那些更为可靠或更有权力的人被看作远见卓识者。这种偏见，虽然不是有意自私，却进一步将权力集中于那些拥有它的人手中，而与这种环境的变化无关。组织权变的第三个原因是权力的目前拥有者可以通过将其自身制度化来构造组织。这里的制度化是建立有利于某个特定从属单位的相对持久的结构和政策。掌权的时候，占支配地位的联盟有能力创立章程、规则、程序和信息系统等以限制其他人的潜在权力而继续他们自己的权力。

将权力制度化的关键在于创造一种谋略使自己的职权合法化并减少其他人的合法性。按照制度化权力的简单形式，制度化是通过指派组织活动的职位或角色来实现的。新职位的创建使一项功能合法化，并强迫组织成员适应它。通过说明这个新职位如何与旧的、已经建立的职位相关，一个人可以构造一个组织来增强组织中该项功能的重要性。由占支配地位的权力建立的结构迟早会变得固定并成为组织确定无疑的特征。最终它会成为压倒性的。权力制度化的另一个重要来源在于构造信息系统的能力。显然，信息拥有者在说明组织的问题时处于有利地位，不管他们实际上是如何实现这一点的。还有另外一个权力制度化的途径是分发奖励和资源。占支配地位的群体可以通过小恩小惠使争夺利益的群体安静下来。权力的制度化居于组织环境和组织适应这个环境的能力之间。组织中权力越制度化，组织就越有可能与它面临的现实不协调。关于权力制度化的更有趣的影响之一产生于构造组织的行政人员中间，行政人员的变动可能是极少见的情形，只在最有压力的危机中才发生。如果一个支配性结合体能构造并说明销售和利润的下降或诉讼案件等模糊事件的含义，那么真实问题的发生将很容易被并入思考及行动的传统模型之中。如果组织中不出现反对，这种解释无疑会起作用。条件将保持稳定直至出现危机，这是确定并可见的，以至于最伶俐的雄辩家都无话可说。权力并不像它经常被认为的那样是一桩肮脏的交易，而很可能是少数组织中进行现实性检测的机制之一。而制度化作为权力较为洁净的形式，也不具有它们经常被称赞的优点，而是会导致组织脱离实际。在组织中管理权力的真正技巧是以某种方式确保领导不会没有察觉到他们的环境现实，而且也不可能回避应付这些现实的变化。权力——由于它的发展和被使用的方式——将导致组织永远不能完善其运作。然而，对这种绝对化，人们应加上一个适当的防止误解的说明：如果不是权力而是其他任何标准成为决定组织决策的基础，结果将会更糟。[171]

用权力进行管理意味着认识到几乎每个组织中都存在着不同的利益。

这表明人们首先需要做的事情就是画出组织的政治结构图并确定相关利益，以及何种重要的政治细节是组织的特征。从根本上来说，人们不认为每个人都必须成为自己的朋友或赞同自己的观点，甚至偏好也不是单一分布的。组织里有各种利益集团，人们需要了解它们在哪里以及属于哪些人。用权力进行管理还意味着这些个人及部门在与我们相关的问题上所持的不同观点。它还意味着他们为什么持有这些观点。不能简单地假设那些持有不同观点的人不如我们聪明，不如我们见多识广，不如我们有洞察力。否则会导致悲观结局。第一，我们可能会轻蔑地对待那些反对我们的人，毕竟，如果他们不如我们胜任工作或有洞察力的话，我们为什么要认真对待他们呢？和特征及观点与我们类似的人相处是非常容易的。在组织中成功的关键奥秘在于有能力去赢得那些与我们不同的人和那些我们不一定要喜欢的人来完成我们需要完成的任务。第二，当我们认为人们被误导时，我们会去纠正他们，或试图用事实和分析向他们证明这一点。有些时候这么做有用，但通常是没用的，因为他们的反对可能并不是缺乏信心导致的，相反，这有可能是由于对本研究信息的含义具有不同观点引起的。确定不同利益集团的观点以及他们定位的基础有助于我们与他们进行协商并预测他们对于各种主动行为的反应。第三，用权力进行管理意味着要明白想完成任务，你需要权力——比那些你必须克服其阻力的人更大的权力，因此必须了解权力从何而来以及这些权力来源可以如何开发。我们有时不大愿意有目的或战略性地考虑如何获得及使用权力。第四，用权力进行管理意味着了解组织中权力得以开发和使用的战略和策略，包括时间的重要性、结构的使用、承诺的社会心理学以及人与人之间相互影响的其他形式。缺乏权力的知识显然是没有用途的，而权力如果缺少有效运用它的技能，则很有可能被浪费。完成任务需要权力，问题在于我们倾向于把世界看作一个大型的道德竞技场，其中好人坏人易于分辨。获取权力的过程并不总是十分有吸引力的，它的使用也是如此。我们总是对手段和结果感到烦恼。我们常常困惑坏人有时候会做出了不起的事，而好人有时却办坏事，或更常见的是什么也做不出来。经理们每天都在获取并使用权力以完成任务，这些任务中的一部分在回顾时会发现是错误的，当然这一点往往主要依赖于你的观点。错误和反对是不可避免的，要避免的是被动性，即不努力、不设法去完成事情。在许多活动里，我们总是摆脱不了让人不犯错误的想法，于是我们一事无成。分析和计划显然是应该的，不应该的是麻痹和懒惰，他们来源于我们缺乏能力克服变革必然伴随着的阻力，以及缺乏这么做的兴趣。在不试图战胜反对的时候，我们将会较少树敌并且不易于使自己陷入窘境。然而，这是一种使组织和个人都失败的办法。这就是为什么权力和影响并不是组织中最后一个肮脏的秘密，而是个人及他们的组织成功的奥秘。几乎所有领域的创新和变革都需要开发权力的技能以及运用它来完成使命的意愿。[172]

中层经理是战略执行的骨干力量，通常是某个领域的专家，具有丰富的实践经验，对一线运营信息颇为了解，他们在组织中所处的承上启下的特殊位置决定了其无论是上行影响还是下行影响都对企业有较为重要的作用，具备一定的权力。战略执行流程本质上是各级战略执行主体间关于战略执行的一系列不完全合同，层级制决定着这些不完全合同在签订前和执行后的利益分配、权力配置等都有利于高管层，但中层经理固有的优势也使得他们在企业中能够获取一定的权力，在和高管层及自己的下属的很多不完全合同中有着一定的剩余控制权和剩余索取权，对企业绩效有着较大的影响。

4.5.2　中层经理战略承诺对企业绩效的影响

在组织中，中层经理的职位像联结纽带，这给了他们发起新的战略主动权及支持和加速战略执行的能力，因此他们可以降低执行质量，延迟执行甚至完全妨害执行。

汤普森（Thompson，1967）将组织的问题划分为三个层面：技术层面、管理层面和制度层面[175]。一般来说，中层经理的任务是负责和控制管理问题；作为媒介，中层经理在组织及其顾客和供应商之间进行调解斡旋；作为管理者，中层经理指挥着组织的整个技术任务。为了完成这些责任和义务，中层经理并不只是机械地完成高管层的命令[175]，而是双向互动和双向控制[176]。简言之，中层经理扮演着协调者的角色，在组织的战略层面和运营层面之间进行调解、谈判和解释衔接。

按照伯格尔曼（Burgelman，1994）的内组织生态理论提供的基础来描绘中层经理的影响和组织适应性之间的关系[177]，战略更新实际上属于运营层在争取资源分配的流程中形成的一种主动权，战略变革并不源于高管层深思熟虑的决策，而是一个取决于内外部环境真正匹配的自然发生的过程；在内部环境的选择过程中，战略变革形成于运营层主动权的多样化之中，这些主动性是对外部环境存在的比如顾客投诉和新产品需求等力量的回应，这些主动性是否适应和有利于提高组织绩效，取决于如何使它们与外部顾客所表达的价值保持一致。一般而言，在内部选择流程和外部顾客选择所支配的价值之间保持一致对合适的战略行为是极为关键的。但汉南和弗里曼（Hannan & Freeman，1984）认为由于组织存在惯性，内外部力量间达成一致有一定的困难[178]。既定目标和官方战略对提高组织行为的一致性和可靠性是有用的，但这些和其他流程也会产生组织惯性。组织惯性通过很多方式显现出来，比如对一套特别的标准和价值观的承诺[179]。拥有不同战略承诺水平的中层经理调整其自身对某些标准和价值观的承诺不同，也就是说惯性在不同战略承诺水平的中层经理身上会有不同表现，这自然会影响企业绩效。

中层经理常常被看作认识到变化的需要并发动变革的人[177]，他们在运营层的主动性和高管层的监管之间充当着缓冲器的作用，提供资源并调整偏离官方进程的计划[180]。如果时间合适的话，中层经理将支持高管层的战略主动权，如果得到了批准，他们的建议就变成了新的竞争力的种子。

中层经理对战略的影响在组织保持和内外环境的一致性上起到了关键作用，一致性需要那些揭示了外部环境的要求从而认识到不同的主动权的潜在价值的中层经理的影响[109]。

弗洛伊德和伍尔德里奇[109]（1997）从中层经理的上行影响和下行影响两个方面将他们所扮演的角色划分为信息合成者、拥护者、促进者和执行者四种。他们认为中层经理的上行影响和下行影响与企业绩效都有关系，但其在这两个方向上的影响的侧重点不同。中层经理的下行影响强调其一致性，即中层经理下行影响的一致性程度和企业绩效有正向联系；而其上行影响强调多样性，即中层经理上行影响的多样性程度与企业绩效正相关。在促进者角色中，经理鼓励和支持自主创新的形成。这样就增加了组织内部生态的多样性，提高了组织能力，从而有利于以获取新的竞争力。在执行者角色中，中层经理阐明和推进既定战略。中层经理的这些行动都是为组织的努力和有效执行战略服务。在下行影响的角色中，中层经理将战略目标转变成短期的运营重点[55]。对一致性一定程度的要求以获得运营层面水平方向上的统一性。没有统一性，战略变革中不同的元素的协调将会被打破。中层经理下行影响的不一致程度可能会阻滞整个战略的实现。[109]中层经理的上行影响对企业绩效可能有正向影响，而这种上行影响建立在中层经理独特和专门的知识的基础上。中层经理战略承诺对中层经理有效发挥上行和下行影响作用有积极影响。

柏格尔曼（1988）指出，中层经理扮演关键角色：支持操作层的主动性，将这些主动性和企业的优势合并在一起并将新战略概念化[181]。中层经理的贡献是重要的，因为他们常常是最早认识到战略问题和机会的人[182]。中层经理负责执行战略，他们的卷入增强了执行，而卷入是通过提供机会以达成共识来完成的，值得注意的是，共识被定义为战略理解和承诺。[183]但是，没有承诺的提高，战略理解几乎没有价值。没有战略承诺的中层经理在执行战略时可能会不分战略事项的优先次序，忙于故意拖延，创造执行障碍，甚至破坏战略（Guth & Macmillan，1986）。[50]

不同意既定战略的中层经理常常反对执行，不成功的战略执行是由中层经理不支持选定的战略方向而导致的。[109]中层经理已经被鉴定识别出，作为组织变革的重要贡献者，他们常常在变革被实施的战略层面（Balogun & Johnson，2005）和作为员工的情感需求的个人层面充当连接针，这些都得到了承认和平衡[184]。

战略共识研究的潜在前提是在执行战略时，战略共识程度越高，合作和协调程度也就越高，因此，也就有越好的企业绩效。但实证研究的结果是多样的，即战略共识正向影响组织绩效得到了支持（Bao et al.，2008）[185]，得到了部分支持（Knight et al.，1999）[186]和不支持（Ramos-Garza，2009）[187]。弗兰兹（Franz et al.，2011）通过元分析对战略共识和企业绩效之间的关系进行了研究，结果显示，战略共识正向影响企业绩效，尤其值得强调的是，他们的实证研究结果显示，对于中层和底层经理而言，战略共识和企业绩效之间的关系要强于高管层，也即中层经理的战略共识对企业绩效的正向影响要大于高管层的战略共识对企业绩效的正向影响。[188]总的说来，战略共识正向影响企业绩效的研究结果居多。前面的分析已经指出，目前的战略共识研究通常将战略承诺视为其一个维度或结果变量，也就是说，战略共识的研究结论都适用于战略承诺。战略承诺会正向影响企业绩效。

事实上，无论通过什么途径和方法来执行企业的战略，都离不开一定水平的中层经理战略承诺，否则，中层经理不太可能在战略变革中扮演积极的角色，不太可能积极地进行沟通，增强组织的适应能力，从而提高企业绩效，也不太可能发挥自己正面健康的上行和下行影响来达成企业绩效。如果中层经理没有较高的战略承诺水平，他们便不可能付出太多的努力来执行战略，企业绩效的提高也就是空中楼阁了。结合上一章探索性案例研究得出的命题 2，即中层经理战略承诺对企业绩效有正向影响，本研究提出假设如下：

H3：中层经理战略承诺水平对企业绩效有显著正向影响。

4.6 中层经理战略承诺、战略执行流程与企业绩效

从个人交易行为的角度，张维迎（1998）认为，企业全体成员之间博弈结果的外在表现就是企业行为，可以将企业看作一种合作组织和契约网络，企业成员在其间有一系列契约交易产权。流程作为企业的行为，必然也是企业成员博弈的结果。实质上，可以将流程看作企业的制度，构建并运行流程需要制度的强力支撑，或者说构建并运行流程的过程本身就是一个充满了博弈的过程，企业政治充斥其间。妨害中层经理战略承诺水平提升的因素很多时候并不是技术问题，而是企业成员博弈的不均衡解或均衡解导致的政治问题。委托代理理论很明确地认为企业内部存在各种代理关系。中层经理就是企业高管、基层管理人员和员工的代理人。战略执行流程子流程之一的人员流程中涉及的很多问题本质上也是委托代理问题。当然，还应指出，由于合同具有不完全性，在不完全合同理论看来，产权安排显得极为重要。之所以这样说，原因在于产权安排关系到在合同不完全情况下的权力归属和行使问题，如果没有明晰的产权安排，可以很容易预见到，由各利益相关方争夺利益的公司政治斗争必将开演，导致很多不必要的内耗。

战略执行流程本质上就是一种不完全合同。其间企业面临的环境出现与既定战略的前提假设不相符的情况是常态，如何应对？在此情况下，谁说了算？加上很难解决或者说不可能彻底解决的委托代理问题的存在，作为战略执行的骨干力量的中层经理会怎样去执行战略？这些构成了战略执行难的根本因素。可以说，在其他条件没有发生根本改变的情况下，战略执行要完全达成既定的战略目标，在通常情况下是不可能的。剩余控制权或所有权问题就这样产生了，事前的投资激励受到剩余控制权配置的较大影响。原因在于，无剩余控制权的交易方担心事后利益损失，从而会降低投资意愿。因此，有效的激励和高效率的获取受到控制权配置很大的影响。权力的配置对激励与其效率后果有重大影响。不完全合同理论认为，人事权、信息控制权和对剩余收入支配权等很多权力都可以从对实物资产

的控制权中导出，因而该理论特别强调对企业实物资产的控制权。布莱尔（1995）认为，公众公司的执行人员（经理人员，这里我们应该将其主要理解为企业的中高层管理者）应当对一切多少承受公司经营风险的利益相关者，包括雇员、贷款人、供应商、顾客以及所在社区的居民负责；而且，由于组成所有权的一系列权利在现代公司中已经分散到不同利益相关者手中，以所有制作为分析公司治理结构的出发点只会起误导作用。这与过分强调物质资本的作用的某些产权经济学家形成了鲜明对比。如德姆塞茨就明确提出最有资格充当所有者即合同执行的监控者和剩余收入的索取者的，是厂房、设备的投资者。

在人力资本的作用日益显著的领域内，吸收起决定作用的员工参股是改善企业治理结构的一种必要甚至必然选择。中层经理通常不具备实物资产的控制权，但他们具有人力资本。在战略执行流程的构建和运行过程中，也就是战略执行的权力分配过程中，如果给予这个群体的权力配置不充足，甚至于战略执行失败后让一些中层经理做替罪羊，也就是说在合同不完全情况下，中层经理没有基本的剩余控制权，那么，这个战略执行骨干力量就没有得到足够的激励。由于担心事后利益的损失，他们会降低投资意愿，也就是说，企业对中层经理投资激励不够的表现形式就是中层经理战略承诺水平不高。那么，预见战略执行的有效性就不是难事了。

综上，要提升企业绩效，就要提高中层经理战略承诺水平，而要提高中层经理战略承诺水平，就要提高战略执行流程的成熟度。提升了战略执行流程的成熟度，就加强了对中层经理的投资激励，解除了他们在合同不完全情况下的顾虑，给予了这一重要的利益相关者足够的权力配置，提升了其战略承诺水平。当然，问题的症结是提升战略执行流程成熟度的关键在于高管层。现代企业理论指出，企业行为是企业全体成员博弈的结果，但不可否认的是，在博弈过程中，高管层是占优的。

前述章节已经阐明了战略执行流程的本质：战略执行流程主要在高管层主导和中层经理的参与和影响下构建并运行。可以说高管层和中层经理的耦合度在很大程度上决定了战略执行流程的成熟度。从这个意义上来说，妨碍提升战略执行流程成熟度的最大障碍是高管层，因为这涉及高管层的利益、经济利益问题、权力分配问题及公司政治问题。从企业产权性质看，国有企业的高管是企业的实质控制人，但不是企业的所有权人，他们并没有动力去追求企业的利润最大化，更多时候是追求自身利益的最大化（如在职消费、自我加薪、贪腐等）。流程的本质就是将例外情况程序化、规范化、稳定化和法制化，这将束缚高管层，并不符合他们的利益。因此，在国有企业，战略执行流程成熟度不高也就不足为奇。对民营企业而言，大多数民营企业是家族企业，他们追求的是对企业的绝对控制，加之我国很多民营企业还处于初级阶段，尚未走出家族企业的瓶颈。主要管理者还是家族成员，外部管理者通常担任中层经理和非要害位置的高层经理。也就是说，相较于国有企业，中层经理在家族企业里更无剩余控制权可言。而且，通常来说，家族企业的管理深度不够，创业者很多时候并不是很好的管理者，但他们常常又以能人自居，通过能人进行管理。能人管理的一大显著特征就是很多问题的解决不通过流程，而是灵活处理，例外处理。因此，要提升中层经理战略承诺，就要提高战略执行流程成熟度。

企业绩效的取得会受到方方面面因素的影响，很难有研究能穷尽这些因素。但不可否认的是，在其他因素既定的前提下，战略执行主体对企业绩效肯定有较大影响，毕竟，战略执行就是为了执行战略以获取绩效，而战略执行主体中又以素来被视为战略执行主要力量的中层经理为重点。前面的分析已经阐明，中层经理利益与企业利益的一致性程度是决定中层经理战略承诺水平高低的关键，而战略执行流程蕴含了中层经理几乎全部的利益诉求，因此战略执行流程会正向影响中层经理战略承诺。中层经理战略承诺水平越高，其必然越努力地去执行战略，这对企业绩效的获取极为关键。要知道，他们是最靠近市场且具有较强能力的企业管理人员。战略执行流程并非只涉及中层经理，还会影响到企业各级员工，因而对企业绩效必然会有直接影响。本质上，企业绩效就是战略执行流程的主要输出，构建和运行战略执行流程的目标就是获取企业绩效。但必须承认的是，中层经理上行影响和下行影响所产生的作用不容忽视，其战略承诺水平的高低在战略执行流程对企业绩效的作用过程中必然起到桥梁作用，这也是学术界和实务界对中层经理功能和作用的主要结论之一。也就是说，战略执行流程对企业绩效的影响在很大程度上依赖于一定水平的中层经理战略承诺来实现。综上，假设如下：

H4：中层经理战略承诺在战略执行流程和企业绩效之间起中介作用。

4.7 本章小结

本章阐释了战略执行常见的主要障碍，分析了战略执行流程清除这些战略执行障碍的可能性，介绍了当前主流流程性能评价的相关指标和方法并选择了其中能较为全面地反映战略执行流程性能水平的流程成熟度作为评估指标。在上一章探索性案例研究提出的两个命题及初步构建的理论模型的基础上，本章进一步从理论上逐一探讨了战略执行流程、中层经理战略承诺与企业绩效三者间的关系。通过系统的理论梳理与归纳，本章构建了如图 4 - 1 所示的战略执行流程对企业绩效作用机制的概念模型；提出了4 组假设，汇总如表 4 - 1 所示。

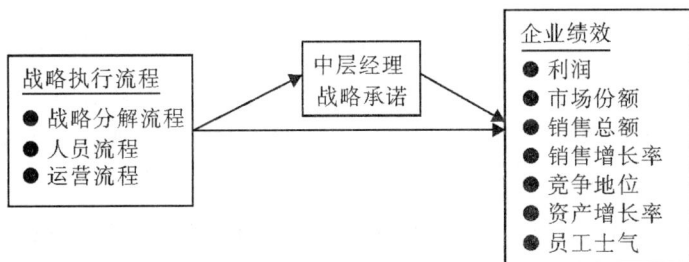

图 4 - 1　战略执行流程对企业绩效作用机制概念模型

表 4 - 1　战略执行流程与企业绩效研究假设汇总

研究假设	假设内容
H1	战略执行流程成熟度对企业绩效有显著正向影响
H1a	战略分解流程成熟度对企业绩效有显著正向影响
H1b	人员流程成熟度对企业绩效有显著正向影响
H1c	运营流程成熟度对企业绩效有显著正向影响
H2	战略执行流程成熟度对中层经理战略承诺水平有显著正向影响
H2a	战略分解流程成熟度对中层经理战略承诺水平有显著正向影响
H2b	人员流程成熟度对中层经理战略承诺水平有显著正向影响
H2c	运营流程成熟度对中层经理战略承诺水平有显著正向影响
H3	中层经理战略承诺水平对企业绩效有显著正向影响
H4	中层经理战略承诺在战略执行流程和企业绩效之间起中介作用

第 5 章　战略执行流程及中层经理战略承诺量表开发

　　目前，有关战略执行流程及中层经理战略承诺的文献都属于定性研究，缺乏战略执行流程及中层经理战略承诺量表，没有进行相关的实证研究。本书的目的之一是要开发战略执行流程及中层经理战略承诺量表，因此必须自行设计问卷[189]。

　　高质量的量表是有效获取数据的一个重要前提，它关系到统计分析结果的有效性和可靠性，因而科学合理的量表开发极其重要，而科学合理的量表开发步骤在一定程度上可以控制和保障量表具备足够的构念效度。本书的战略执行流程和中层经理战略承诺量表的开发综合了谢家琳（2012）[189]、梁建和樊景立（2012）[190]以及丘吉尔（Churchill，1979）[191]提出的开发量表的步骤、模式和注意事项的各种建议，通过反复开发和测试以达到满意的可靠性和有效性。本章从构念说明开始，通过题项收集、题项精炼、预测试、探索性因子分析与验证性因子分析开发战略执行流程和中层经理战略承诺量表，并用多维尺度法分类进行探讨，系统分析构念的结构维度。本章力图通过较为严格的量表开发程序使得开发出的战略执行流程和中层经理战略承诺量表能为后续实证研究提供较为可靠的测试工具。

　　对一项研究的测量质量的评价，重点在于其量表的构念效度，目的是评价该量表在多大程度上测量了它所想要测量的构念的效度。施瓦布（Schwab，1980）认为理论构念与其测量量表之间的一致程度叫作构念效度[192]。开发量表时应该坚持三个原则：一是详细地定义目标构念，使得量表内容最大限度地包括构念中的各个成分；二是发展出清楚的测量指标，最大限度地降低其他相关概念的影响；三是注意控制各随机因素在测量过程中的影响。[190]要开发出一个具有较高构念效度的科学合理的量表，应该遵循必要的步骤。梁建和樊景立（2012）提出开发量表的一般步骤为：构念说明、产生测量题目、评价内容效度、检验内部结构、评价内部一致性和稳定性、聚合效度和区分效度以及逻辑关系网络的建立[190]。

5.1　构念说明

开发量表的第一要务就是要准确定义需要测量的构念，清楚地说明它的理论边界，应该阐明研究现象的核心特征。这是开发高质量量表的前提条件。从语义学的视角来说，一个好定义必须精确简练，不能重复定义。此外，应该着重说明构念的如下五个特征（梁建，樊景立，2012）[190]。

（1）清晰地定义构念的性质。

在定义一个构念时需要详细界定该构念对应的现象。研究者在开发量表前需要说明所测量的构念应该属于哪一种性质：想法、感知、行为、结果，还是固有性质（Mackenzie et al，2011）。[193]

（2）明确解释目标构念与其他相近构念的差异。

（3）清楚地确认理论构念的层次。这里指的是研究对象所处的层次，也是研究者希望做出结论的层次。研究者应清楚地说明研究的构念属于哪个层次，这是实证研究中定义构念的必要成分。

（4）确认构念所应包含的内部成分。构念的内部成分可能会影响研究者如何发展测验指标或题目、指标的多少以及指标的抽象程度，构念内部结构的明确是进行操作化的一个必要步骤。

（5）说明与构念密切相关的自变量和因变量。这是构成研究假设、推论量表构念效度的必要成分。

在上述理论的指引下，基于对国内外较有代表性的相关理论与实证研究文献的阅读与细致梳理，结合实践经验、平日观察及田野调查所获得的信息和感悟，本书对战略执行流程和中层经理战略承诺这两个构念说明如下。

5.1.1　战略执行流程构念说明

战略执行流程，是战略执行主体刚性地执行既定战略或根据环境变化采取反馈测量、不断修正执行等持续性提升措施执行经过改良甚至是全新的战略的一系列逻辑相关的活动的有序集合。

从战略执行流程的界定可以看出，战略执行流程构念反映了两种执行战略的状况：当既定战略品质较高，符合企业所处环境时，战略执行主体应刚性地执行既定战略以达成战略目标；当形成既定战略的前提发生巨变，或者既定战略的品质不高，战略执行主体应能动地、柔性地、不断地、不同程度地采取反馈测量、修正战略目标或战略实现途径和手段等持续性提升措施以柔性地执行经过修正甚至是全新的战略。因此，战略执行流程构念的测量应体现上述两方面的内容。第一个方面的内容易于理解和操作，因为它是传统的战略执行所要求的。第二个方面的内容要求战略执行主体应有足够的意愿和能力进行柔性执行。这就要求各级战略执行主体对战略要有主人翁精神，要求扩大或加深中下层战略执行主体的参与范围和程度，要求授予中下层战略执行主体适当的权力，要求增加对中下层战略执行主体利益分配的公平性，要求公司的人力资源管理能够和战略紧密挂钩，要求公司运营能够和战略紧密联系，要求战略分解、人员和运营相互渗透、协同运行。这两个方面的要求实际上体现了战略执行流程的成熟度。柔性地，能采取持续性提升措施执行经过改良甚至是全新战略的流程需要具备足够高的流程成熟度，战略执行流程管理的各个方面要能达到较高水平。否则，便只能是美好愿景而已。总之，要有足够高的战略执行流程成熟度方能有效执行战略。战略执行流程构念的测量要能充分反映上述要求，能真实有效地测出企业战略执行流程的成熟度。

学术界分离战略制定和执行是为了便于研究。实践中，二者其实紧密相连，相互渗透，难分彼此，在企业所处的环境稳定时，分离二者勉强可行，但在企业环境变化多端的当下，分离二者已几无可能。战略执行是战略的根基和构件，领导应将战略执行作为自己的主要工作，形成战略时必须着重考量企业的战略执行力[5]。形成战略时必须将战略执行作为一个重要的约束变量进行考虑。换言之，战略执行始于战略形成，二者相互渗透，紧密交织。战略形成通过战略及其形成方式等因素影响战略执行。战略执行不只是机械刚性地执行既定战略，还要在执行过程中根据环境变化能动地修改战略甚至产生新战略。明茨伯格所说的应急战略很多就是在战略执行过程中产生的。当企业环境已不满足既定战略的假设条件时，为了适应环境，应急战略就顺应而生了。很多企业之所以战略失败，要么是执行不力，要么是既定战略品质低劣，要么是既定战略前提条件不再而执行过程中未采取修正战略等持续性提升措施来执行战略。实际上，很少有战略完美到一经形成就不需修改，战略执行流程其实是在执行既定战略的同时不断地、不同程度地修改既定战略的过程。

博西迪等（2008）提出战略执行流程包含战略流程、人员流程和运营流程三子流程，并认为三者应相互协同[5]。佩帕德、罗兰则将流程分为经营、战略和保障三个流程。前者的目标主要是实现组织的日常事务，如开展营销争取并服务以满足消费者以及收回欠款等；战略流程的目标则主要是完成形成战略等规划和拓展企业将来的重大事宜；后者的目标更为明显和常见，那就是为进行信息系统管理和人力资源管理等措施保证战略和经营两个流程的顺利执行[76]。张绪柱（2011）认为，流程包括业务、战略和支持三流程[73]。学者们提出的流程虽不同，但实质是相似的。如佩帕德、罗兰提到的战略流程、经营流程和保障流程，其实分别和博西迪等提出的战略流程、运营流程和人员流程基本一致。

本书认为，成功执行战略的首要条件当属高品质的阶段性战略目标和任务，而这需要较高成熟度的战略分解流程提供保障；战略分解和运营皆因人而起，人员流程自不可少；将中短期战略目标和任务转化为日常运营工作是关键和难点所在，运营流程至关重要。它们涵盖了战略执行的主要事宜。本研究认为完全可以视战略执行流程为一个多维构念。其三个核心子流程即战略分解流程、人员流程和运营流程应相互配合，只有进行整体把握方能发挥功效。这三个核心子流程彼此间应该建立紧密的联系。

要成功执行战略，首要任务在于将既定战略进行有效分解，逐步逐级地细化分解为企业的中短期战略目标和任务。战略分解流程的主要目标和功能在于，在高管层的适度干预下，通过对企业战略的领悟和理解，根据对企业面临的最直接和最现实的环境特点、资源能力的考量，通过适度范围内的战略执行主体的适度的沟通和博弈，将既定战略分解为中短期战略目标和任务。战略分解流程是战略执行流程在逻辑和时间上的起始核心子流程。战略分解流程的输入就是企业的既定战略；作用过程为参与进行战略分解的战略执行主体在考虑各种因素后将战略分解为中短期战略目标和任务；输出为中短期战略目标和任务，这为人员流程和运营流程提供了输入，人员流程和运营流程围绕战略分解流程的输出进行构建和运行。

当然，无论做什么，人的因素都不可或缺，因此，人员流程极为重要。将战略有效分解后，接下来的战略执行工作就是要解决战略执行人员的相关问题。人员流程功能和目标是对战略执行过程中人员因素的处理，作用过程为战略执行主体根据战略分解流程的输出构造和组织起来完成任务的一系列关联行为，包括岗位设置、人员选拔与配置、能力和业绩评估及激励机制设计等[79]。人员流程至少要完成三大任务：深入科学地评价各个战略执行主体；及时有效地充实领导后备梯队；构建引导性的人力资源政策以打造新领导层。总之，人员流程要解决有充足的战略执行人选并安排他们在合适的岗位上的问题[5]。从逻辑和时间上来考虑，人员流程是战略执行流程的第二个核心子流程。它的输出为运营流程提供相关人事保障。

运营流程的输入是战略分解流程和人员流程的输出，是企业从事生产或提供服务的基本活动以及为它们提供支持的活动组成的流程。运营流程的作用过程为生产或服务活动日复一日不断循环重复进行以完成企业短期和即期经营目标。运营流程所涵盖的运营计划活动通常包括企业预计在一年内实现，能使企业在常见的不同的财务指标等方面达成的预期目标。运营计划应具体指出企业不同部门如何协调配合、取舍方案、适时调整企业发展战略等。它通常表现为分配目标和预定计划。对预算和运营计划进行讨论时，各战略执行主体间的利益肯定会出现不同程度的冲突。在这种情形下，由领导人将战略的所有的前提假设对下属进行坦诚的公开，并提出尖锐的问题让大家论证它们的真实性，是运营计划评估的真正意义所在。运营流程的功能和目标是对各级战略执行主体短期和日常的具体的工作方向和工作内容进行明确说明。

战略执行流程的三个核心子流程之间有逻辑上的起始关系，三者之间应紧密联系，相互渗透，协同运行。在实际的战略执行活动中，三个核心子流程之间难分彼此，相互影响、相互衔接甚至是相互重合。值得注意的是，虽然战略执行流程的输入是既定战略，但在企业战略管理的实践活动中，战略执行实质上在形成战略时已经开始，也必须在形成战略时就要开始。"战略形成的主导者应该而且必须在如下事务中做到：准确把握企业的战略要求和执行力；在形成具体的计划前就战略蕴含的关键问题进行明确界定，如前提假设的真实性如何，备选方案情况如何，企业的战略执行力如何，可以进行什么中期和短期活动以促进战略长期产生作用，战略计划的持续性提升能力如何？"[5]形成战略的方式和参与人员的选择都有讲究。不难看出，战略形成流程已涉及战略执行，对战略执行的考虑在战略形成流程中占据重要位置。完全可以而且应该这样理解：战略执行始于战略形成。战略分解流程衔接、融合了战略形成和战略执行，填补了战略形成和战略执行之间的空白带，弥合了战略执行鸿沟，在战略执行流程中作用巨大，应予以极大的关注。

迈克尔·波特（1996）在其经典文献"What is Strategy"中明确指出：

人们通常将运营效益与战略混为一谈，为追求生产率、质量和速度，企业发明了许多运营管理工具和手段，虽然运营效率大为改善，却无法将这些改善转换为持续的获利能力，不知不觉中管理工具取代了战略，管理者奋力推动管理工具的同时却离成功越来越远。[77] 战略固然重要，事实和数据同时也是一个具有较高品质的战略的基础，详细和具体的运营方案更是一个好战略不可或缺的基础构件，否则战略就有可能成为宣传口号和毫无意义的愿景[78]。战略分解流程的主要任务是将高品质战略进行初步分解。所谓高品质战略就是战略要具备正确性和可执行性。战略的正确性就是战略方向符合企业的内外环境，战略目标清晰明确。执行正确的战略才有意义，否则，执行效率越高，损失越惨重。可执行性是指战略具有可接受性、可检验性、可分解性和可实现性。可接受性意味着战略被企业员工接受，执行战略的主体是企业的内部员工，因此，战略要得到他们的理解并尽可能符合其利益；可检验性是战略要尽可能具体、量化和易于检验；可分解性是战略可转化为阶段性目标和具体的工作安排；可实现性是实现战略的难度适中，具有较强现实性，经过一定的努力可以实现，而不是理想化的严重超出企业资源能力的海市蜃楼。战略分解流程担负着对界定战略的再次审视和调整。

具体来说，战略分解流程应达到以下要求：明确执行战略的方式；把握战略分解过程中各级战略执行主体的参与程度；预估企业战略执行力；明确重要的阶段性目标，平衡中短期战略目标；战略计划能否直接或容易转化为行动计划；人员和运营之间的联结是否清晰。初步分解战略就是大致确定战略的阶段性目标，根据战略初步形成具体的行动方案。

传统上，战略制定和执行是分离的，称为战略执行鸿沟。而事实上它们相互依赖。这有两个关键启发：一是当执行者同时也是战略形成流程的一部分时，最有可能得到一个成功的战略结果。规划者和执行者之间的互动越多，或者规划和执行这两个流程或任务之间的重合部分越多，成功执行战略的可能性就越高。二是战略成功需要兼容战略形成和执行。经理们必须像思考战略形成一样来思考战略执行；战略执行不是战略规划之后才来担心的一些事情，战略执行的事项或问题必须作为战略形成和执行要处理的问题中的一部分；战略形成和执行是战略管理这个整体的一部分。这种双重或同步的观点虽然重要但难于实现。战略形成流程已将战略形成纳入战略执行流程中，颠覆了传统的二分观点，在形成战略时就已着重考虑战略执行，这样有效衔接后，战略形成和执行水乳交融，你中有我、我中有你，填补了战略形成和执行间的鸿沟。战略形成流程可较好地处理劣质或模糊战略这个执行障碍。战略形成流程的目标就是制定出高品质的战略；人员流程和运营流程实际上解决了公司战略和职能战略之间的协调衔接问题，这两个流程本质上都是围绕战略形成流程的结果来进行构建和运作的。如此这般，战略形成和执行形成了较高的耦合度，有效的执行战略也水到渠成。而上述目标的实现完全依靠战略分解流程，战略执行流程的这个核心起始子流程承载了衔接融合战略形成和战略执行，是填补战略执行鸿沟的重要平台和工具，应予以充分的重视。

战略执行不应该是仓促而杂乱的，也不应该是"好人"为了实现他们的希望而发挥其主动性，通过无组织的松散行为来执行战略。战略执行应该是有其显著内在逻辑顺序的流程，三核心子流程应高度协同运行。为了提升全美的各类组织的生产力和服务质量，美国生产力与质量中心（American Productivity and Quality Center，APQC）在提供"流程与绩效改善资源"方面做出了很大的贡献。该组织拟定的流程分类分级框架（Process Classification Frame-work）将组织流程分为两大类，即运营流程、管理与支撑流程。运营流程包括制定愿景和战略、销售产品与服务等流程。管理与支撑流程包含开发与管理人力资本、管理信息技术和知识等流程。细化的流程与活动超过了1000个，几乎无所不包。高水平的流程管理为美国企业较高的战略绩效奠定了坚实的基础。

通过上述分析，战略执行流程应该是一个多维构念，包含战略分解流程、人员流程和运营流程三个核心子流程。

5.1.2 中层经理战略承诺构念说明

本书认为，中层经理战略承诺就是在中层经理对战略目标和实现战略的途径和手段拥有适度信息的基础上，通过理性的思考、积极健康的怀疑、批判性吸收和适度博弈，为刚性地执行既定战略或根据环境变化采取持续提升措施执行经过修正甚至是全新战略的真实而理性的付出努力甚至牺牲自身利益的意愿。

要得到较高水平的中层经理战略承诺，主要应提升中层经理自身利益和公司利益的一致性程度。中层经理对战略的情感性特征不应是盲目的，被迫的，而应是理性的、自愿的、客观的，建立在信息对称和适度博弈的基础上，它不是由于对公司某位管理者或领导者的盲目追随从而建立的对战略的情感特性。中层经理战略承诺的测量要能体现上述要求。

5.2　研究方法设计

本章将采用丘吉尔（1979）提出的量表开发模式，通过反复开发和测试以达到满意的信效度[191]。具体地，本章将严格按照常见的量表开发的基本程序，从题项收集开始，通过项目分析、探索性和验证性因子分析对中国情境下战略执行流程的维度结构进行系统研究。

5.2.1　量表编制

这个阶段主要解决三个问题：第一，收集题项；第二，对原始题项进行编码、整理、编制初步问卷；第三，小规模预测，并对问卷进行修正处理以形成正式问卷。

5.2.1.1　题项收集和初步整理

战略承诺是战略管理研究较为前沿的课题，成果有限，只有杜利等人（2000）根据对美国东南部医院的 68 个战略决策团队的调研，在默德、斯蒂尔斯和波特（1979）的组织承诺量表中挑出 3 个题项进行修改后开发了战略承诺量表。该战略承诺量表含 3 个题项：团队成员们愿意付出巨大努力以看到战略得以成功；团队成员们愿意和同事讨论，认为既定战略对医院来说是好事；团队成员们自豪地告诉别人他们参与制定了战略[82]。目前的战略承诺研究尚未专门针对中层经理进行，因此，尚未发现中层经理战略承诺量表。本文将杜利等的战略承诺量表的 3 个题项中的团队成员们改为中层经理，将医院改为企业后纳入题项库。在查阅国内外战略执行流程和战略承诺文献的基础上，笔者于 2012 年 7 月至 9 月对成都和贵阳分处不同行业的 4 家企业的 32 名被访者（总经理 4 名、除总经理外的高管 8 名、中层经理 20 名）进行了开放式和半结构访谈收集关键词条。选择这 4 家企业作为访谈对象收集词条的主要原因是：它们的经营史都超过了 10 年，具有较为明显的战略执行流程，分处不同行业。访谈的核心问题有：（1）您认为贵公司执行战略时有流程可循（可以流程化）吗？（答案是肯定的则继续进行提问，答案是否定的则终止提问）有（可以流程化）的话您认为主要有哪些流程呢？（2）您认为执行战略的这些不同流程各自如何体现？流程间有何关系？（3）您如何理解中层经理战略承诺？（4）您认为中层经理战略承诺如何体现？（5）您认为战略执行流程对中层经理战略承诺有无影响？有何影响？（6）您认为中层经理战略承诺与企业绩效有何关系？共获得了32份无录音文本。笔者邀请了一位同门师弟进行文本分析，在摘录、编码和归类三个阶段，我们的一致率都较高（83.2%、85%和76.4%）。此外，笔者还邀请了两位战略管理专业博士生对不一致的内容进行讨论，最终达成了一致。在此基础上，将关键词条改编成测量语句，从而形成了如表5-1所示的战略执行流程题项库和表5-2所示的中层经理战略承诺题项库。

表5-1　文献整理和深度访谈所收集到的战略执行流程题项汇总

1. 战略执行首先要有可执行的战略	2. 适宜分解战略是战略执行的前提和基础
3. 要执行战略就必须了解战略	4. 要执行战略就要赞同战略
5. 员工知晓战略制定的过程利于执行战略	6. 战略不明确就不能很好的执行
7. 战略不考虑员工就不可能执行	8. 高高在上分解的战略不太可能符合实际
9. 中层经理不参与分解战略就不可能真正领悟战略和有效执行战略	10. 战略存于老板的脑海中
11. 分解战略的过程灵活运用各种决策方法和手段	12. 战略分解的过程中政治手段运用得很多
13. 老板通常是凭直觉和预感形成并分解战略	14. 做战略决策时，争取更多的人，建立同盟是必要甚至是必须的。
15. 很多时候不可能进行理性决策，必须快速决策，试错是不可避免的	16. 部门间在组织问题和优先顺序存在认识上的分歧和冲突在所难免，所以做战略决策时要努力建立同盟
17. 中高层管理人员对问题有共同认识，但不知道如何解决该问题	18. 管理者对组织愿景和战略目标通常能达成共识，但常对实现目标的手段和途径存在分歧和冲突
19. 组织设计必须支持企业的战略	20. 组织结构的控制、协调和合作功能应适度
21. 组织结构是适应战略的	22. 组织结构要适应部门间的相互依赖程度
23. 组织结构的设计考虑到了人的需要和组织对技术效率的需要	24. 组织的群体或个人之间存在着跨部门冲突和组织不同层级之间的冲突
25. 部门间目标不相容进而导致部门管理者甚至部门成员之间的冲突	26. 不同部门的管理者在认知和情感导向上存在差异，进而导致冲突
27. 部门间存在较高的任务相互依赖，冲突的可能性较高	28. 部门间争夺资源，导致冲突

29. 分权给中层经理很重要，能激发他们的积极性，提高效率	30. 组织结构重组，管理者积极博弈以保住自己已有的职责和权力
31. 管理者的变更较为公平，权力的正面运用程度较高	32. 中层经理的权力大小与其所在部门的作用和该部门所面对的环境因素相关，较为公平
33. 中层经理运用了各种方法来增进其在组织内的协作与合作，以减少有害冲突	34. 执行战略的过程中必然产生冲突，只能在权力和权术的基础上进行
35. 环境不确定性增大，增加中层经理的权力能使组织更有竞争力	36. 权力活动提供了使各种观点明朗化并最终达成战略承诺所必需的讨论和利益碰撞的机会，在可控的范围内可以支持这样的行为
37. 管理者之间应增进合作	38. 企业要有充足的具备执行战略所需知识、技能和能力的不同类型和不同层次的员工
39. 工作任务的设计较为科学，符合战略要求	40. 能将人员安排在合适的岗位上
41. 企业的薪酬体系与战略是相适应的	42. 企业薪酬的内部差距较为合适
43. 企业薪酬与同行相比具有一定竞争性	44. 企业薪酬具有较高的公平性
45. 生产产品或提供服务的流程是适宜的	46. 生产产品或提供服务的计划是适宜的，与企业战略相适应
47. 生产产品或提供服务的设备是适宜的，与企业战略相适应	48. 使产品或服务达到一定质量标准的计划和控制措施是适宜和有效的
49. 提供恰当产能的计划和控制措施是适宜的	50. 关于库存的相关决策是适宜的
51. 保证产品或服务质量的技术和管理培训是适宜和有效的	52. 供应商的选择计划和具体操作是适宜和有效的
53. 新产品或新服务的开发计划和行动是适宜和有效的	54. 销售计划的制定和运行是适宜的
55. 在总经理的领导下通过跨职能中层经理制定和执行的销售和运营计划是适宜和有效的	56. 高层管理者积极支持和参与销售和运营计划的制定和执行
57. 销售和运营计划的量化性是适宜的	58. 作业计划是适宜的，权衡了冲突的目标

表 5 - 2　文献整理和深度访谈所收集到的中层经理战略承诺题项汇总

1. 中层经理愿付出巨大努力以看到战略得以成功	2. 中层经理愿和同事讨论认为本战略对企业是好事
3. 中层经理自豪地告诉别人他们参与制定和分解战略	4. 中层经理愿为更好执行战略适度牺牲自己利益

5. 中层经理愿较长时间保持执行战略的意愿	6. 中层经理愿执行战略时遇到困难不轻易退却
7. 中层经理愿提出利于战略执行的建议	8. 中层经理愿采纳利于战略执行的建议
9. 中层经理执行战略时愿和其他部门保持协同	10. 中层经理愿执行战略时适度牺牲本部门利益
11. 中层经理执行战略时愿和部门员工同甘共苦	12. 中层经理愿执行战略时格外关注员工
13. 中层经理执行战略时愿身先士卒	14. 中层经理愿执行战略时改变管理风格以更好地适应环境
15. 中层经理执行战略的意愿较为理性	16. 中层经理执行战略的意愿是经过理性分析得出的

5.2.1.2 题项汇总的内容分析

罗伯特·德维利斯（Robert Devellis）[194]认为，在同一量表中应谨慎使用反向题，确切地说，应用反向题弊大于利，因为在被试者回答问题的过程中，可能会将问题的方向弄错，在问卷很长的时候，这种现象更为严重。因此，本书在初步整理分析题项库时，合并了意义相同或相似性很高的题项并删除了反向题项。

本书依据如下三个标准来整理和筛选题项：①题项的描述是否清楚准确；②题项的陈述是否足够准确地表达了概念所要测量的内容；③对题项所描述的战略执行流程和中层经理战略承诺指标在企业中存在的普遍性进行评定。本书采用拉什（Lawshe）[195]的内容效度比来评估题项是否足够准确地表达了概念所要测量的内容。具体操作步骤为，邀请数位专家针对某题项逐一做出必要、有用但不必要、没有必要三种判断。如果一半以上的评分者认为该题项有必要或有用，则该题项视为具有较好的内容效度，能反映该领域的范畴。CVR 的计算公式是：CVR = (ni - N/2)/(N/2)。[ni 某题的代表性（由参与评定的专家评定），N 专家总数]。评分者人数与CVR 的最低标准为 N = 10，CVR = 0.62，根据公式计算出结果后，删除数值较低的项目。计算全部项目的内容效度比的平均数作为内容效度的指标。进一步修订题项表达后，我们得到了一个含32 个题项的战略执行流程初始量表及含 14 个题项的中层经理战略承诺初始量表，分别见表 5 - 3 和表5 - 4。

表5-3 初步分析后保留的战略执行流程题项

1. 公司总能有效分解总体战略为阶段性目标和任务	2. 中层经理适时适度地参与分解战略以很好地领悟战略和增加战略的可执行性
3. 要执行战略就要赞同战略	4. 分解战略的过程中政治手段运用得很多
5. 老板通常凭直觉和预感形成和分解战略	6. 分解战略的过程灵活运用各种决策方法和手段
7. 管理者之间在总体战略目标和愿景上通常能达成共识,在实现中短期战略目标上也能达成共识	8. 组织结构要适应部门间的相互依赖程度
9. 组织结构的设计考虑到了人的需要和组织对技术效率的需要	10. 部门间目标不相容进而导致部门管理者甚至部门成员之间的冲突
11. 部门间存在较高的任务相互依赖,冲突的可能性较高	12. 部门间争夺资源,导致冲突
13. 结构重组,管理者健康博弈力保已有职权	14. 管理者的变更较为公平,权力的正面运用程度很高
15. 权力活动提供了使各种观点明朗化并最终达成战略承诺所必需的讨论和利益碰撞的机会,在可控的范围内可以支持这样的行为	16. 企业要有充足的具备执行战略所需知识、技能和能力的不同类型和不同层次的员工
17. 工作任务的设计较为科学,符合战略要求	18. 企业的薪酬体系与战略是相适应的
19. 企业薪酬的内部差距较为合适	20. 企业薪酬与同行相比具有竞争性
21. 生产产品或提供服务的流程是适宜的	22. 生产产品或提供服务的计划是适宜的,与企业战略相适应
23. 生产产品或提供服务的设备是适宜的,与企业战略相适应	24. 使产品或服务达到一定质量标准的计划和控制措施是适宜和有效的
25. 提供恰当产能的计划和控制措施是适宜的	26. 关于库存的相关决策是适宜的
27. 与供应商的合作是适宜和有效的	28. 作业计划是适宜的,有效地权衡了冲突的目标
29. 在总经理的领导下通过跨职能中层经理制订和执行的销售和运营计划是适宜和有效的	30. 高层管理者积极支持和参与销售和运营计划的制订和执行
31. 销售和运营计划的量化性是适宜的	32. 新产品或新服务开发的相关活动是适宜和有效的

表 5 - 4   初步分析后保留的中层经理战略承诺题项

1. 中层经理愿付出巨大努力以看到战略得以成功	2. 中层经理愿和同事讨论，认为本战略对企业是好事
3. 中层经理自豪地告诉别人他们参与制定和分解战略	4. 中层经理愿为更好地执行战略适度牺牲自己利益
5. 中层经理愿较长时间保持执行战略的意愿	6. 中层经理执行战略时遇到困难不轻易退却
7. 中层经理愿提出利于战略执行的建议	8. 中层经理愿采纳利于战略执行的建议
9. 中层经理执行战略时愿和其他部门保持协同	10. 中层经理执行战略时愿适度牺牲本部门利益
11. 中层经理执行战略时愿和部门员工同甘共苦	12. 中层经理执行战略时愿格外关注员工
13. 中层经理执行战略时愿身先士卒	14. 中层经理执行战略时愿改变管理风格以更好地适应环境

5.2.1.3   预测和题项精炼

本书选取 60 个工作年限在三年以上的分处制造、房地产、酒店等行业的中高层管理者做小样本预测。被试者的平均年龄为 42.3 岁，在该企业的平均工作时间为 8.56 年。本书要求被试者在不改动题项内容的基础上，找出表述不清，难于理解或有疑问的项目加以修改或删除。笔者与预测对象均有一定的关系，问卷回收率为 100%。对于战略执行流程，本研究采用 Likert7 点记分法进行测量，1 代表并未出现；2 代表差距很大；3 代表差距较大；4 代表略有差距；5 代表基本一致；6 代表一致；7 代表持续优化。分数越高表明战略执行流程成熟度越高。对于中层经理战略承诺，本研究采用 Likert7 点法进行测量，1 至 7 分别代表尚未出现、差距很大、差距较大、略有差距、基本一致、一致、高强度持续存在。分数越高，表明中层经理战略承诺水平越高。本文将战略执行流程成熟度均值低于 3，标准差低于 0.5 的第 3、4、29 和 30 题予以删除，修正题项表达后得到一个包含 28 个题项的战略执行流程成熟度量表。将中层经理战略承诺均值低于 3，标准差低于 0.5 的题予以删除。最后，本研究删除了 4 个题项，修正题项表达后得到一个包含 10 个题项的中层经理战略承诺量表。

5.2.2   测试对象

2012 年 11 月到 2013 年 2 月，本研究运用预测和精炼后包含 28 个题项的战略执行流程量表在成都和贵阳进行抽样测试并采用实地调研方式发放

问卷，共发放 280 份问卷，回收问卷 265 份，有效问卷数 240 份（剔除漏
答较多和规律性回答）。同时，本研究运用经过预测和精炼后包含 10 个题
项的"中层经理战略承诺量表"，采用非严格性 360 度测试法，向中层经
理及其上司和下属共发放 280 份问卷，回收有效问卷 210 份。因为中层经
理战略承诺采用的问卷调查方式为 360 度测试法，故回收的有效问卷数低
于战略执行流程回收的有效问卷数。因素分析的样本数量应以问卷中包括
最多题项的分量表的 3～5 倍为原则[196]。海尔（Hair et al., 2006）认为因
子分析的有效样本数至少 100 份。戈尔索（Gorsuch, 1983）则认为题项数
与有效样本数的比值至少应达到 1:5，越高越好。本研究的样本数满足上
述规定。战略执行流程探索性因素分析样本概况见表 5－5。因为采用非严
格性 360 调查法进行中层经理战略承诺调研，分别调研中层经理的上司和
下属以及本人，但被试与战略执行流程问卷的被试均处同一企业，样本概
况虽略有不同，但区别不大，因而中层经理战略承诺探索性因素分析样本
概况与战略执行流程探索性分析样本概况基本相同，故不再赘述。

表 5－5　战略执行流程探索性因素分析样本基本特征表（N = 240）

变量	分类	占比(%)	变量	分类	占比(%)
性别	男	70.5	年龄	40 岁以下	52
	女	29.5		40 岁及以上	48
所属行业	制造业	45.2	终极控制人性质	国有控股	20.5
	房地产	20.1		非国有控股	79.5
	高新技术	13	学历层次	高中或中职	5
	住宿接待业	10		大专或高职	25
	其他	11.7		大学本科	60.4
企业年龄	5 年及以下	30.4		硕士研究生及以上	9.6
	5～10 年	45.3	职位层次	高层管理者	20
	10～15 年	15		中层经理	56
	15 年及以上	9.3		基层管理者	15
				专业技术人员	9

5.2.3　统计处理

本研究采用主成分分析，因子旋转采用斜交转轴法进行探索性因素分
析。斜交转轴法并不像正交转轴法那样假设因素之间不相关，可以得出更
为符合实际情况的信息。在现实世界里，因素之间必然存在或强或弱的相

关性，假设它们不相关并不利于研究的适切性。本研究统计工具采用
SPSS17.0 和 AMOS17.0。

5.3 实证分析和研究结果

5.3.1 项目分析

本研究根据五项标准删除题项：遗漏值检验；项目决断值分析；题项
与量表总分的相关系数；题项被删除后全量表内部一致性系数是否提高；
题项在所属因子下的因子荷载[197]。遗漏值检验表明战略执行流程和中层
经理战略承诺的这两个样本均无显著的遗漏值偏差，因此只需考察其余四
个标准即可。

项目决断值分析目的是求出题项的临界比率（critical ratio，简称 CR），
如果其 CR 值达 0.05 显著水平，即表示该题项能鉴别不同被试的反应程
度。本研究分高分组和低分组，对战略执行流程的 28 个题项进行了独立样
本 T 检验。检验结果见表 5 - 6。对临界比值的 t 统计量，本研究将标准值
设为 3.0，小于之，可考虑删除[196]。第 15、24、26 和 28 题 t 值小于 3 且
未达显著，应考虑予以删除。第 3、10、11、12、19、23、25 题虽略小于
3 但达到显著，第 21 题虽未达显著但 t 值大于 3，暂不予删除。题项与总
分的相关系数除 26 题外均达显著，但 28 题相关系数绝对值过小（0.175），
可将这两个题项予以删除。整体量表的克朗巴赫的 α（Cronbach's α）系数为
0.873，删除每一题项后剩余题项组成的量表的 Cronbach's α 系数除 15、26
和 28 题外都低于 0.873，由此得到一个含 24 个题项的战略执行流程修正
量表。

表 5 - 6 战略执行流程项目分析结果（N = 240）

题 项	决断值（t 值）	题项与总分的相关系数	删除该项后量表的 Cronbach's Alpha 值	删除或保留
SEP1	4.899***	0.510**	0.868	保留
SEP2	3.919***	0.545**	0.867	保留
SEP3	2.626**	0.360**	0.872	保留
SEP4	4.399***	0.560**	0.866	保留
SEP5	3.266**	0.486**	0.868	保留
SEP6	8.009***	0.704**	0.862	保留

题项	决断值（t 值）	题项与总分的相关系数	删除该项后量表的 Cronbach's Alpha 值	删除或保留
SEP7	6.993 ***	0.660 **	0.863	保留
SEP8	5.409 ***	0.571 **	0.866	保留
SEP9	5.339 ***	0.593 **	0.865	保留
SEP10	2.673 **	0.395 **	0.871	保留
SEP11	2.902 **	0.542 **	0.867	保留
SEP12	2.937 **	0.375 **	0.871	保留
SEP13	3.725 ***	0.601 **	0.865	保留
SEP14	6.800 ***	0.530 **	0.867	保留
SEP15	1.319 ns	0.289 **	0.874	删除
SEP16	4.802 ***	0.551 **	0.866	保留
SEP17	5.994 ***	0.576 **	0.866	保留
SEP18	8.050 ***	0.595 **	0.865	保留
SEP19	2.729 **	0.478 **	0.868	保留
SEP20	5.607 ***	0.492 **	0.868	保留
SEP21	3.355 ns	0.299 **	0.873	保留
SEP22	3.395 **	0.561 **	0.866	保留
SEP23	2.801 **	0.444 **	0.869	保留
SEP24	1.764 ns	0.320 **	0.873	删除
SEP25	2.729 **	0.478 **	0.868	保留
SEP26	-0.307 ns	0.016	0.879	删除
SEP27	4.670 ***	0.566 **	0.866	保留
SEP28	0.000 ns	0.175 **	0.877	删除

注：上表中 SEP 系 Strategic execution process 的缩写，下同；** 表示在 0.05（双侧）水平上显著相关；*** 表示在 0.001（双侧）水平上显著相关；ns 表示不显著。

同样地，本研究分高分组和低分组对中层经理战略承诺初始量表的 10 个题项进行独立样本的 T 检验，设定 t 统计量的标准值为 3.0，小于之，可考虑删除。题项与总分的相关系数要达 0.05 显著性，且相关系数绝对值不宜过小。删除每一题项后剩余题项组成的量表的 Cronbach's α 系数不宜高于整体量表的 Cronbach's α 系数。综合上述标准，本书删除了中层经理战略承诺初始量表的 3 个题项，得到一个含 7 个题项的中层经理战略承诺修正量表。

5.3.2 探索性因素分析

项目分析结束后应进行因素分析以检验量表的建构效度，考查因子结构，确定正式量表。保留多少共同因素极为重要。吴明隆（2010）认为，常用的筛选原则有：特征值大于 1 法、陡坡图检验法、方差百分比决定法、事先决定准则法和题项间相关系数分析及取样适切性量数（measures of sampling adequacy，简称 MSA）[196]。

5.3.2.1 量表适宜性分析

在因素分析中，如果要萃取适合的因素数目，则某题项与数个题项间要中高度相关，而与其他题项间要中低度相关，甚至不相关，如果所有题项间都呈现高相关，也无法萃取适合的共同因素数[196]。战略执行流程修正量表和中层经理战略承诺修正量表的所有题项与其他题项间均为部分相关系数达 0.05 显著性，部分未达 0.05 显著性，某些高度相关、某些低度相关甚至不相关。这表明题项适合进行探索性因素分析。恺撒（Kaiser，1974）认为 KMO 值至少为 0.6 是进行因素分析的普通准则[198]。战略执行流程修正量表的 KMO 值为 0.648，巴特利特（Bartlett）球形检验值为 5625.381，$P = 0.000$；中层经理战略承诺修正量表的 KMO 值为 0.693，巴特利特球形检验值为 100.481，$P = 0.000$，都适合做因素分析。取样适切性量数（MSA）越接近 1，表示此题项越适合做因素分析，小于 0.5 则表示该题项不适合因素分析[196]。本研究战略执行流程修正量表和中层经理战略承诺修正量表的所有题项的 MSA 值都大于 0.50，不予删除。

5.3.2.2 因素分析过程

本研究采用主成分分析法和斜交转轴法抽取共同因子。直交转轴法易于解释，但其强制使因素间不相关的人为操控可能导致结果与现实情况有较大出入。斜交转轴法较能反映真实的现象，提供的信息较有价值[196]。战略执行流程修正量表特征根值大于 1 的因子数量有 7 个，与理论文献有较大差异。这属于正常现象，因为用斜交转轴法经常会萃取过多的共同因素，在这样的情况下，应结合碎石图、解释总变异量、模式矩阵及结构矩阵等方法来进行题项的筛选。

碎石图检验的判断准则是取坡线突然剧升的因子，删除坡线平坦的因子。从图 5 - 1 战略执行流程因子分析碎石图可知，在因子 4 之后碎石图变得平坦，保留 3 个因子较合适。因子 4 至因子 7 特征根虽然都大于 1，但对累计解释总变异量的贡献已很小。

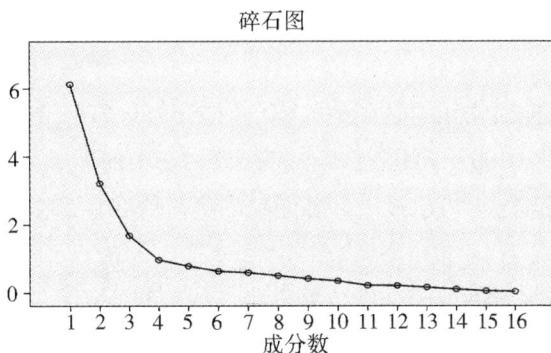

碎石图

6 -

4 -

2 -

0 -

1　2　3　4　5　6　7　8　9　10　11　12　13　14　15　16
成分数

图 5 - 1　战略执行流程因子分析碎石图

本书删除那些在模式矩阵和结构矩阵上所有因子荷载都小于 0.4 以及同时在 2 个以上因子的载荷都超过 0.4 的题项。秉持每次只删除一个题项的原则，经过多次探索性因子分析，删除了 8 个题项后最终得到了一个与理论文献和经验事实较为一致和简约的由 16 个题项组成的，包含 3 个因子的正式的战略执行流程量表。运用同样的程序和方法，本书删除了 2 个题项，最终得到了一个与理论文献和经验事实较为一致和简约的由 5 个题项组成的单维度的中层经理战略承诺量表。

5.3.2.3　因子分析结果

最终的战略执行流程量表的 KMO 值上升到 0.787，巴特利特球形检验值是 3278.962，P = 0.000，适合做因素分析。共萃取了 3 个特征根大于 1 的因子，特征根值分别为 6.132、3.215、1.678，对总方差的解释率分别为 38.327%、20.095%、10.486%，累积方差贡献率为 68.908%，较为理想。因子 1 和因子 2 的相关系数为 0.237，因子 1 和因子 3 的相关系数为 0.352，均达 0.01 水平（双侧）显著性，这说明采用斜交转轴法进行旋转处理是合适的。应以模式矩阵还是结构矩阵来解释因子分析中变量与因子间的关系，不同学者有不同看法。吴明隆（2010）认为其实两个矩阵的数值差距不大，因子与所包含的题项数多数一样，最好的方式是同时呈现模式矩阵和结构矩阵[196]。战略执行流程的结构矩阵中，除第 1 题外，其他题项没有交叉荷载严重的情况（某题项同时对两个及以上因子的荷载均达到 0.40 以上）。但在模式矩阵中，第 1 题未出现交叉荷载严重的现象，且其在因子1和3上荷载差异较大。第1题是从众多理论文献中归纳得出的，亦符合经验事实，综合考虑，不予删除。共同度越高代表某题项与其他题项共同特质越多，越接近1代表效度指标越好。战略执行流程量表各题项的共同度介于0.464~0.897之间，高于吴明隆（2010）建议的共同性必须高于0.20的标准。

中层经理战略承诺正式量表的KMO值提升为0.714，Bartlett球形检验值为90.410，P=0.000。萃取了1个特征根大于1的因子。方差贡献率为58.668%，不甚理想但可以接受。各题项的负荷值在0.534和0.718之间，均大于0.40。

最终量表的探索性因子分析结果表明，战略执行流程有三个清晰的维度。本研究根据各维度中题项所反映的情感内容对因子进行命名，具体情况如下：

因子1：该维度主要涉及执行战略时如何解决执行者的问题。这要求要有充足的战略执行人选并将他们安排在合适的岗位上，该核心问题涉及组织结构、薪酬、权力、人员培养等问题。借鉴博西迪等的叫法，本研究将该维度命名为人员流程。包括SEP7、SEP8、SEP5、SEP10、SEP6、SEP11、SEP9。

因子2：该维度反映了生产产品或提供服务的计划、产能、设备、新产品或新服务的开发等方面的问题，属于运营范畴，借鉴博西迪等的叫法，本研究将之命名为运营流程。包括SEP16、SEP13、SEP15、SEP12、SEP14。

因子3：该维度论及的主要是战略分解的有效性和分解过程的参与性、方法和特点等内容，本研究将它命名为战略分解流程。包含SEP4、SEP3、SEP2和SEP1。

5.3.2.4 量表的信度分析

测量所得结果的一致性及稳定性叫作信度，和标准误成反比。本研究用Cronbach's α信度系数和折半信度来进行检验。

Cronbach's α信度系数检验结果为，战略执行流程全量表Cronbach's α系数值为0.881，战略分解流程、人员流程和运营流程三个分量表的Cronbach's α系数值分别为0.864、0.921和0.845；折半信度系数检验结果为，战略执行流程全量表的折半信度检测值为0.619；战略分解流程、人员流程和运营流程分量表的折半信度分别为0.807、0.861和0.907。中层经理战略承诺量表 Cronbach's α 系数值为 0.600，折半信度系数为 0.626。汉森（Henson，2001）认为如目的在于编制预测问卷，测验或测量某构念的先导性，信度系数在 0.50 至 0.60 已足够[199]，纳诺利（Nunnally，1978）认为探索性研究中信度系数的最低要求标准是 0.50 以上，0.60 以上尚佳[200]，其他很多学者也都认为 0.60 是整体量表可以接受的最低信度系数。大多数学者都认为 α 系数值在 0.60 和 0.70 之间在构念层面尚佳，在整个量表层面勉强可接受。本书的战略执行流程量表通过了信度检验，具有较高的内部一致性信度及可以接受的折半信度。中层经理战略承诺量表的内部一致性信度和折半信度不够优良但可以接受。

5.3.2.5　量表的效度分析

效度是指能够测到该测验所要测量变量的程度。本研究通过内容效度和建构效度来分析量表效度。构念的特质被测量内容所反映的程度以及测量目的的达成程度叫作内容效度，简单说就是项目集合对内容效度范围的反映程度。从理论上说，当题项是从一个大量且适合的项目集合中随机选出来的一个子集的时候，量表就具有了内容效度。就本书来说，战略执行流程量表和中层经理战略承诺量表的题项都是经过大量的实地调查和访谈并结合文献而得到的，因此在一定程度上保证了代表性和适当性。并且本书请有关专家对量表的题项与操作性定义进行判断，从而保证了量表的内容效度。

至于建构效度，是指一个测量能够在多大程度上正确地验证理论构念，涉及变量间的测量关系，体现了所要测量结构与已经建立的其他结构间的相关程度。战略执行流程量表的三个维度结构清晰，所有题项在其对应因子上的载荷都大于 0.50，对方差的累积解释率达到 68.908%。中层经理战略承诺量表所有题项的载荷都大于 0.50，对方差累积解释率达到 58.668%。两量表所含题项均含义清楚，可解释性强。若问卷的因素与总分间的相关系数介于 0.30 和 0.80 间，因素间的相关系数在 0.10 到 0.60 间，图尔克（Tulker）认为就可视为具有良好效度。战略执行流程量表 3 个因子间的相关系数为 -0.058、0.237 和 0.352，呈中低度相关；因子与总量表之间的相关系数 0.501、0.553 和 0.724，呈中高度相关。综上所述，说明战略执行流程量表和中层经理战略承诺量表的建构效度都较高。

表 5 - 7　战略执行流程探索性因子分析结果汇总及信度系数（N = 240）

题　项	因子载荷	共同度	因子与总分的相关	Cronbach'sα 系数、折半信度	解释变异量（%）	因子命名、特征根值
SEP11 结构重组，管理者健康博弈力保有已有职权	0.897	0.812				
SEP12 人员变更公平，权力的正面运用程度很高	0.893	0.806				
SEP6 组织结构高度适应部门间的相互依赖性	0.866	0.759				
SEP17 薪酬的内部差距非常合适	0.847	0.736	0.724 **	0.921 0.861	38.327	人员流程 6.132
SEP7 组织结构高度考虑了人的需要和组织对技术的需要	0.826	0.699				
SEP18 薪酬与同行相比极具竞争性	0.765	0.597				
SEP14 组织有执行战略所需的不同类型、不同技术的数量充足的员工	0.651	0.464				
SEP27 新产品或新服务开发的相关活动适宜有效	0.857	0.772				
SEP20 生产产品或提供服务的计划适宜有效	0.832	0.750				
SEP23 产能计划适宜有效	0.811	0.670	0.501 **	0.845 0.907	20.095	运营流程 3.215
SEP19 生产产品或提供服务的流程适宜有效	0.739	0.546				
SEP21 生产产品或提供服务的设备适宜有效	0.696	0.507				
SEP5 管理者之间就战略目标和愿景，实现战略的阶段性目标和手段、途径及工具能达成共识	0.946	0.897				
SEP4 战略分解过程中灵活运用各种决策方法和手段	0.939	0.882				
SEP2 中层经理适时适度地参与分解战略以很好地领悟战略和增加战略的可执行性	0.727	0.542	0.553 **	0.864 0.807	10.486	战略分解流程 1.678x
SEP1 公司总能有效分解总体战略为阶段性目标和任务	0.721	0.587				

注：*** P < 0.01。

表5-8 中层经理战略承诺探索性因子分析结果汇总及信度系数（N＝210）

题 项	因子载荷	Cronbach's α系数	折半信度系数	解释变异量（%）
1. 中层经理愿付出巨大努力以看到战略得以成功	0.718	0.600	0.626	58.668
2. 中层经理为了更好地执行战略愿适度牺牲自己的利益	0.636			
3. 中层经理执行战略时愿适度牺牲本部门的利益	0.603			
4. 中层经理执行战略时愿身先士卒	0.604			
5. 中层经理执行战略时愿改变风格以更好地适应环境	0.534			

5.3.3 验证性因素分析

5.3.3.1 验证性因素分析样本概况

为保持与探索性因素分析样本的一致性，本书采用控制取样方式，主要是直接到企业发放问卷，并辅以在四川某高校的 EDP 班筛选部分学员发放问卷。共计发放战略执行流程问卷300份，回收255份，有效问卷225份。发放中层经理战略承诺问卷300份，为有效测量中层经理战略承诺，本书采用非严格性360度调查法，对中层经理及其上司和下属进行调研，虽发放问卷量也是300份，但获得的有效样本量为210份，低于战略执行流程的有效样本量。因为采取了控制取样方式，战略执行流程和中层经理战略承诺验证性因子分析的样本概况与探索性因素分析样本概况基本一致，不再赘述。

5.3.3.2 验证性因素分析结果

战略执行流程量表的战略分解流程、人员流程和运营流程三因子一阶验证性分析的卡方值为80.580，概率（P）＝0.123＞0.05，卡方自由度比值＝1.203＜2.000，渐进残差均方根（RMSEA）＝0.030，规模适配度指标（NFI）＝0.973，比较适配度指标（CFI）＝0.995，简约调整规模适配度指标（PNFI）＝0.543。表示战略执行流程三因素一阶模型可被接受，三个因子间相关系数分别为0.30、0.49和0.56，都达到了0.05显著性水平，呈中等关联程度，表明三个因子间可能有一个更高阶的共同因素存在。

中层经理战略承诺量表验证性因子分析的卡方值为3.909，P＝0.563＞0.05，卡方自由度比值＝0.782＜2.000，绝对适配度指数：渐进残差均方

根 $=0.000<0.05$，RMR $=0.011<0.05$，适配度指标值（GFI）$=0.992>$
0.90，调整适配度指标（AGFI）$=0.997>0.90$；比较适配度指数：NFI $=$
$0.957>0.95$，增值适配度指标（RFI）$=0.915$，略小于 0.95；简约适配度
指数：简约调整规模适配度指标 $=0.479$，略小于 0.05，简约调整比较适
配度指标（PCFI）$=0.50$，刚好等于 0.50 的标准。各项指标表明，模型拟
合度较好。

5.3.3.3 战略执行流程竞争模型验证性因素分析结果

根据理论分析及上述实证分析结果，本书将战略执行流程量表二阶因
素命名为战略执行流程，并认为战略执行流程构念的结构可能有如下的理
论模型。①三因素模型的二阶模型（M1），即检验三个初阶因子是否同属
战略执行流程因子。②虚拟构建三个两因子模型（M2），M2a 使战略分解
流程与人员流程并成一个因子；M2b 把运营流程与人员流程并为一个因
子；M2c 将战略分解流程和运营流程并为一个因子。③单因子模型（M3），
16 个题项不进行因子区分，均属战略执行流程整体构念。

模型 M2a、M2b、M3 可以识别，M2c 不能被识别。M2a、M2b 和 M3
的各项拟合度指标均不如 M1。M2a、M2b 和 M3 卡方值的显著性概率均小
于 0.05，表示假设模型与样本数据不能拟合。M1 卡方值显著性概率为
0.421 大于 0.05，RMSEA 为 0.011 小于 0.05，卡方自由度比值 1.025 小于
3，都表明 M1 能较好拟合样本数据。具体情况见表 5 - 9。

表 5 - 9   战略执行流程验证性因素分析结果（N = 225）

	x^2	df	x^2/df	P	RMSEA	NFI	RFI	PCFI	PNFI
M1	65.609	64	1.025	0.421	0.011	0.978	0.958	0.533	0.521
M2a	258.478	83	3.114	0.000	0.097	0.912	0.873	0.649	0.631
M2b	363.770	88	4.134	0.000	0.118	0.876	0.831	0.662	0.643
M3	195.267	83	2.353	0.000	0.078	0.934	0.904	0.664	0.646

模型 1 的非标准化回归系数值均达 0.001 显著性水平。标准化回归系
数显示战略执行流程三因子二阶模型的三个一阶因素对二阶因素即战略执
行流程的因素负荷量分别为 0.50、0.97 和 0.58，均大于 0.50。各观测变
量对三个一阶因素的因素负荷量除以 SEP1 得到战略分解流程的因素负荷
量为 0.423，略小于 0.50，SEP20 对运营流程的因素负荷量为 0.989，略大
于 0.95，其余题项的因素负荷量均介于 0.50 至 0.95 之间。测量变量在初

阶因素的因素负荷量、初阶因素在高阶因素构念的负荷量均较理想，表明模型基本拟合度良好。四个潜在因子和 16 个外显变量，除其中的两个外，其余的测量误差值都大于 0 且都达到 0.05 显著水平，变异量标准误估计值均较小，介于 0.006 至 0.297 之间，这也说明战略执行流程模型的基本拟合度还算良好。

吴明隆（2010）认为，作为模型内在质量的一个常用和重要的判别标准，潜变量的组合信度如果超过 0.60，则表示内在质量较为良好；平均方差抽取量（AVE）是一种收敛效度指标，判别标准为其值大于 0.50 并且值越大表示模型内在质量越好[196]。战略执行流程三因子二阶模型的初阶因素和二阶因素的组合信度介于 0.7407 至 0.9279 之间，均远大于 0.60；平均方差抽取值介于 0.5097 至 0.6531 之间，均大于 0.50，表明战略执行流程模型的内在质量较为理想，具有较好的聚敛效度。中层经理战略承诺量表组合信度为 0.6048，大于 0.60；具有较好的聚敛效度。吴明隆（2010）认为，如果模型各变量的标准化残差的绝对值大于 2.58，则模型的内在质量不佳[196]。战略执行流程和中层经理战略承诺模型各变量的标准化残差最大绝对值远小于 2.58，大多数变量的标准化残差绝对值都小于 1，表明模型内在质量较为理想。

表 5 - 10　战略执行流程平均变异量抽取值（N = 225）

潜变量	观测变量	因素负荷量	负荷t值	信度系数	测量误差	组合信度	平均变异量抽取值
战略分解流程	SEP5	0.953	5.391***	0.908	0.092	0.8542	0.6128
	SEP4	0.932	5.231***	0.869	0.131		
	SEP2	0.704	5.032***	0.495	0.505		
	SEP1	0.423	3.137***	0.179	0.821		
人员流程	SEP11	0.948	26.893***	0.899	0.101	0.9279	0.6531
	SEP12	0.914	23.993***	0.835	0.165		
	SEP6	0.927	23.708***	0.859	0.141		
	SEP17	0.774	16.012***	0.599	0.401		
	SEP7	0.758	15.173***	0.574	0.426		
	SEP18	0.667	12.263***	0.444	0.556		
	SEP14	0.600	10.614***	0.360	0.640		

潜变量	观测变量	因素负荷量	负荷t值	信度系数	测量误差	组合信度	平均变异量抽取值
运营流程	SEP27	0.927	8.623***	0.859	0.141	0.8768	0.6003
	SEP20	0.989	8.633***	0.978	0.022		
	SEP23	0.650	7.783***	0.422	0.578		
	SEP19	0.691	8.141***	0.477	0.523		
	SEP21	0.514	6.386***	0.264	0.736		
战略执行流程	战略分解	0.499	2.023***	0.249	0.751	0.7407	0.5097
	流程人员流程	0.972	3.604***	0.945	0.055		
	运营流程	0.579	3.795***	0.335	0.665		

注：*** $P < 0.001$。

黄芳铭（2005）认为，可用两个变量平均变异萃取量的平均值是否大于两个潜在变量相关系数的平方来检验量表的区分效度[201]。从表 5 - 11 可见，战略执行流程量表三个一阶因子间相关系数最大值的平方为 0.317，小于最小 AVE 值 0.6003，具较好的区分效度。

表 5 - 11　战略执行流程量表的区分效度（N = 225）

变　量	战略分解流程	人员流程	运营流程
战略分解流程	（0.6128）		
人员流程	0.494**	（0.6531）	
运营流程	0.295**	0.563**	（0.6003）

注：** $P < 0.01$，括号内数值表示平均差异量抽取值。

5.4　基于多维尺度法的战略执行流程分类探讨

前面的研究结果表明，战略执行流程分为战略分解、人员流程和运营流程。探索性因素分析法是基于数据共变性的定量分析，并未充分考虑构念特征。而多维尺度法结合了定性研究的优势，常用于分类研究，可将构念的性能特征进行考虑。为了更好地利用这两种方法的优势，本章将其用于战略执行流程的分类，并比较这两种方法的结果以提高研究的信度和效度，以期得到更为严谨的结论。

5.4.1　研究方法和思路

本章利用"SPSS17.0"软件以非计量多维尺度法进行分析。力促研究者找出藏匿于繁杂数据下的结构和进行数据缩减的一种统计方法即多维尺度法，它在社会科学和行为科学研究中得到了大量的运用，更值得重视的是，它用图形直观形象地予以表现[202]。该方法在几何空间中以点表示战略执行流程的三个子流程，不同子流程间的关系则以空间中点与点间的距离刻画。两点间距离的远近与两种子流程的相似度成反比。[202]

多维尺度法的精确性稍逊于因子分析法，也比不上主成分分析法，但该方法无须要求被试者根据特质进行判断，只需根据自己对事物的整体感觉做出判断即可，而且对样本数量的要求也不必像这些方法那么严格。因而，对于相对简单事物间较为相近的数据，多维尺度法的效果可能反而会更好。尤其值得推荐的是，该方法画出的空间图可以很好地展现事物之间的相对距离，颇为形象直观[202]。

本章采用问卷调查方式让被试者对战略执行流程题项分类，分类数量最大值为7，不限制他们分类所采用的标准和内容，但必须根据16个题项的相似性予以分类。为了避免主观臆断误导被试者，笔者让被试者根据自己的知识经验对所描述的战略执行流程进行分类，以减少误差。问卷调查在四川某高校的商学院 EDP 班进行，共回收 40 份问卷。就每份调查问卷建立一个 16×16 矩阵，对 16 个题项进行两两分析，加入某题被归为一类的，记 1 分；没有被归为一类的，记 2 分。之后，采用多维尺度法对这 40 份问卷的矩阵进行加总[202]。

5.4.2　数据分析结果

本章应用多维尺度法分析的 ALSCAL 方法尝试二维至四维的拟合方案，其中，二维结构的拟合结果较为良好，解释力也较强。具体结果表明：模型拟合度指标 Stress 值为 0.19546，小于 0.2；RSQ 值为 0.87830，大于 0.6。各项模型拟合指标均符合标准，模型拟合较好。战略执行流程的 16 个题项在不同维度中的坐标值见表 5-12，多维尺度空间图见图 5-2。

表 5-12　战略执行流程的分类结构和坐标植

战略执行流程的分类结构	内容	坐标值	
		维度 1	维度 2
战略分解流程	SEP1	0.5153	-1.5147
	SEP2	0.6231	-1.4954
	SEP4	0.5688	-1.4962
	SEP5	0.6334	-1.4977

续表 5 - 12

战略执行流程的分类结构	内　容	坐标值	
		维度 1	维度 2
人员流程	SEP6	- 1.1963	0.2870
	SEP7	- 1.1991	0.2744
	SEP11	- 1.1981	0.2125
	SEP12	- 1.1734	0.1463
	SEP14	- 1.2050	0.2180
	SEP17	- 1.1654	0.1772
	SEP18	- 1.2173	0.1925
运营流程	SEP19	1.2466	0.8568
	SEP20	1.2274	0.8891
	SEP21	1.2324	0.8534
	SEP23	1.1809	0.9338
	SEP27	1.1270	0.9630

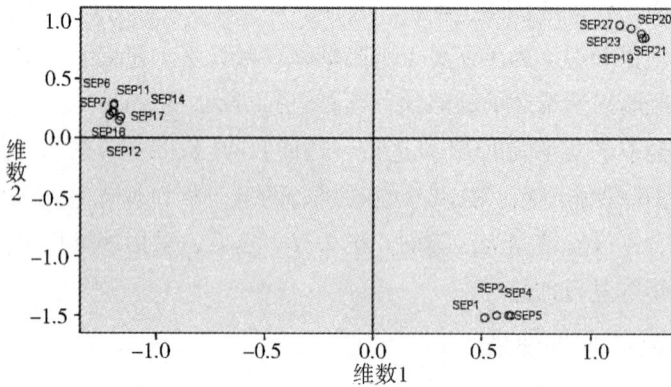

图 5 - 2　战略执行流程多维尺度空间图

由图 5 - 2 可知，战略执行流程分为三类。根据每类包含题项的内容可命名为：①战略分解流程。该类论及的主要是战略分解的有效性、过程的参与性、方法和特点等内容。它包含 SEP4、SEP3、SEP2 和 SEP1 四个题项。②人员流程。该类主要解决执行战略时人的问题，它包括 SEP7、SEP8、SEP5、SEP10、SEP6、SEP11 和 SEP9 七个题项。该流程要求有充足的人选并将他们安排在合适的岗位上，这涉及组织结构、薪酬、权力、人员培养等问题。③运营流程。该类反映了生产产品或提供服务的计划、产能、设备、新产品或新服务的开发等问题，属于运营范畴。它包括 SEP16、SEP13、SEP15、SEP12 和 SEP14 五个题项。

5.5　本章结论与建议

本章综合使用了探索性因素分析和多维尺度法这两种互补方法，对战略执行流程的分类结构进行了研究，这两种方法得出的战略执行流程的分类结构具有一致性。因此，本书的结论具有较高信度。战略执行流程可分为三个核心子流程：战略分解流程、人员流程和运营流程。本章开发了战略执行流程量表，为后续研究提供了工具。本章在借鉴战略承诺量表的基础上开发的中层经理战略承诺量表的题项有所增加，更贴近中国企业的实际情况，紧密联系中层经理的特征，效度更高，为丰富和拓展战略承诺研究提供了工具。

本章所开发的战略执行流程量表和中层经理战略承诺量表具有较高的信度和效度，与文献和企业的战略执行实践基本吻合。和杜利（Dooley）的战略承诺量表相比，本章开发的中层经理战略承诺量表增加了题项，题项数更为丰富，测量内容更为充实，角度更为全面，体现了理性的、客观的、符合利益需求的、可持续的中层经理战略承诺要求，能较好地反映构念。

本书在借鉴前人的文献尤其是西方理论文献的基础上，最大限度地结合我国企业的实际情况，紧密联系我国的文化传统，充分考虑我国企业发展所处阶段，尽量收集国内专家的意见，进行题项的收集、修订、精炼，保证了题项的合理性和适用性，使得问卷内容效度最大化。由于样本量、调研区域的局限性及被试者可能存在的不真实作答等诸多因素，本书肯定存在一定缺陷，有待更多的研究来验证所开发的战略执行流程和中层经理战略承诺两个量表的科学性。未来的研究应注意两个大问题：战略执行流程量表和中层经理战略承诺量表的信度和效度权衡及问卷调查中共同方法偏差与社会赞许性规避。

5.5.1　战略执行流程量表的信度和效度权衡

在实证研究中，信度和效度之间经常存在一定的对立性。战略执行流程的界定是根据执行既定战略的具体要求和环境变化来判断的，对于不同企业和不同战略，战略执行流程肯定存在一定的差异性。中层经理战略承诺更会因为不同企业、不同阶段、不同战略、不同个体等不同情形而发生变化。为了提高量表的信度，本书试图开发出具有一定普适性的战略执行流程量表和中层经理战略承诺量表。这意味着在量表开发时，需要删除一些得分较低的题项。这样的做法是以量表效度的损失为代价的。像本书开发的两个量表一样，这类致力于普适性的量表必然或多或少地存在两个问题。第一，量表中包括一些无关的题项。对于战略执行流程和中层经理战略承诺量表来说，可能涵盖了一些无关的题项。如"生产产品或提供服务的设备适宜有效"这一题项对于制造业企业来说是很重要的，但对于那些对硬件设备要求不高的服务业企业来说就显得微不足道。再如"结构重组，管理者健康博弈以力保已有职权"这个题项，虽然很多战略执行意味着变革，结构重组是常有的事，但也有部分战略并不需要结构重组。如果管理者的职位职权并未发生明显变化，那么，这一题项就显得多余。如"薪酬与同行相比极具竞争性"这一题项，如果是针对高层管理者中家族成员占比较高的家族企业而言，他们更多获取的是企业的利润而不是薪酬，因此他们并不在意其薪酬与同行的竞争性。量表中包含这类无关的题项，无疑将会降低研究结果的准确性和可靠性。第二，忽略了部分重要题项。对于某些具体的战略执行流程而言，一些重要的表现常常被排除在量表之外。如企业采购是极易发生贪腐的环节，在职消费问题也值得关注，这些问题实际上涉及企业内控制度的制定和执行，是战略执行流程量表应该考虑却遗漏了的。普适性的量表在提高信度的同时损失了效度。从实证分析的角度出发，区间约束会减弱变量之间的相关性，数据非正态分布会违背相关分析的重要的统计假设[203]。而普适性量表可能会高估战略执行流程成熟度，低估中层经理战略承诺水平，导致区间约束和数据非正态分布，从而给研究带来一定缺陷。

如何解决普适性量表上述存在的问题。本书认为，可从如下方面考虑。第一，开发特定情境的测量量表。其他研究方向就有学者开发过这样的量表。当然，任何方法都有利弊。虽然针对特定情境开发量表这个方法能解决上述问题，可以更为准确地识别具体情境中的战略执行流程成熟度和中层经理战略承诺水平，为企业构建、运行和提升战略执行流程及中层经理战略承诺提供依据，但该方法也有其固有缺陷。比如，采用这类方法需要耗费更多的资源，增加研究的工作量，外部信度较低，很难被其他研究所重复和比较，理论贡献不足。这种类型量表的实践价值远大于理论价值，对特定的战略执行和中层经理战略承诺研究更为适用。第二个办法是在问卷中增加 NA（not applicable）题项。NA 题项经常应用于问卷调查的答案中，表示"不知道"或"不适用"之意，能有效识别无关题项。在普适性的战略执行流程量表和中层经理战略承诺量表中使用此方法，被试者只用回答与他们有关的战略执行流程和中层经理战略承诺题项，可在一定程度上提高研究的效度。必须指出的是，该方法的应用必须注意缺失值的处理。

5.5.2　问卷调查中共同方法偏差与社会赞许性规避

虽然本书采用了360调查法来获取中层经理战略承诺数据，但同其他组织行为研究一样，战略执行流程量表和中层经理战略承诺的问卷调查方法会存在共同方法偏差（common method bias）问题。那么，如何规避或减少共同方法偏差呢？本书认为可采用的方法为从不同来源进行测量，对测量在时空、心理和方法上的分离，保护被试者的匿名性，减小对测量目的的猜度，改进量表题项等措施。另外，尽量结合多种研究方法进行战略执行流程和中层经理战略承诺的研究，比如案例研究、情景模拟实验法等。对于社会赞许性问题，采用自我报告的战略执行流程和中层经理战略承诺肯定会受到社会赞许性问题的影响。人们通常不愿意报告自己从事过较多的不成熟的战略执行行为，有拔高自己战略承诺水平的倾向。规避社会赞许性的方法总的来说可分为调查前预防和调查后控制两类。调查前预防主要包括恳请回答者诚实作答、承诺保密、内隐测量、匿名法、电子化施测、推理法、减轻回答情境压力等。调查后控制可以应用社会赞许性量表来筛选出不合格的作答或用测谎量表的分数来回归问卷答案，也可用因素分析、共变法等统计方法来降低或消除社会赞许性问题的影响。

除上述方法论上的不足外，本书开发的战略执行流程量表只初步得出了战略执行流程的维度结构。作为流程的固有特点，战略执行流程的子流程和其中的各种活动在时间和逻辑上应有起始和结束的关系，而本书对此并未进行深入的探索，后续研究应在这方面进行实证分析。

第6章　研究设计与初步分析

本章主要进行变量描述、测量和问卷的预测试、被试者的选取和抽样方法、数据的初步分析。具体来说，本章将介绍如下内容：对问卷设计和预测试进行说明，研究变量的说明，初始问卷的形成，进行预测试，评估初始问卷的信度和效度，明确各变量最终的题项，对被试企业的选取和抽样方法进行说明，进行问卷调查回收的有效数据的描述性分析。根据第四章建构的理论模型和第五章开发的战略执行流程量表和中层经理战略承诺量表，本章尽可能严谨细致地收集相关数据并进行初步分析处理。本章的安排如下：第一节进行问卷设计，第二节描述调查的过程和样本概况，第三节从样本要求和缺失值处理等方面介绍数据的分析方法，第四节分析量表的信度和效度，第五节通过描述性统计初步探析构念关系。

6.1 问卷设计

6.1.1 变量描述

本书的调查问卷分两部分：第一部分为被试者的基本资料，包括被试者的性别、年龄、受教育程度和工作年限、所在企业的产权性质、规模大小及企业成立的时间等；第二部分由战略执行流程、中层经理战略承诺和企业绩效三个分量表构成。该部分将针对各变量的操作性定义、量表来源、计分方式等进行更为详细的说明。

6.1.1.1 战略执行流程的操作性定义和测量

战略执行流程，是战略执行主体在既定战略品质较高及前提条件和假设未发生太大变化时，刚性地执行既定战略；在既定战略品质不高和前提条件与假设发生较大变化时，根据环境变化采取反馈测量和不断地修正执行等持续性提升措施，柔性地执行经过修正甚至是全新战略的一系列逻辑相关的活动的有序集合。从战略执行流程的界定可以看出，战略执行流程构念所反映的是两种战略执行状况：当既定战略品质较高，符合企业所处环境，战略赖以成立的前提条件和假设未发生太大变化时，战略执行主体应刚性地执行既定战略以达到战略目标；当既定战略品质不高或者既定战略赖以建立的前提假设条件发生巨大变化，或者企业面临的环境已不适合既定战略，战略执行主体应能动地采取反馈测量和不断地修正战略目标或战略实现途径和手段等持续性提升措施，以柔性地执行经过修正改良甚至是全新的战略。

要测量战略执行流程构念，就应体现上述两方面的内容。第一个方面的内容易于理解和操作，因为它是传统战略执行所要求的。第二个方面的内容要求战略执行主体应有足够的意愿和能力进行柔性执行。这就要求各级战略执行主体要对战略有主人翁精神，要求扩大中下层战略执行主体的范围和加强参与的力度，要求适度增加中下层执行主体的权力，要求公平对待中下层战略执行主体的利益，要求公司的人力资源管理能够和战略紧密挂钩，要求运营能够和战略紧密联系，要求战略分解、人员和运营三个核心子流程相互渗透、协同运行。既能刚性地执行既定战略，又能柔性地采取持续性提升措施执行经过修正甚至是全新战略的流程，需要具备相当高的战略执行流程成熟度。这要求战略执行流程管理要能达到较高水平，否则，只能是美好愿景而已。

战略执行流程成熟度是企业战略执行过程中体现出来的一种总体性能水平。对于战略执行流程成熟度，本书采用李克特七点法记分的方式进行测量，即 1 表示"并未出现"，2 表示"差距很大"，3 表示"差距较大"，4 表示"略有差距"，5 表示"基本一致"，6 表示"一致"，7 表示"持续优化"。得分越高，代表战略执行流程的成熟度越高。也就是说，战略执行流程的性能水平越高，越有可能有效执行战略。具体的测量题项见表 6－1。

表 6－1　战略执行流程测量题目

变　量	题　目	题目编号
战略分解流程	管理者之间就战略目标和愿景，实现战略的阶段性目标和手段、途径及工具都能达成共识	SEP1
	战略分解过程中能灵活运用各种决策方法和手段	SEP2
	中层经理适时适度地参与分解战略以很好地领悟战略和增加战略的可执行性	SEP3
	公司总能有效分解总体战略为阶段性目标和任务	SEP4

续表 6-1

变 量	题 目	题目编号
人员流程	结构重组，管理者健康博弈力保已有职权 人员变更公平，权力的正面运用程度很高 组织结构高度适应部门间的相互依赖性 收入的内部差距非常合适 组织结构高度考虑了人的需要和组织对技术的需要 收入与同行相比极具竞争性 组织有执行战略所需的不同类型、不同技术、数量充足的员工	SEP5 SEP6 SEP7 SEP8 SEP9 SEP10 SEP11
运营流程	新产品或新服务开发的相关活动适宜有效 生产产品或提供服务的计划适宜有效 产能计划适宜有效 生产产品或提供服务的流程适宜有效 生产产品或提供服务的设备适宜有效	SEP12 SEP13 SEP14 SEP15 SEP16

6.1.1.2 中层经理战略承诺的操作性定义和测量

中层经理战略承诺，是中层经理在对战略目标和实现战略的途径和手段拥有适度信息的基础上，经过理性的思考、积极健康的怀疑、批判性的吸收和适度博弈，刚性地执行既定战略或根据环境变化采取持续提升措施，执行经过修正甚至是全新的战略而付出足够的努力甚至适度牺牲利益的意愿程度。

要得到较高的中层经理战略承诺水平，应该提升中层经理自身利益和公司利益的一致性。中层经理诸多切身利益主要蕴含于战略执行流程之中。本书认为，中层经理对战略的情感性特征不应是盲目的、被迫的，而是理性的、自愿的，是建立在信息对称和适度博弈的基础上的，并非由于对公司高层盲目追随而建立起来的，因而是一种理性的、有一定强度和持续性的意愿。

表 6-2 中层经理战略承诺测量题目

变 量	题 目	题目编号
中层经理 战略承诺	中层经理愿付出巨大努力以看到战略得以成功 中层经理为更好执行战略愿适度牺牲自己的利益 中层经理执行战略时愿适度牺牲本部门的利益 中层经理执行战略时愿身先士卒 中层经理执行战略时愿改变风格以更好地适应环境	MMSC1 MMSC2 MMSC3 MMSC4 MMSC5

本研究采用李克特七点法记分的方式测量中层经理战略承诺，即 1 至

7分别代表"尚未出现""差距很大""差距较大""略有差距""基本一致""一致""高强度持续存在"。分数越高说明中层经理战略承诺水平越高，执行战略的意愿越强烈，越有持续性，越客观理性。

6.1.1.3 企业绩效的操作性定义和测量

目前的研究对企业绩效的测量方法各异。按数据获取的方式分类可分为主观和客观指标量度。主观指标量度，指以被试者对企业运营情况的认知为标准来衡量相较主要竞争者或行业平均水平而言的企业绩效水平。客观指标量度，则用企业实际数据进行分析。除此之外，有研究者还从财务绩效和非财务绩效两个方面对企业绩效进行测量，最典型的企业绩效测量方法是从上述四个方面同时进行的。文卡特拉曼（Venkatraman，1986）综合了财务绩效–非财务绩效以及客观绩效–主观绩效，提出了一个囊括四种可能的企业绩效的测量方法。[112]

对企业目标达成程度的判断，应当加入部分主观判断以帮助评价企业绩效。一般地，主观绩效指标与客观绩效指标高度相关（Delaney & Huselid，1996）。[113]缺乏证据支持客观企业绩效评价指标如现金流量表、ROI等一定比自我主观的企业绩效评价指标更为科学（Brownell & Dunk，1991）。[114]

本书对企业绩效的测量采用的是被试者自我主观报告的相对绩效方法，未使用样本企业实际的绩效数据的原因是：第一，各种产权性质的企业都不愿意公开透露企业绩效，企业绩效的一手资料很难得到，即使得到了也很可能是虚假的。第二，文卡特拉曼和拉马努贾姆（Venkatraman & Ramanujam，1986）认为，相对绩效在战略管理和市场营销等研究领域通常具有较高的可靠性和效度。而且，这种相对于最主要竞争对手而言的相对绩效指标对实际绩效指标是一种重要的补充（Birley & Westhead，1990）。[115]第三，被试者往往比较熟悉自己的企业和主要竞争对手的绩效状况。

本书将采用谭和利舍特（Tan & Lischert，1994）开发的企业综合绩效量表，该量表被翻译成中文在国内广为使用。该量表主要包括七个方面：销售增长率、利润、竞争地位、销售总额、资产增长率、市场份额和员工士气。本书将采用李克特七点法测量企业绩效。1至7表示被试自我报告的其所在企业的绩效与行业平均绩效水平相比的主观相对绩效水平。1表示"差距很大"，2表示"差距较大"，3表示"略有差距"，4表示"相当", 5 表示"略好", 6 表示"较好", 7 表示"好很多"。

6.1.2　问卷修订

上文阐述了相关构念的含义并对其测量方法进行了介绍。本节将用访谈法和专家意见法对问卷进行讨论评估以提高问卷质量。其主要目的是通过对企业各级员工尤其是中高级管理者进行访谈以把握在企业管理实践中，对战略执行流程、中层经理战略承诺和企业绩效等潜变量的界定是否符合实际，各潜变量的维度构成与企业实践是否吻合，问卷题目在内容上的适用性如何，语句表达的通俗性如何。本部分内容所指的专家意见法是请相关领域的学者对问卷提出意见。本书征求了四川某高校商学院从事战略管理和财务管理研究的几位专家的意见，并邀请了几位战略管理研究方向的博士生一起就题目含义明确与否、用语简洁与否、题目能得到真实回答的程度、题量是否合适、作答大概需要的时间等进行了探讨。

访谈于 2013 年 4 月进行。访谈对象是成都和贵阳两地七位不同行业企业的中高级管理者。采用面对面访谈方式进行单个访谈，访谈内容包括："您认为本问卷中战略执行流程题目所述内容与企业战略执行实践的吻合度如何？存在哪些差异？该如何改进题目？""您认为中层经理战略承诺的题目与企业实践中中层经理表现出来的战略承诺吻合度如何？存在哪些差异？该如何改进题目？""您认为企业绩效的题目与企业实际状况吻合度如何？存在哪些差异？该如何改进题目？""贵公司以及您所了解的其他公司战略执行时有没有流程化？有的话有哪些流程？这些流程之间是什么样的关系？""如何评价一个企业的战略执行流程性能水平？""中层经理战略承诺体现在哪些地方？如何测量中层经理战略承诺？""战略执行流程、中层经理战略承诺与企业绩效之间有什么样的关系？""您对本研究的思路和假设有何建议？"在此基础上，本书对整体问卷进行了微调，确定了问卷。

本书所用问卷主要包括战略执行流程、中层经理战略承诺及企业绩效三个分量表。战略执行流程量表和中层经理战略承诺量表通过上一章较为严谨详尽的实证分析步骤开发而得，在此不再进行预测试以检测其信度和效度。企业绩效量表采用的是在国内外广为应用的综合性企业量表。该量表的信度和效度早已被若干实证研究证实，故本书不再考虑对之进行预测试。

6.2　调查过程与样本概况

笔者主要到企业进行实地问卷调查，辅之以在四川某高校商学院 EDP 班进行问卷调查。采取非严格性 360 度调查法，对大多数高层管理者和中层经理及其部分下属发放问卷，向他们阐述和解释本研究的目的、如何填答问卷，并立即回收问卷，回收率很高。在四川某高校商学院 EDP 班课堂上向学员们发放问卷。笔者一来考虑到问卷的回收率和填答质量，二来考虑到本研究样本的获取主要是通过到企业进行实地调查，在这个 EDP 班上进行问卷调查只起补充作用，所以这样做并不影响整体样本的质量。

笔者共发放问卷 432 份，回收 341 份，有效问卷 315 份（将漏答题项较多或者连续填答相同选项的问卷视为无效，予以剔除），接下来录入有效问卷的数据并进行了复查。样本概况见表 6 - 3。

表 6 - 3　样本基本特征（N = 315）

变　量	分　类	占比(%)	变　量	分　类	占比(%)
性　别	男	72	年　龄	40 岁以下	56
	女	28		40 岁及以上	44
所属行业	制造业	37	终极控制人性质	国有控股	24
	房地产业	17		非国有控股	76
	高新技术产业	14	学历层次	高中(中职)及以下	6
	住宿接待业	14		大专或高职	27
	其他	18		大学本科	63
企业年龄	5 年及以下	30		硕士研究生及以上	4
	5 ~ 10 年（含 10 年）	47	职位层次	高层管理者	16
	10 ~ 15 年	15		中层经理	64
	15 年及以上	8		基层管理者	14
				专业技术人员	6

6.3　数据分析方法

用于数据分析的方法很多，本书用内部一致性信度检验、缺失值分析、均值 t 检验和验证性因子分析进行数据的预处理和信效度分析。分析软件采用 SPSS17.0。用结构方程模型来检验战略执行流程、中层经理战略承诺及企业绩效三者之间的关系，分析用软件 AMOS17.0 来完成。

6.3.1 样本要求

对结构方程模型而言，布姆斯马（Boomsma，1982）认为，样本容量最少不得低于100，超过200则为佳，且越大越好[204]。纳诺利（Nunnally，1978）则建议，进行因素分析时，样本应该10倍于观察变量[205]。本书最后回收了315份有效问卷，样本容量达到了结构方程模型分析的要求。

结构方程模型分析通常采用最大似然法（Maximum Likelihood，ML）进行模型的数据估计，但其应用条件之一是变量呈多元正态分布。霍伊尔和潘特（Hoyle & Panter，1995）认为，在撰写研究报告时，应说明变量的正态性、多变量正态性以及峰度。[206]因为像 ML 这些估计程序明显受到正态性不足的影响。多元正态分布的假设条件较为苛刻，在社会科学领域研究中较难满足。米切利（Micceri，1989）对大样本的成就或心理测验的检测结果显示，别说满足多元正态分布要求，就连一元正态分布的假设也无一满足。[207]偏度和峰度的标准误差与样本量直接有关，这与其他的统计检验量没有区别，而且样本量与标准误差成反比。因此，在大样本中，相同的偏度和峰度更有可能显著区别于正态分布。这就是很多学者都在讲大样本不用考虑正态分布问题的由来。韦斯利等（West et al，1995）建议采用加权最小二乘法进行估计，且不需要正态假设，前提是样本数在1000至5000，如果样本不够大，则不可能得出合理估计值。[208]当然用正态变换，通过取平方根或对数转换将数据转化为正态分布。的确，这样做在解释和理解上也许会出现困难，因为进行相关变换之后，数据的原始量纲已经发生了改变。也有很多学者认为，并不需要过于严格的正态分布条件，比如，胡、本蒂尔和卡诺（Hu，Bentier & Kano，1992）就认为，在 SEM 中运用 MLK 依然适宜，即使变量不呈正态分布[209]。一般来说，数据是否呈正态性，可以通过偏度和峰度检验进行判断。就偏度而言，若其绝对值 > 3.0，通常可以将之视作极端偏态；就峰度来说，假如其绝对值 > 10，说明峰度不佳，若超过20，表明是极端峰度（KLine，1998）[210]。

6.3.2 缺失值处理

邱皓政（2004）将数据缺失分为随机性缺失和系统性缺失两类。[197]前者毫无规则与逻辑可循，后者可能是有规则或有次序的。随机性缺失分为随机性缺失与完全随机缺失。前者意指数据的缺失可能与其他变量的取值有关，但与变量自身取值没有关系。后者则表明，缺失现象完全是随机发生的，与自身和其他变量的取值均无关系（Rubin，1976）[211]。科恩·J和科恩·P（Cohen J & Cohen P，2002）指出，一般情况下，随机性缺失在样本总量的5%到10%之间是可以接受的。[203]随机性缺失的影响纯粹只是样本数的多寡问题，完全可以忽略，所以又叫作可忽略缺失。利用估计方法或删除法是对随机性缺失处理的两种常见的方法，被试的实况即使与填补的数字不同，但可以将它对统计分析的影响看作随机误差的来源之一，其产生的影响较为显著。值得注意的是，系统性缺失对研究分析的整个过程有较大影响，首先需要分析缺失模式，了解可能产生的影响，再来决策应不应该进行估计填补，属于不可忽略的缺失。通常用删除和替代法来处理随机性缺失，而用虚拟变量法来处理系统性缺失。具体来说，配对删除法和完全删除法统称删除法。前者是指，只有在进行分析所涉及变量有缺失时才加以排除。后者指对任意变量有缺失的样本都予以删除。真实数据常常出现这样的情况，即经常缺失数个变量，若完全删除，又必然导致删除样本过多的负面问题。配对删除法是在进行结构方程模型分析时可以考虑的方法。常见的替代法有如下几种：回归法、均值和中间数替代法以及最大期望法。在具体的分析过程中，我们可以先用替代法来填补缺失值，然后进行结构方程模型分析。虚拟变量法是这样来操作的，用新变量来将变量是否缺失进行表示，用它将出现数据缺失的样本归为一类，并同没有出现数据缺失的样本对比，假如所分析的统计量有显著差异，那么，我们就应该进行相应的调整或解释产生的原因以及可能出现的影响[203]。本书筛选相关企业进行调研，在问卷调查阶段主要是到企业进行实地问卷调查，企业负责人较为支持和配合本研究的开展，保证了调研质量，同时在录入数据时已经将无效问卷严格剔除。因此，所获数据没有明显的缺失值，无须进行缺失值处理。

6.3.3 结构方程模型的拟合指数的选择

在诸多关于模型拟合度的评价中，博戈齐和易（Bogozzi & Yi，1988）的主张是：必须同时考虑三个方面，即通过模型内在结构适配度、整体模型适配度和基本适配度来考量实际数据与假设模型两者是否拟合。整体模型适配度检验的是模型的外在质量，内在结构适配度检验模型的内在质量。更为细化地，整体模型适配度可以分为绝对、相对和简约适配指标。[212]类似地，

（Hair et al，1998）也认为，可以把整体模型适配度分成三类，即绝对、增值和简约适配度，并指出评估模型适配度时最好能同时考虑以上三类指标，如此当能对模型的可接受性或拒绝产生比较有共识的结果。[213]

6.3.3.1 模型基本适配度指标的选择

博戈奇和易（1988）认为，检核模型基本适配度指标应该遵循以下原则：潜变量和外显变量间的因素负荷量分布于 0.50 至 0.95 间为最好，所有的误差变异必须显著，不能有太多的标准误，估计参数统计量之间的相关的绝对值不能太接近 1，估计参数中不能有负的误差方差。[212]

6.3.3.2 整体模型适配度指标

海尔等人（1998）[213]认为，在进行整体模型适配度指标的检验时，首先应该检核模型的参数是否违规，然后通常从以下三方面来进行检核：是否有太大的标准误，是否存在负的误差方差，是否标准化系数大于等于 1。很多学者常用 x^2（卡方值）、x^2/df（卡方自由度比）、RMR（残差均方根和平方根）、RMSEA（渐进残差均方根）和 GFI & AGFI（适配度指数和调整后适配度指数）等作为绝对适配度指标，用 IFI、NFI、TLI、RFI 和 CFI 作为增值适配度指标，用 PNFI 和 PGFI 作为简约适配度指标。

6.3.3.3 残差分析指标

在进行结构方程模型分析时，或因某测量模型的结构极为不理想，或因观察变量的测量误差极大，从而导致理论模型的适配度不高。在此情况下，可通过结构方程模型提供的标准化和非标准化残差数据来判断结构方程模型所设的特定参数是否理想。结构方程模型的标准化残差分析与复回归分析的做法类似，当标准化残差值大于 +3 时，表示该估计变异量或协方差不足；当标准化残差值小于 -3 时，表示该估计变异量或协方差对于两个观察变量的共变有过度解释的现象（邱皓政，2004）。因为，当标准化残差绝对值大于 3 时，就表示理论模型适配度不良。也有学者采用更为严格的标准，认为标准化残差值的绝对值大于 2 表示模型的适配情形欠佳。

6.3.3.4 模型内在结构适配度

博戈齐和易（1988）认为，内在结构适配的准则的评价指标通常包括六个方面：参数统计量的估计值均达显著水平；个别观察变量的项目信度大于等于 0.5；潜在变量的组合信度大于等于 0.60；修正指标在 3.84 以下；潜在变量的平均方差抽取量大于等于 0.50；标准化残差绝对值必须小于 2.58 或 3。[212]

除上述几个指标外，没有任何一种指标可以涵盖或完全取代其他指标，研究者最好不要以"多数决定"方式来得出假设模型是否与观察数据契合的结论。因为有时这些指标值会出现互有冲突、不一致的现象，所以"多数决定"判断并不能保证结论一定能够符合理论预期。研究者最好从绝对适配度、增值适配度和简约适配度三类指标中根据理论架构与假设模型挑选出几项最有关联的指标，并辅以测量模型与结构模型适配度的评估来诠释检验假设模型与观察数据是否契合，这样的话结构方程模型的分析才具备理论建构的基础，而不会陷入以数据为导引的技术分析的迷局中（余民宁，2006）。[214]

考虑了上述指标的不同特点后，本书拟选取如表6-4所示的指标来进行评价。

表6-4　拟选择的适配度指标

指　　标	适配标准或临界值
RMR	<0.05
RMSEA	<0.05（适配良好），<0.08（适配合理）
GFI	>0.90
IFI	>0.90
PGFI	>0.50
PCFI	>0.50
x^2/df	$1 < x^2/df < 3$

6.4　数据的信度和效度分析

本书调查问卷包含三个量表：战略执行流程量表、中层经理战略承诺量表和企业绩效量表。本节将分析测量模型的信度和效度，为下一章的研究假设检验奠定基础。

6.4.1　共同方法偏差影响

自变量和因变量数据同时来自同一被试可能出现同源性误差，也就是说由同一被试来填答调查问卷的全部内容可能带来共同方法偏差。这可以通过哈曼（Harman）单因子检验法进行检验。判断标准是对所有变量进行未转轴因子分析，若只出现单一因子或某一因子解释了50%以上的变异，就认为有严重的共同方法偏差。该方法将问卷的所有题项共同进行因子分析，判断未进行因子旋转时所得到的第一个主成分若能解释大部分变量方差，则表明存在较大的同源性偏差问题[215]。本书把所有潜变量的题目进行未旋转因子分析，特征值大于 1 的共同因子有 8 个，总计解释了 63.306% 的方差变异量。特征值最大者 6.978 的因子只解释了 24.922% 的方差总变异量，一个共同因子或单因子解释了所有变量的大部分方差变异的情况并未出现，完全可以认为本书数据并不存在显著的同源性偏差，可排除共同方法偏差问题。

6.4.2　数据信度

信度，是指由测验工具所得到结果的内部一致性或稳定性指标。所谓内部一致性，是指评定一组问题是否在测量同一个概念及量表题项的内在一致性程度。量表的信度越大，则其标准误差越小。李克特量表法中常用内部一致性系数（Cronbach α 系数）和折半信度进行检验。罗克和阿尔及纳（Rrocker & Algina，1986）认为，前者是信度估计的最低限度，是所有可能的后者的平均数。就估计内部一致性系数而言，前者优于后者，原因在于有许多种折半方法可用于任何长度数据的测验，而用不同的折半方法对相同的数据进行测验会得到不同的估计值。[216] 因此，本书选用内部一致性系数来检验量表信度。根据吴明隆（2010）的总结，对总量表而言，$0.60 < \alpha < 0.70$ 勉强可以接受，但最好增列题项或修改语句；$0.70 < \alpha < 0.80$ 可以接受；$0.80 < \alpha < 0.90$ 为佳；$0.90 < \alpha$ 非常理想。对构念层面或分量表而言，$0.60 < \alpha < 0.70$ 已属尚佳；$0.70 < \alpha < 0.80$ 为佳；$0.80 < \alpha < 0.90$ 为理想。本研究问卷包含的战略执行流程量表、中层经理战略承诺量表及企业绩效量表的内部一致性系数值见表 6−5，中层经理战略承诺量表和企业绩效量表内部一致性系数虽不是很高，但可以接受。本研究问卷包括的三个量表及战略执行流程量表的三个构念层面分量表均通过内部一致性信度检验。在战略执行流程的三个构念层面的内部一致性系数值中，与总量表信度系数值相比，人员流程和运营流程的信度系数值较低。这种情况实属正常，如果某测量或量表包含几个不同的测验或构念层面，那么，不仅要报告总量表的信度系数，也需检验每个构念层面或小量表的信度。由于信度是测量题项数的函数，而子测验或构念层面的题项数通常不多。因此，通常来说，相比于总测验或总量表子测验或构念层面，其信度系数

值会较低。值得注意的是，若子测验或构念层面之间的差异过大，即总量表的同质性较低，可能会出现构念层面的信度系数高于总量表信度系数的现象。当然，这样的状况较少发生，出现在研究报告里的概率也不大。[196] 本书中的战略执行流程、中层经理战略承诺和企业绩效的组合信度（Composite Reliability，CR）值均大于 0.6。

表 6-5　各量表的内部一致性系数值与组合信度值

量　表	题目数	内部一致性系数值	组合信度值
战略执行流程	16	0.861	－
战略分解流程	4	0.630	0.6909
人员流程	7	0.882	0.902
运营流程	5	0.725	0.6768
中层经理战略承诺	5	0.620	0.6243
企业绩效	7	0.637	0.6461

6.4.3　数据效度

为验证各测量模型，本书进行了验证性因子分析对各变量的结构进行拟合，确定最佳模型并检验数据效度。

6.4.3.1　战略执行流程结构模型

战略执行流程验证性因子分析结果显示，除 RFI = 0.891 略小于 0.90 外，其他拟合指标均达到标准。

表 6-6　战略执行流程验证性因子分析结果（N = 315）

x^2	df	x^2/df	P	RMSEA	RFI	IFI	CFI	PNFI	PCFI
194.905	5	1.211	0.000	0.071	0.891	0.957	0.956	0.583	0.598

6.4.3.2　中层经理战略承诺结构模型

由表 6-7 所示的中层经理战略承诺验证性因子分析结果可知，除 PNFI = 0.480，PCFI = 0.496 略小于 0.50 外，其余拟合指标均达到标准。

表 6-7　中层经理战略承诺验证性因子分析结构（N = 315）

x^2	df	x^2/df	P	RMSEA	RFI	IFI	CFI	PNFI	PCFI
6.056	5	1.211	0.301	0.026	0.921	0.993	0.993	0.480	0.496

6.4.3.3 企业绩效结构模型

从表6-8所示的企业绩效验证性因子分析结果可知，除 RFI = 0.881 略小于 0.90 外，其余拟合指标均达标准。

表6-8 企业绩效验证性因子分析结构（N = 315）

x^2	df	x^2/df	P	RMSEA	RFI	IFI	CFI	PNFI	PCFI
17.302	14	1.236	0.240	0.027	0.881	0.984	0.983	0.614	0.655

战略执行流程和中层经理战略承诺量表的信度和效度在上一章已经论证。企业绩效量表使用的是谭和利舍特（1994）开发的企业综合绩效量表，主要包括七个方面：市场份额、利润、销售总额、竞争地位、销售增长率、员工士气和资产增长率。该量表在国际上得到较多的认同，应用较广，由王等（Wang et al）翻译成中文后，国内学者广为使用，该量表的信度和效度早就得到很多实证研究的证实。

6.5 描述性统计与初步分析

本书所有变量的均值、标准差、偏度和峰度等常用的描述性统计量结果见表6-9所示。变量的偏度绝对值最大者为1.778，远小于3；峰度绝对值最大者为4.982，远小于10，说明变量正态性较好。

为对构念的各个维度进行描述性统计，本书将战略执行流程、中层经理战略承诺及企业绩效这三个构念的维度平均分作为维度得分并计算均值、标准差和 Pearson 相关系数，如表6-10所示。

表6-9 所有变量的描述性统计量

相关描述	N	均值	标准差	偏 度		峰 度	
	统计量	统计量	统计量	统计量	标准误差	统计量	标准误差
公司总能将总体战略有效分解为阶段性目标和任务	315	4.2540	1.13104	-1.203	0.137	0.211	0.274
中层经理适时适度地参与分解战略，以便很好地领悟战略和增加战略的可执行性	315	4.3905	0.97578	-1.304	0.137	0.439	0.274
战略分解过程中灵活运用各种决策方法和手段	315	4.3714	1.04599	-1.512	0.137	1.329	0.274
管理者之间就战略目标和愿景、实现战略的阶段性目标和手段、途径及工具都能达成共识	315	4.3175	1.11483	-1.457	0.137	1.104	0.274

续表 6 - 9

相关描述	N	均值	标准差	偏 度		峰 度	
	统计量	统计量	统计量	统计量	标准误差	统计量	标准误差
组织结构高度适应部门间的相互依赖性	315	4.4159	0.79513	-1.653	0.137	3.508	0.274
组织结构高度考虑了人的需要和组织对技术的需要	315	4.3397	1.00422	-1.557	0.137	1.970	0.274
结构重组，管理者健康博弈力保已有职权	315	4.2508	0.99871	-1.215	0.137	0.784	0.274
人员变更公平，权力的正面运用程度很高	315	4.3683	0.92606	-1.474	0.137	1.849	0.274
组织有执行战略所需的不同类型、不同技术的数量充足的员工	315	4.2889	1.00113	-1.256	0.137	0.964	0.274
收入的内部差距非常合适	315	4.3619	0.98515	-1.622	0.137	2.297	0.274
收入与同行相比极具竞争性	315	4.4127	0.83007	-1.636	0.137	3.001	0.274
生产产品或提供服务的流程适宜有效	315	4.2476	0.97857	-1.047	0.137	0.396	0.274
生产产品或提供服务的计划适宜有效	315	4.3587	0.93833	-1.331	0.137	1.253	0.274
生产产品或提供服务的设备适宜有效	315	4.2952	0.99927	-1.198	0.137	0.614	0.274
产能计划适宜有效	315	4.2635	1.02381	-1.084	0.137	0.218	0.274
新产品或新服务开发的相关活动适宜有效	315	4.2889	0.99154	-1.276	0.137	0.930	0.274
中层经理愿付出巨大努力使得战略得以成功	315	4.4000	0.66677	-0.667	0.137	-0.621	0.274
中层经理为更好地执行战略，愿适度牺牲自己的利益	315	4.4032	0.64787	-0.625	0.137	-0.602	0.274
中层经理执行战略时，愿适度牺牲本部门的利益	315	4.3651	0.62081	-0.440	0.137	-0.655	0.274
中层经理执行战略时，愿身先士卒	315	4.3937	0.64142	-0.653	0.137	-0.210	0.274
中层经理执行战略时，愿改变风格以更好地适应环境	315	4.3206	0.62997	-0.375	0.137	-0.673	0.274
利润	315	4.3206	0.81899	-1.703	0.137	4.274	0.274
销售总额	315	4.1905	0.90394	-1.687	0.137	3.758	0.274
市场份额	315	4.3270	0.77237	-1.640	0.137	4.611	0.274
销售增长率	315	4.2730	0.83803	-1.628	0.137	3.936	0.274
竞争地位	315	4.2349	0.83821	-1.413	0.137	3.047	0.274
员工士气	315	4.3429	0.83126	-1.584	0.137	3.212	0.274
资产增长率	315	4.3048	0.80749	-1.778	0.137	4.982	0.274
有效的统计量（列表状态）	315						

表 6 - 10　所有变量各维度相关系数矩阵

	均值	标准差	战略分解流程	人员流程	运营流程	中层经理战略承诺	企业绩效
战略分解流程	4.3524	0.71358	1				
人员流程	4.3556	0.71423	0.403 **	1			
运营流程	4.3016	0.67331	0.434 **	0.465 **	1		
中层经理战略承诺	4.3765	0.40422	0.435 **	0.345 **	0.300 **	1	
企业绩效	4.2848	0.46620	0.480 **	0.434 **	0.357 **	0.532 **	1

注：加 ** 的数据表示在 0.01 水平（双侧）上显著相关。

①战略执行流程的三个维度都与企业绩效显著正相关，这个结果初步支持了研究假设一，即战略执行流程成熟度对企业绩效有显著正向影响。

②战略执行流程的三个维度都和中层经理战略承诺显著正相关。这个结果初步支持了研究假设二，即战略执行流程成熟度对中层经理战略承诺水平有显著正向影响。

③中层经理战略承诺与企业绩效显著正相关。研究假设三得到了初步的支持，即企业绩效受到中层经理战略承诺水平的显著正向影响。

上述简单的相关性分析只不过是用各构念维度的平均分值来进行的，用它作为维度得分其实并不准确，原因在于不同的观察变量对潜变量的贡献并不会相同。我们将在下一章逐一验证所有的理论假设。

第7章　战略执行流程对企业绩效作用机制的实证分析

上一章对本书所有潜变量之间相关性的分析结果表明，本书三个主要潜变量即战略执行流程、中层经理战略承诺和企业绩效之间显著正相关，同时还对这三个潜变量的测量模型进行了验证性因子分析，结果表明均通过了检验。在上述基础上，本章将对研究假设进行检验，探析战略执行流程对企业绩效有无影响，如果有，有何影响；战略执行流程对中层经理战略承诺有无影响，如果有，有何影响；中层经理战略承诺对企业绩效有无影响，如果有，有何影响；中层经理战略承诺在战略执行流程和企业绩效之间有无影响，如果有，有何影响。除此以外，在开始研究假设检验之前，按照本书的理论模型，因变量企业绩效和中介变量中层经理战略承诺除了受到自变量战略执行流程可能的影响，还可能会受到其他变量的影响。因此，应考查以确定是否将它们进行控制。

7.1　控制变量影响作用的方差分析

企业绩效除了受到战略执行流程和中层经理战略承诺这两个变量的影响，还会受到其他因素的影响。同样，中层经理战略承诺的形成和影响除了受到战略执行流程的影响，也会受到其他因素的影响。本书对这些影响因素不可能一一进行检验，只能选择两大类控制变量进行检验。其一是人口统计特征变量，如性别、年龄、学历；其二是组织层面变量，如产权性质、企业规模、企业年龄等。本章基于对控制变量的方差分析，将明确进行研究假设检验时是否应该将这些控制变量一起纳入理论模型中分析，以提升结论的可靠性。本节采用单因素方差分析以检验不同组织层面变量和人口统计特征变量对企业绩效及中层经理战略承诺的影响是否存在差异，进而对企业绩效和中层经理战略承诺在不同人口统计特征变量和组织层面变量上体现出的差异进行比较。

本书对控制变量的影响是运用 SPSS17.0 软件的一元方差分析（Oneway Analysis of Variances）进行判断的。该方法能检验单一因素之间的差异是否具有统计意义，还能对两组间均值进行多重比较。在进行单因素方差分析时，首先需要进行方差齐性检验，然后根据方差是否齐性，采用不同的分析方法。LSD 用于方差齐性时的均值比较，塔哈尼（Tamhane）则被用于方差非齐性时的均值比较，最后通过 T 检验判断均值是否存在显著差异。因为这两种方法是两两比较均值，呈现的比较结果较多，故本书只将存在显著差异的分析列述于下文，省略无显著差异的分析。

7.1.1 人口统计特征变量的影响分析

7.1.1.1 性别

任颋等（2010）的研究结果显示，女性参与高管团队能够显著提升企业绩效[217]。李焰（2011）等发现，管理者的性别对投资效率并没有显著影响[218]。本书基于性别对中层经理战略承诺和企业绩效的影响进行独立样本 T 检验。结果如表 7-1、表 7-2 所示，对中层经理战略承诺和企业绩效而言，性别变量对它们没有显著影响。所以，后续研究不予控制。

表 7-1　不同性别的中层经理战略承诺和企业绩效均值比较

	性别	N	均值	标准差	均值的标准误差
利　润	男	162	4.3210	0.73640	0.05786
	女	153	4.3203	0.90068	0.07282
销售总额	男	162	4.1481	0.91382	0.07180
	女	153	4.2353	0.89417	0.07229
市场份额	男	162	4.3889	0.65228	0.05125
	女	153	4.2614	0.87938	0.07109
销售增长率	男	162	4.2716	0.78039	0.06131
	女	153	4.2745	0.89762	0.07257
竞争地位	男	162	4.1914	0.86716	0.06813
	女	153	4.2810	0.80669	0.06522
员工士气	男	162	4.4012	0.70895	0.05570
	女	153	4.2810	0.94212	0.07617
资产增长率	男	162	4.2716	0.86351	0.06784
	女	153	4.3399	0.74484	0.06022

	性别	N	均值	标准差	均值的标准误差
中层经理愿付出巨大的努力使得战略得以成功	男	162	4.3395	0.68854	0.05410
	女	153	4.4641	0.63894	0.05165
中层经理为更好地执行战略愿适度牺牲自己的利益	男	162	4.3580	0.63654	0.05001
	女	153	4.4510	0.65836	0.05323
中层经理执行战略时愿适度牺牲本部门的利益	男	162	4.4136	0.61700	0.04848
	女	153	4.3137	0.62271	0.05034
中层经理执行战略时愿身先士卒	男	162	4.3827	0.59120	0.04645
	女	153	4.4052	0.69242	0.05598
中层经理执行战略时愿改变风格以更好地适应环境	男	162	4.2963	0.63919	0.05022
	女	153	4.3464	0.62112	0.05021

表7-2 基于性别的中层经理战略承诺和企业绩效独立样本t检验的结果

		方差方程的Levene检验		均值t检验				
		F	Sig.	t	df	Sig.（双侧）	均值差值	标准误差值
利润	假设方差相等	2.001	0.158	0.008	313	0.994	0.00073	0.09248
	假设方差不相等			0.008	293.912	0.994	0.00073	0.09300
销售总额	假设方差相等	0.013	0.908	-0.855	313	0.393	-0.08715	0.10195
	假设方差不相等			-0.855	312.604	0.393	-0.08715	0.10188
市场份额	假设方差相等	3.739	0.054	1.466	313	0.144	0.12745	0.08691
	假设方差不相等			1.454	279.706	0.147	0.12745	0.08764
销售增长率	假设方差相等	4.508	0.035	-0.031	313	0.976	-0.00290	0.09462
	假设方差不相等			-0.031	301.444	0.976	-0.00290	0.09500
竞争地位	假设方差相等	0.101	0.751	-0.949	313	0.343	-0.08969	0.09451
	假设方差不相等			-0.951	312.930	0.342	-0.08969	0.09431
员工士气	假设方差相等	2.847	0.093	1.284	313	0.200	0.12019	0.09361
	假设方差不相等			1.274	281.926	0.204	0.12019	0.09436
资产增长率	假设方差相等	0.084	0.772	-0.749	313	0.454	-0.06826	0.09110
	假设方差不相等			-0.753	310.486	0.452	-0.06826	0.09071
中层经理愿付出巨大的努力使得战略得以成功	假设方差相等	0.855	0.356	-1.662	313	0.098	-0.12455	0.07496
	假设方差不相等			-1.665	312.905	0.097	-0.12455	0.07480

续表 7 - 2

		方差方程的 Levene 检验		均值 t 检验				
		F	Sig.	t	df	Sig. （双侧）	均值差值	标准误差值
中层经理为更好地执行战略愿适度牺牲自己的利益	假设方差相等	0.641	0.424	-1.274	313	0.204	-0.09296	0.07296
	假设方差不相等			-1.273	310.430	0.204	-0.09296	0.07303
中层经理执行战略时愿适度牺牲本部门的利益	假设方差相等	0.331	0.566	1.429	313	0.154	0.09985	0.06987
	假设方差不相等			1.429	311.619	0.154	0.09985	0.06989
中层经理执行战略时愿身先士卒	假设方差相等	5.488	0.020	-0.311	313	0.756	-0.02251	0.07241
	假设方差不相等			-0.309	299.376	0.757	-0.02251	0.07274
中层经理执行战略时愿改变风格以更好地适应环境	假设方差相等	0.000	0.984	-0.705	313	0.481	-0.05011	0.07108
	假设方差不相等			-0.706	312.743	0.481	-0.05011	0.07102

7.1.1.2 年龄

牛芳等（2011）认为，年龄异质性对新创企业绩效有负向影响[219]。韩提文等（2012）认为，高管团队平均年龄较小者对企业绩效具有促进作用[220]。本书将年龄分为三级，1.00、2.00、3.00 分别代表 35 岁以下、35 ~ 45 岁、45 岁以上，结果见表 7 - 3。年龄对利润、市场份额、销售增长率、中层经理战略承诺有显著影响。事后多重比较结果见表 7 - 4。中层经理战略承诺水平随年龄增长而上升，同时，35 ~ 45 岁年龄段的员工比其他年龄段的员工对利润、市场份额和销售增长率的影响更大。因此，年龄在后续研究中应予以控制。

表 7 - 3　基于年龄的企业绩效和中层经理战略承诺方差分析

		平方和	df	均方差	方差齐性检验		均值差异性检验	
					显著性	是否齐性	F	显著性
利润	组间	6.873	2	3.437	0.545	是	5.263	0.006
	组内	203.742	312	0.653				
	总数	210.616	314					

		平方和	df	均方差	方差齐性检验		均值差异性检验	
					显著性	是否齐性	F	显著性
销售总额	组间	2.436	2	1.218	0.482	是	1.495	0.226
	组内	254.136	312	0.815				
	总数	256.571	314					
市场份额	组间	16.249	2	8.124	0.073	是	14.817	0.000
	组内	171.072	312	0.548				
	总数	187.321	314					
销售增长率	组间	10.651	2	5.326	0.828	是	7.917	0.000
	组内	209.869	312	0.673				
	总数	220.521	314					
竞争地位	组间	0.371	2	0.185	0.212	是	0.263	0.769
	组内	220.245	312	0.706				
	总数	220.616	314					
员工士气	组间	0.911	2	0.456	0.017	否	0.658	0.519
	组内	216.060	312	0.693				
	总数	216.971	314					
资产增长率	组间	0.493	2	0.246	0.341	是	0.376	0.687
	组内	204.250	312	0.655				
	总数	204.743	314					
中层经理战略承诺	组间	5.063	2	2.532	0.000	否	17.081	0.000
	组内	46.243	312	0.148				
	总数	51.306	314					

表7-4 基于年龄的企业绩效和中层经理战略承诺多重比较

因变量		(I)年龄	(J)年龄	均值差(I-J)	标准误差	显著性
利润	LSD	1.00	2.00	-0.24158*	0.10485	0.022
			3.00	-0.37704*	0.12146	0.002
		2.00	1.00	0.24158*	0.10485	0.022
			3.00	-0.13545	0.11685	0.247
		3.00	1.00	0.37704*	0.12146	0.002
			2.00	0.13545	0.11685	0.247

续表 7 - 4

因变量		(I) 年龄	(J) 年龄	均值差 (I-J)	标准误差	显著性
市场份额	LSD	1.00	2.00	-0.42845*	0.09608	0.000
			3.00	-0.54148*	0.11130	0.000
		2.00	1.00	0.42845*	0.09608	0.000
			3.00	-0.11303	0.10707	0.292
		3.00	1.00	0.54148*	0.11130	0.000
			2.00	0.11303	0.10707	0.292
销售增长率	LSD	1.00	2.00	-0.38300*	0.10642	0.000
			3.00	-0.39481*	0.12328	0.002
		2.00	1.00	0.38300*	0.10642	0.000
			3.00	-0.01182	0.11859	0.921
		3.00	1.00	0.39481*	0.12328	0.002
			2.00	0.01182	0.11859	0.921
中层经理战略承诺	Tamhane	1.00	2.00	-0.18906*	0.05503	0.002
			3.00	-0.33081*	0.05778	0.000
		2.00	1.00	0.18906*	0.05503	0.002
			3.00	-0.14176*	0.04470	0.005
		3.00	1.00	0.33081*	0.05778	0.000
			2.00	0.14176*	0.04470	0.005

注：*代表均值差的显著性水平为 0.05。

7.1.1.3 受教育程度

刘泽双（2010）的研究结果显示，仪电仪表与煤炭石油上市企业高管层中的博士与硕士学历构成成为影响企业绩效的主要因素[221]。佟爱琴等（2012）指出高管学历与公司绩效显著正相关，这一影响在国有控股上市公司表现更为明显[222]。本书用学历替代受教育程度，将学历划分为四个等级，1.00、2.00、3.00、4.00 分别代表高中（中职）及以下、大专（高职）、本科、硕士及以上学历。结果如表 7-5、表 7-6 所示，中层经理战略承诺和企业绩效在受教育程度上存在显著差异，后续研究中应控制受教育程度的影响。

表7-5 基于受教育程度的企业绩效和中层经理战略承诺方差分析

		平方和	df	均方差	方差齐性检验		均值差异性检验	
					显著性	是否齐性	F	显著性
利润	组间	7.332	3	2.444	0.253	是	3.739	0.012
	组内	203.284	311	0.654				
	总数	210.616	314					
销售总额	组间	3.882	3	1.294	0.280	是	1.593	0.191
	组内	252.689	311	0.813				
	总数	256.571	314					
市场份额	组间	3.612	3	1.204	0.287	是	2.038	0.108
	组内	183.708	311	0.591				
	总数	187.321	314					
销售增长率	组间	0.869	3	0.290	0.305	是	0.410	0.746
	组内	219.652	311	0.706				
	总数	220.521	314					
竞争地位	组间	1.670	3	0.557	0.019	否	0.791	0.500
	组内	218.946	311	0.704				
	总数	220.616	314					
员工士气	组间	13.270	3	4.423	0.021	否	6.753	0.000
	组内	203.701	311	0.655				
	总数	216.971	314					
资产增长率	组间	1.207	3	0.402	0.547	是	0.615	0.606
	组内	203.536	311	0.654				
	总数	204.743	314					
中层经理战略承诺	组间	1.242	3	0.414	0.000	否	2.572	0.054
	组内	50.064	311	0.161				
	总数	51.306	314					

表7-6 基于受教育程度的企业绩效和中层经理战略承诺多重比较

因变量		(I)学历	(J)学历	均值差(I-J)	标准误差	显著性	95%置信区间	
							下限	上限
利润	LSD	1.00	2.00	-0.64198*	0.21067	0.003	-1.0565	-0.2274
			3.00	-0.38889	0.20212	0.055	-0.7866	0.0088
			4.00	-0.38889	0.21305	0.069	-0.8081	0.0303
		2.00	1.00	0.64198*	0.21067	0.003	0.2274	1.0565
			3.00	0.25309*	0.11229	0.025	0.0321	0.4740
			4.00	0.25309	0.13095	0.054	-0.0046	0.5107
		3.00	1.00	0.38889	0.20212	0.055	-0.0088	0.7866
			2.00	-0.25309*	0.11229	0.025	-0.4740	-0.0321
			4.00	0.00000	0.11669	1.000	-0.2296	0.2296
		4.00	1.00	0.38889	0.21305	0.069	-0.0303	0.8081
			2.00	-0.25309	0.13095	0.054	-0.5107	0.0046
			3.00	0.00000	0.11669	1.000	-0.2296	0.2296
员工士气	Tamhane	1.00	2.00	-0.16667	0.13413	0.782	-0.5466	0.2133
			3.00	-0.00694	0.13732	1.000	-0.3932	0.3793
			4.00	0.40278	0.16810	0.114	-0.0558	0.8614
		2.00	1.00	0.16667	0.13413	0.782	-0.2133	0.5466
			3.00	0.15972	0.09429	0.439	-0.0907	0.4101
			4.00	0.56944*	0.13524	0.000	0.2070	0.9318
		3.00	1.00	0.00694	0.13732	1.000	-0.3793	0.3932
			2.00	-0.15972	0.09429	0.439	-0.4101	0.0907
			4.00	0.40972*	0.13840	0.022	0.0395	0.7799
		4.00	1.00	-0.40278	0.16810	0.114	-0.8614	0.0558
			2.00	-0.56944*	0.13524	0.000	-0.9318	-0.2070
			3.00	-0.40972*	0.13840	0.022	-0.7799	-0.0395

注：*代表均值差的显著性水平为0.05。

7.1.2 组织特征变量的影响分析

7.1.2.1 企业产权性质

产权性质对企业绩效有影响得到了很多研究的证实。不同产权性质的企业其文化不同、管理制度不同、绩效考核方式不同，诸多的不同肯定对中层经理战略承诺的影响不同，因此有必要控制企业产权性质。本书参照目前财务管理学对企业产权性质的流行分类方法，将企业产权性质划分为国有控股和非国有控股。1 代表国有控股，0 代表非国有控股。独立样本 t 检验结果如表 7-7 所示，国有控股和非国有控股对企业绩效和中层经理战略承诺的影响有明显区别，国有控股低于非国有控股。后续研究应将企业产权性质作为控制变量。

表 7-7 基于企业产权性质的企业绩效和中层经理战略承诺独立样本 t 检验

		方差方程的 Levene 检验		均值 t 检验				
		F	Sig.	t	df	Sig.（双侧）	均值差	标准误差值
企业绩效	假设方差相等	15.169	0.000	-5.503	313	0.000	-0.27888	0.05067
	假设方差不相等			-5.352	256.547	0.000	-0.27888	0.05211
中层经理战略承诺	假设方差相等	44.856	0.000	-8.923	313	0.000	-0.36661	0.04108
	假设方差不相等			-8.350	203.033	0.000	-0.36661	0.04391

7.1.2.2　企业规模

企业规模扩张不利于传统产业提高经营绩效，却有利于战略性新兴产业提高经营绩效[223]。企业规模越大，研发能力对高新技术企业绩效的影响越强[224]。企业规模不同，对中层经理的管理方式也不同，对其战略承诺的影响可能不同。企业规模可从企业资产规模、销售规模等诸多方面进行划分。为了简便起见，本书以企业员工数量为标准划分企业规模。按企业员工数量不同将企业规模划分为三档，1.00、2.00、3.00 分别代表 300 人以下、300 ~ 1000 人、1000 人以上。对企业规模进行方差分析，结果如表 7-8、表 7-9 所示，数据表明，中等规模企业的绩效和中层经理战略承诺要高于另外两类规模企业的绩效和中层经理战略承诺，应控制企业规模的影响。

表 7-8 基于企业规模的企业绩效和中层经理战略承诺方差分析

		平方和	df	均方差	F	显著性	方差齐性检验	
							Sig.	是否齐性
利润	组间	10.705	2	5.353	8.354	0.000	0.031	否
	组内	199.910	312	0.641				
	总数	210.616	314					

		平方和	df	均方差	F	显著性	方差齐性检验	
							Sig.	是否齐性
销售总额	组间	4.546	2	2.273	2.814	0.062	0.003	否
	组内	252.026	312	0.808				
	总数	256.571	314					
市场份额	组间	9.077	2	4.539	7.945	0.000	0.878	是
	组内	178.243	312	0.571				
	总数	187.321	314					
销售增长率	组间	10.338	2	5.169	7.673	0.001	0.211	是
	组内	210.183	312	0.674				
	总数	220.521	314					
竞争地位	组间	7.639	2	3.819	5.595	0.004	0.759	是
	组内	212.977	312	0.683				
	总数	220.616	314					
员工士气	组间	10.376	2	5.188	7.835	0.000	0.066	是
	组内	206.596	312	0.662				
	总数	216.971	314					
资产增长率	组间	11.372	2	5.686	9.174	0.000	0.316	是
	组内	193.371	312	0.620				
	总数	204.743	314					
中层经理愿付出巨大的努力使得战略得以成功	组间	15.753	2	7.876	19.843	0.000	0.054	是
	组内	123.847	312	0.397				
	总数	139.600	314					
中层经理为了更好地执行战略愿适度牺牲自己的利益	组间	8.786	2	4.393	11.142	0.000	0.007	否
	组内	123.011	312	0.394				
	总数	131.797	314					
中层经理执行战略时愿适度牺牲本部门的利益	组间	15.424	2	7.712	22.788	0.000	0.044	否
	组内	105.591	312	0.338				
	总数	121.016	314					

		平方和	df	均方差	F	显著性	方差齐性检验	
							Sig.	是否齐性
中层经理执行战略时愿身先士卒	组间	13.551	2	6.776	18.282	0.000	0.132	是
	组内	115.636	312	0.371				
	总数	129.187	314					
中层经理执行战略时愿改变风格以便更好地适应环境	组间	10.181	2	5.091	13.879	0.000	0.696	是
	组内	114.435	312	0.367				
	总数	124.616	314					

表7-9 不同规模企业的企业绩效和中层经理战略承诺多重比较

因变量		(I)企业规模	(J)企业规模	均值差(I-J)	标准误差	显著性
利润	Tamhane	1.00	2.00	-0.32005*	0.10095	0.006
			3.00	0.08268	0.13502	0.903
		2.00	1.00	0.32005*	0.10095	0.006
			3.00	0.40273*	0.11632	0.002
		3.00	1.00	-0.08268	0.13502	0.903
			2.00	-0.40273*	0.11632	0.002
销售总额	Tamhane	1.00	2.00	-0.20836	0.10050	0.114
			3.00	0.05416	0.13130	0.967
		2.00	1.00	0.20836	0.10050	0.114
			3.00	0.26252	0.13427	0.148
		3.00	1.00	-0.05416	0.13130	0.967
			2.00	-0.26252	0.13427	0.148
市场份额	LSD	1.00	2.00	-0.33850*	0.10693	0.002
			3.00	0.00602	0.11469	0.958
		2.00	1.00	0.33850*	0.10693	0.002
			3.00	0.34452*	0.09970	0.001
		3.00	1.00	-0.00602	0.11469	0.958
			2.00	-0.34452*	0.09970	0.001

因变量		(I)企业规模	(J)企业规模	均值差(I-J)	标准误差	显著性
销售增长率	LSD	1.00	2.00	-0.42916*	0.11612	0.000
			3.00	-0.14521	0.12454	0.245
		2.00	1.00	0.42916*	0.11612	0.000
			3.00	0.28395*	0.10826	0.009
		3.00	1.00	0.14521	0.12454	0.245
			2.00	-0.28395*	0.10826	0.009
竞争地位	LSD	1.00	2.00	-0.32033*	0.11689	0.006
			3.00	-0.01230	0.12537	0.922
		2.00	1.00	0.32033*	0.11689	0.006
			3.00	0.30803*	0.10898	0.005
		3.00	1.00	0.01230	0.12537	0.922
			2.00	-0.30803*	0.10898	0.005
员工士气	LSD	1.00	2.00	-0.38010*	0.11512	0.001
			3.00	-0.02721	0.12348	0.826
		2.00	1.00	0.38010*	0.11512	0.001
			3.00	0.35289*	0.10733	0.001
		3.00	1.00	0.02721	0.12348	0.826
			2.00	-0.35289*	0.10733	0.001
资产增长率	LSD	1.00	2.00	-0.40260*	0.11138	0.000
			3.00	-0.03768	0.11946	0.753
		2.00	1.00	0.40260*	0.11138	0.000
			3.00	0.36492*	0.10384	0.001
		3.00	1.00	0.03768	0.11946	0.753
			2.00	-0.36492*	0.10384	0.001
中层经理愿付出巨大的努力使得战略得以成功	LSD	1.00	2.00	-0.56023*	0.08913	0.000
			3.00	-0.32627*	0.09560	0.001
		2.00	1.00	0.56023*	0.08913	0.000
			3.00	0.23396*	0.08310	0.005
		3.00	1.00	0.32627*	0.09560	0.001
			2.00	-0.23396*	0.08310	0.005

因变量		(I) 企业 规模	(J) 企业 规模	均值差 (I-J)	标准误差	显著性
中层经理为了更好地 执行战略愿适度牺牲 自己的利益	Tamhane	1.00	2.00	-0.41856*	0.09721	0.000
			3.00	-0.29016*	0.10788	0.024
		2.00	1.00	0.41856*	0.09721	0.000
			3.00	0.12840	0.07871	0.282
		3.00	1.00	0.29016*	0.10788	0.024
			2.00	-0.12840	0.07871	0.282
中层经理执行战略时 愿适度牺牲本部门的 利益	Tamhane	1.00	2.00	-0.54519*	0.08735	0.000
			3.00	-0.44139*	0.09804	0.000
		2.00	1.00	0.54519*	0.08735	0.000
			3.00	0.10380	0.07477	0.421
		3.00	1.00	0.44139*	0.09804	0.000
			2.00	-0.10380	0.07477	0.421
中层经理执行战略时 愿身先士卒	LSD	1.00	2.00	-0.44641*	0.08613	0.000
			3.00	-0.05521	0.09238	0.551
		2.00	1.00	0.44641*	0.08613	0.000
			3.00	0.39121*	0.08030	0.000
		3.00	1.00	0.05521	0.09238	0.551
			2.00	-0.39121*	0.08030	0.000
中层经理执行战略时 愿改变风格以便更好 地适应环境	LSD	1.00	2.00	-0.45075*	0.08568	0.000
			3.00	-0.26766*	0.09190	0.004
		2.00	1.00	0.45075*	0.08568	0.000
			3.00	0.18309*	0.07988	0.023
		3.00	1.00	0.26766*	0.09190	0.004
			2.00	-0.18309*	0.07988	0.023

注: *代表均值差的显著性水平为 0.05。

7.1.2.3　企业年龄

处于不同生命周期阶段的企业其绩效往往也是不同的，这已得到研究证实。企业年龄可能影响中层经理战略承诺水平。本书分企业年龄为四档，1.00、2.00、3.00、4.00，分别代表 5 年以下、5 ~ 10 年（含 10 年）、10 ~ 15 年、15 年以上。根据表 7 - 10 所示的方差分析结果，企业年龄对企业绩效和中层经理战略承诺都有显著影响。对它们进行多重方差分析，结果如表 7 - 11 所示。年龄在 10 ~ 15 年的企业，其绩效和中层经理战略承诺水平要高于其他年龄的企业。因此，后续研究应控制企业年龄这一变量。

表 7 - 10　基于企业年龄的方差分析

		平方和	df	均方差	方差齐性检验		F	显著性
					Sig.	是否齐性		
利润	组间	24.451	3	8.150	0.025	否	13.616	0.000
	组内	186.165	311	0.599				
	总数	210.616	314					
销售总额	组间	5.520	3	1.840	0.160	是	2.280	0.079
	组内	251.051	311	0.807				
	总数	256.571	314					
市场份额	组间	15.188	3	5.063	0.485	是	9.147	0.000
	组内	172.132	311	0.553				
	总数	187.321	314					
销售增长率	组间	25.391	3	8.464	0.351	是	13.489	0.000
	组内	195.130	311	0.627				
	总数	220.521	314					
竞争地位	组间	13.660	3	4.553	0.247	是	6.842	0.000
	组内	206.956	311	0.665				
	总数	220.616	314					
员工士气	组间	5.031	3	1.677	0.075	否	2.461	0.063
	组内	211.940	311	0.681				
	总数	216.971	314					
资产增长率	组间	24.946	3	8.315	0.408	是	14.383	0.000
	组内	179.797	311	0.578				
	总数	204.743	314					
中层经理愿付出巨大的努力使得战略得以成功	组间	46.869	3	15.623	0.000	否	52.396	0.000
	组内	92.731	311	0.298				
	总数	139.600	314					

		平方和	df	均方差	方差齐性检验		F	显著性
					Sig.	是否齐性		
中层经理为了更好地执行战略愿适度牺牲自己的利益	组间	24.971	3	8.324	0.002	否	24.232	0.000
	组内	106.826	311	0.343				
	总数	131.797	314					
中层经理执行战略时愿适度牺牲本部门的利益	组间	22.845	3	7.615	0.002	否	24.124	0.000
	组内	98.171	311	0.316				
	总数	121.016	314					
中层经理执行战略时愿身先士卒	组间	23.161	3	7.720	0.738	是	22.645	0.000
	组内	106.027	311	0.341				
	总数	129.187	314					
中层经理执行战略时愿改变风格以便更好地适应环境	组间	20.316	3	6.772	0.044	否	20.192	0.000
	组内	104.300	311	0.335				
	总数	124.616	314					

表 7 – 11 基于企业年龄的企业绩效和中层经理战略承诺多重比较

因变量		(I) 企业年龄	(J) 企业年龄	均值差 (I-J)	标准误差	显著性
利润	Tamhane	1.00	2.00	− 0.58555 *	0.14054	0.000
			3.00	− 0.68365 *	0.13977	0.000
			4.00	− 0.15284	0.19252	0.965
		2.00	1.00	0.58555 *	0.14054	0.000
			3.00	− 0.09810	0.09003	0.857
			4.00	0.43271	0.16010	0.053
		3.00	1.00	0.68365 *	0.13977	0.000
			2.00	0.09810	0.09003	0.857
			4.00	0.53081 *	0.15943	0.009
		4.00	1.00	0.15284	0.19252	0.965
			2.00	− 0.43271	0.16010	0.053
			3.00	− 0.53081 *	0.15943	0.009

因变量		(I) 企业年龄	(J) 企业年龄	均值差 (I - J)	标准误差	显著性
市场份额	LSD	1.00	2.00	- 0.52104 *	0.12224	0.000
			3.00	- 0.55191 *	0.11653	0.000
			4.00	- 0.23118	0.14868	0.121
		2.00	1.00	0.52104 *	0.12224	0.000
			3.00	- 0.03087	0.10328	0.765
			4.00	0.28986 *	0.13854	0.037
		3.00	1.00	0.55191 *	0.11653	0.000
			2.00	0.03087	0.10328	0.765
			4.00	0.32073 *	0.13353	0.017
		4.00	1.00	0.23118	0.14868	0.121
			2.00	- 0.28986 *	0.13854	0.037
			3.00	- 0.32073 *	0.13353	0.017
销售增长率	LSD	1.00	2.00	- 0.54734 *	0.13015	0.000
			3.00	- 0.66617 *	0.12407	0.000
			4.00	- 0.04992	0.15830	0.753
		2.00	1.00	0.54734 *	0.13015	0.000
			3.00	- 0.11883	0.10997	0.281
			4.00	0.49741 *	0.14751	0.001
		3.00	1.00	0.66617 *	0.12407	0.000
			2.00	0.11883	0.10997	0.281
			4.00	0.61625 *	0.14217	0.000
		4.00	1.00	0.04992	0.15830	0.753
			2.00	- 0.49741 *	0.14751	0.001
			3.00	- 0.61625 *	0.14217	0.000
竞争地位	LSD	1.00	2.00	- 0.30961 *	0.13404	0.022
			3.00	- 0.45310 *	0.12777	0.000
			4.00	0.07911	0.16303	0.628
		2.00	1.00	0.30961 *	0.13404	0.022
			3.00	- 0.14350	0.11325	0.206
			4.00	0.38872 *	0.15191	0.011
		3.00	1.00	0.45310 *	0.12777	0.000
			2.00	0.14350	0.11325	0.206
			4.00	0.53221 *	0.14641	0.000
		4.00	1.00	- 0.07911	0.16303	0.628
			2.00	- 0.38872 *	0.15191	0.011
			3.00	- 0.53221 *	0.14641	0.000

因变量		(I) 企业年龄	(J) 企业年龄	均值差 (I – J)	标准误差	显著性
资产增长率	LSD	1.00	2.00	– 0.32609 *	0.12493	0.009
			3.00	– 0.60504 *	0.11909	0.000
			4.00	0.14286	0.15195	0.348
		2.00	1.00	0.32609 *	0.12493	0.009
			3.00	– 0.27896 *	0.10556	0.009
			4.00	0.46894 *	0.14159	0.001
		3.00	1.00	0.60504 *	0.11909	0.000
			2.00	0.27896 *	0.10556	0.009
			4.00	0.74790 *	0.13647	0.000
		4.00	1.00	– 0.14286	0.15195	0.348
			2.00	– 0.46894 *	0.14159	0.001
			3.00	– 0.74790 *	0.13647	0.000
中层经理愿付出巨大努力使得战略得以成功	Tamhane	1.00	2.00	– 0.61185 *	0.10294	0.000
			3.00	– 1.02480 *	0.09356	0.000
			4.00	– 0.32873	0.13902	0.116
		2.00	1.00	0.61185 *	0.10294	0.000
			3.00	– 0.41295 *	0.06631	0.000
			4.00	0.28313	0.12235	0.135
		3.00	1.00	1.02480 *	0.09356	0.000
			2.00	0.41295 *	0.06631	0.000
			4.00	0.69608 *	0.11457	0.000
		4.00	1.00	0.32873	0.13902	0.116
			2.00	– 0.28313	0.12235	0.135
			3.00	– 0.69608 *	0.11457	0.000
中层经理为了更好地执行战略愿适度牺牲自己的利益	Tamhane	1.00	2.00	– 0.55856 *	0.11086	0.000
			3.00	– 0.77677 *	0.10970	0.000
			4.00	– 0.44624 *	0.13159	0.006
		2.00	1.00	0.55856 *	0.11086	0.000
			3.00	– 0.21821 *	0.07194	0.016
			4.00	0.11232	0.10226	0.856
		3.00	1.00	0.77677 *	0.10970	0.000
			2.00	0.21821 *	0.07194	0.016
			4.00	0.33053 *	0.10101	0.010
		4.00	1.00	0.44624 *	0.13159	0.006
			2.00	– 0.11232	0.10226	0.856
			3.00	– 0.33053 *	0.10101	0.010

因变量		(I)企业年龄	(J)企业年龄	均值差 (I–J)	标准误差	显著性
中层经理执行战略时愿适度牺牲本部门的利益	Tamhane	1.00	2.00	– 0.35273*	0.10495	0.007
			3.00	– 0.72066*	0.10273	0.000
			4.00	– 0.28648	0.14171	0.247
		2.00	1.00	0.35273*	0.10495	0.007
			3.00	– 0.36792*	0.06476	0.000
			4.00	0.06625	0.11713	0.994
		3.00	1.00	0.72066*	0.10273	0.000
			2.00	0.36792*	0.06476	0.000
			4.00	0.43417*	0.11515	0.002
		4.00	1.00	0.28648	0.14171	0.247
			2.00	– 0.06625	0.11713	0.994
			3.00	– 0.43417*	0.11515	0.002
中层经理执行战略时愿身先士卒	LSD	1.00	2.00	– 0.55365*	0.09594	0.000
			3.00	– 0.70317*	0.09145	0.000
			4.00	– 0.23118*	0.11669	0.048
		2.00	1.00	0.55365*	0.09594	0.000
			3.00	– 0.14953	0.08106	0.066
			4.00	0.32246*	0.10873	0.003
		3.00	1.00	0.70317*	0.09145	0.000
			2.00	0.14953	0.08106	0.066
			4.00	0.47199*	0.10480	0.000
		4.00	1.00	0.23118*	0.11669	0.048
			2.00	– 0.32246*	0.10873	0.003
			3.00	– 0.47199*	0.10480	0.000
中层经理执行战略时愿改变风格以便更好地适应环境	Tamhane	1.00	2.00	– 0.26017	0.09838	0.054
			3.00	– 0.66956*	0.09343	0.000
			4.00	– 0.42166*	0.12854	0.009
		2.00	1.00	0.26017	0.09838	0.054
			3.00	– 0.40939*	0.07651	0.000
			4.00	– 0.16149	0.11682	0.676
		3.00	1.00	0.66956*	0.09343	0.000
			2.00	0.40939*	0.07651	0.000
			4.00	0.24790	0.11269	0.175
		4.00	1.00	0.42166*	0.12854	0.009
			2.00	0.16149	0.11682	0.676
			3.00	– 0.24790	0.11269	0.175

注：*代表均值差的显著性水平为 0.05。

7.2 假设检验与结果分析

7.2.1 战略执行流程对企业绩效的影响分析

本书采用结构方程来检验战略执行流程对企业绩效的影响，控制年龄、学历、企业产权性质、企业规模和企业年龄对企业绩效的影响，把战略执行流程和企业绩效同时放入结构方程中进行检验，拟合效果良好，如图 7 - 1 所示。在控制了年龄、学历、企业产权性质、企业规模和企业年龄几个因素之后，战略执行流程对企业绩效的标准化路径系数为 Beta = 0.80*** （P < 0.001）。这说明战略执行流程成熟度对企业绩效有正向显著影响。图中虚线表示控制变量对因变量没有显著影响。研究假设一即战略执行流程成熟度对企业绩效有正向显著影响得到支持。

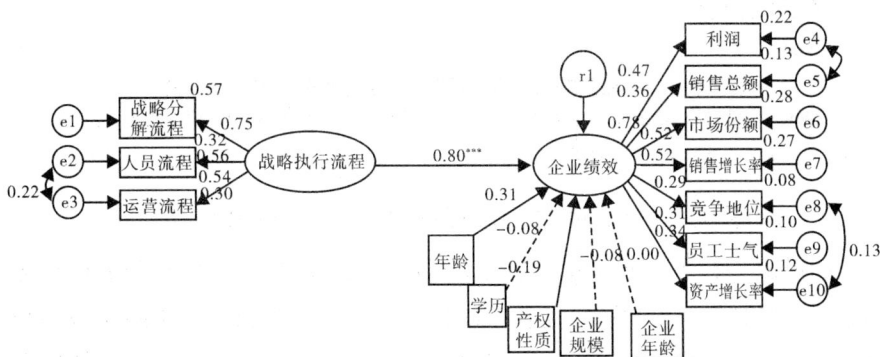

图 7 - 1 战略执行流程对企业绩效影响的关系模型

（RMR = 0.041，RMSEA = 0.057，GFI = 0.933，IFI = 0.868，PGFI = 0.638，PCFI = 0.674，$x^2/df = 2.030$，*** P < 0.001）

接着，本书采用结构方程验证战略执行流程子流程对企业绩效的影响。把战略执行流程三个子流程与企业绩效纳入结构方程，同时控制年龄、学历、企业产权性质、企业规模和企业年龄五个变量对企业绩效的影响，拟合结果可以接受，如图 7 - 2 所示。

控制了年龄、学历、企业产权性质、企业规模和企业年龄几个因素，战略分解流程和人员流程对企业绩效有显著正向影响，且显著性水平 P < 0.001；但运营流程对企业绩效的影响不显著。图中虚线表示控制变量对结果变量影响不显著。H1a 和 H1b 通过了检验，得到实证数据的支持，H1c 未得到支持。

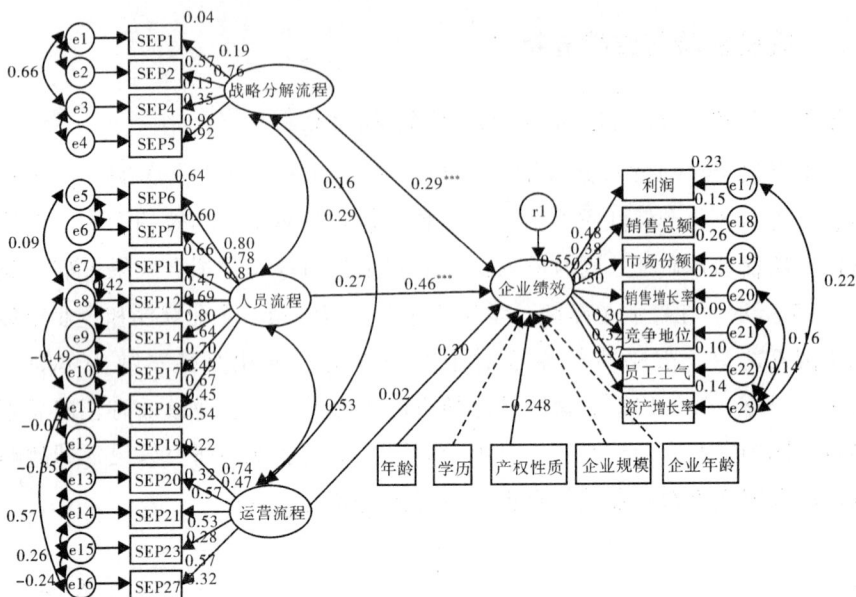

图7-2 战略执行流程子流程对企业绩效影响的关系模型

（RMR＝0.076，RMSEA＝0.065，GFI＝0.875，IFI＝0.888，PGFI＝0.642，PCFI＝0.698，$x^2/df＝2.332$，*** P＜0.001）

7.2.2 战略执行流程对中层经理战略承诺的影响分析

同样地，本书运用结构方程来验证战略执行流程对中层经理战略承诺的影响，控制年龄、学历、企业产权性质、企业规模和企业年龄对中层经理战略承诺的影响，把战略执行流程和中层经理战略承诺同时放入结构方程中进行检验，拟合效果良好，如图7-3所示。在控制了年龄、学历、企

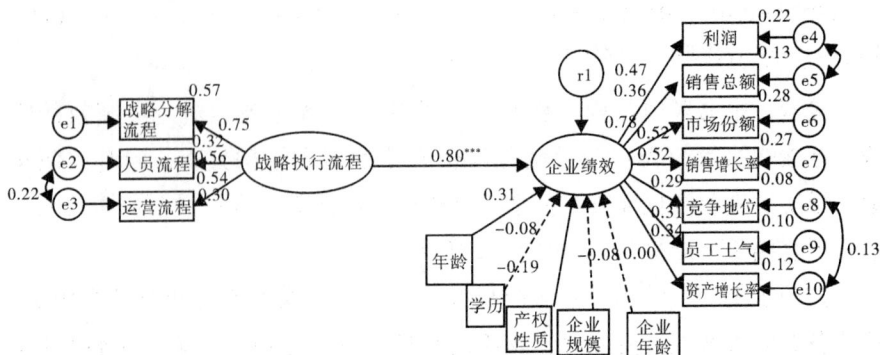

图7-3 战略执行流程对中层经理战略承诺影响的关系模型

（RMR＝0.046，RMSEA＝0.072，GFI＝0.927，IFI＝0.852，PGFI＝0.611，PCFI＝0.652，$x^2/df＝2.641$，*** P＜0.001）

业产权性质、企业规模和企业年龄几个因素之后，战略执行流程对中层经理战略承诺的标准化路径系数为 Beta = 0.45*** （P < 0.001）。图中虚线表示控制变量对因变量没有显著影响。研究假设一战略执行流程成熟度对中层经理战略承诺有正向显著影响得到支持。

接下来，本书采用结构方程检验战略执行流程子流程对中层经理战略承诺的影响。把战略执行流程三个子流程与中层经理战略承诺纳入结构方程，同时控制年龄、学历、企业产权性质、企业规模和企业年龄五个变量对中层经理战略承诺的影响，拟合结果可以接受。从图 7-4 可知，控制了年龄、学历、企业产权性质、企业规模和企业年龄几个因素，战略分解流程和人员流程对中层经理战略承诺有显著正向影响，显著性水平 P < 0.001，但运营流程对中层经理战略承诺的影响不显著。图中虚线表示控制变量对结果变量影响不显著。研究假设 H2a 和研究假设 H2b 得到支持，研究假设 H2c 未得到支持。

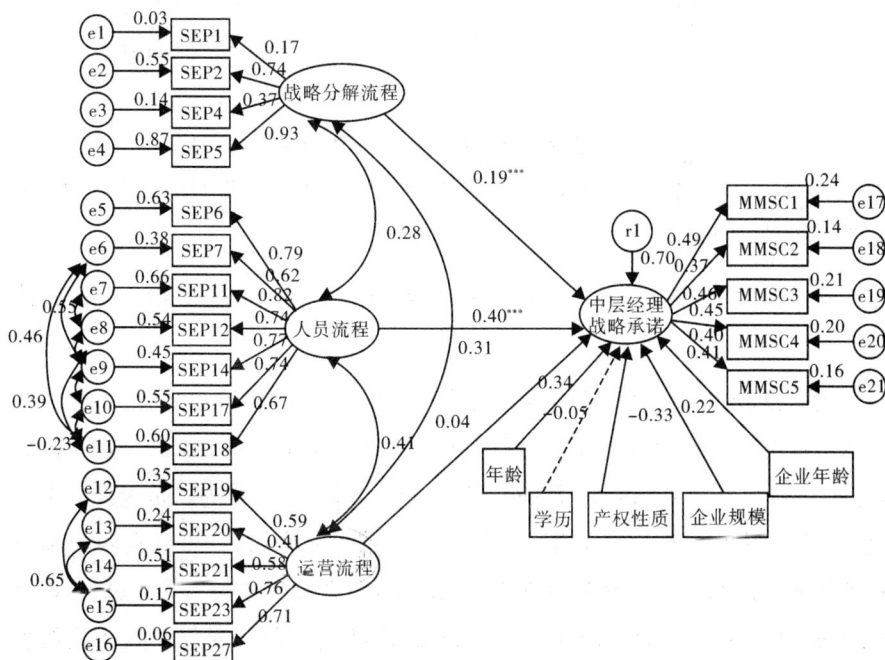

图 7-4 战略执行流程子流程对中层经理战略承诺影响的模型

（RMR = 0.081，RMSEA = 0.069，GFI = 0.878，IFI = 0.893，PGFI = 0.630，PCFI = 0.690，x^2/df = 2.494，*** P < 0.001）

7.2.3 中层经理战略承诺对企业绩效影响的作用分析

把中层经理战略承诺与企业绩效纳入结构方程，同时控制年龄、学历、企业产权性质、企业规模和企业年龄五个变量对企业绩效的影响，拟合结果良好，具体情况见图 7 - 5。在控制了年龄、学历、企业产权性质、企业规模和企业年龄几个因素之后，中层经理战略承诺对企业绩效的标准化路径系数为 Beta = 0.89*** （P < 0.001）。图中虚线表示控制变量对因变量没有显著影响。研究假设三关于中层经理战略承诺水平越高，企业绩效就越好，即中层经理战略承诺水平对企业绩效有正向显著影响得到支持。

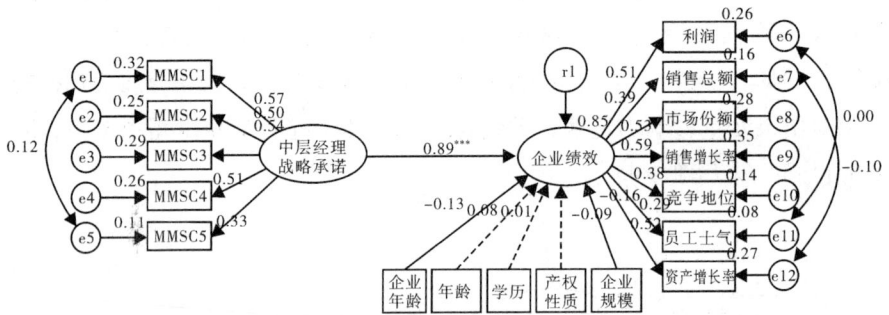

图 7 - 5　中层经理战略承诺对企业绩效影响的关系模型

（RMR = 0.06，RMSEA = 0.080，GFI = 0.881，IFI = 0.681，PGFI = 0.650，PCFI = 0.557，x^2 /df = 3.023，*** P < 0.001）

7.2.4 中层经理战略承诺对战略执行流程和企业绩效的中介作用检验

为了检验中层经理战略承诺在战略执行流程和企业绩效之间是否有中介作用，本书采用结构方程模型进行分析（Mackinnon，Lockwood，Hoffman et al., 2002）[225]。巴龙和肯尼（Baron & Kenny, 1986）[226]认为，是否具备中介效应（X 代表自变量、Y 代表因变量、M 代表中介变量），可依据四个步骤和条件来予以判断：进行 Y 对 X 的回归且回归系数达显著水平；进行 M 对 X 的回归且回归系数达显著水平；进行 Y 对 M 的回归且回归系数达显著水平；同时进行 Y 对 X 和 M 的回归，M 的回归系数达显著水平，X 的回归系数变小；当 X 的回归系数减小且不显著，说明 M 有完全中介作用，X 全部通过 M 对 Y 产生影响；当 X 的回归系数变小但依然显著，说明 M 有部分中介作用，也就是说，X 既由 M 影响 Y，也直接作用于 Y。

之前的假设检验结果表明，战略执行流程正向显著影响企业绩效和中层经理战略承诺，而中层经理战略承诺正向显著影响企业绩效。这表明本书理论模型涉及自变量、中介变量和因变量之间的关系符合上述中介效应检验的前三个条件。将企业绩效、战略执行流程和中层经理战略承诺同时纳入结构方程模型，进行企业绩效的中介作用检验，同时也检验战略执行流程和中层经理战略承诺回归的中介效应，分析结果见图7-6。中介检验模型各项拟合度指标均达到良好，加入中介变量中层经理战略承诺后，战略执行流程对企业绩效的直接影响大为降低，标准化路径系数从0.80降至0.39，由显著变为不显著（P = 0.116），说明中层经理战略承诺对战略执行流程和企业绩效起到了完全中介作用。战略执行流程对企业绩效只存在间接效应，其值（a×b）等于0.482。图中虚线表示控制变量对结果变量影响不显著。研究假设四即中层经理战略承诺在战略执行流程和企业绩效之间起中介作用得到支持。

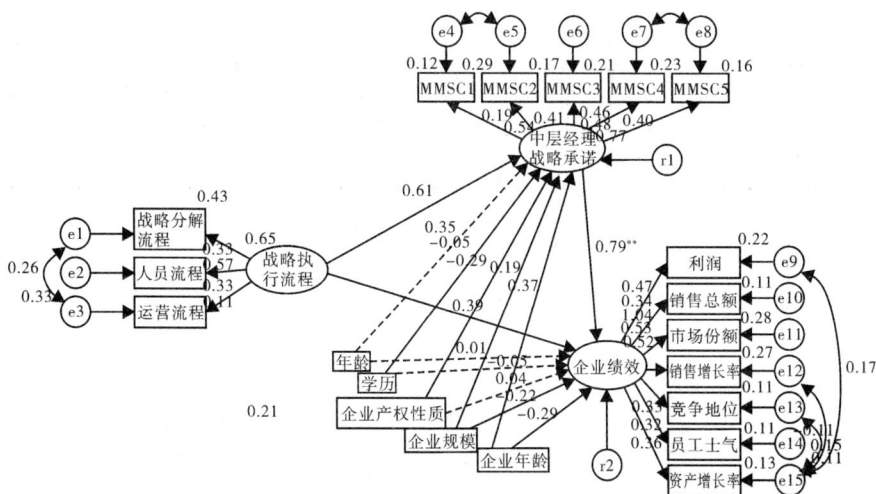

图7-6　中层经理战略承诺的中介作用模型分析结果

（RMR = 0.039，RMSEA = 0.045，GFI = 0.930，IFI = 0.915，PGFI = 0.651，PCFI = 0.705，x^2/df = 1.634，** P < 0.05）

表 7 - 12　战略执行流程对企业绩效作用机制的研究假设检验结果汇总

研究假设	假设内容	检验结果
H1	战略执行流程成熟度对企业绩效有显著正向影响	基本支持
H1a	战略分解流程成熟度对企业绩效有显著正向影响	支持
H1b	人员流程成熟度对企业绩效有显著正向影响	支持
H1c	运营流程成熟度对企业绩效有显著正向影响	不支持
H2	战略执行流程成熟度对中层经理战略承诺水平有显著正向影响	基本支持
H2a	战略分解流程成熟度对中层经理战略承诺水平有显著正向影响	支持
H2b	人员流程成熟度对中层经理战略承诺水平有显著正向影响	支持
H2c	运营流程成熟度对中层经理战略承诺水平有显著正向影响	不支持
H3	中层经理战略承诺水平对企业绩效有显著正向影响	支持
H4	中层经理战略承诺在战略执行流程和企业绩效之间起中介作用	支持

第8章　战略执行流程对企业绩效作用机制的验证性案例研究

本章进行验证性案例研究，通过实例来验证战略执行流程对企业绩效的作用机理，同时对上一章的研究假设检验结果进行验证以强化统计分析结果并找出其不足加以弥补。不同企业有不同的战略执行流程，其成熟度会不同，不同企业的绩效通常会有差异，那么，不同企业不同的绩效是否受到该企业战略执行流程的影响？这种影响是否受到中层经理战略承诺的中介作用？同一企业不同阶段其战略执行流程也有所差异，其成熟度不同，企业绩效也不同，那么，各阶段的企业绩效是否受到不同阶段战略执行流程的影响？这种影响是否会受到中层经理战略承诺的中介作用？本章希望通过对三个企业的案例研究来验证本书的主题，即战略执行流程对企业绩效的作用机制是什么。具体来说，本章将对三个案例企业中的两个属于同一行业、同一区域的企业的战略执行流程和中层经理战略承诺进行剖析，验证不同的战略执行流程对企业绩效有无影响，如果有，有何影响，验证中层经理战略承诺在其中是否起到中介作用。同时，本章通过对第三个案例企业不同阶段的战略执行流程、中层经理战略承诺和企业绩效的比较分析，探究三者之间是否存在本书实证检验部分所得的结果。

8.1　研究方法

本章运用多案例研究方法开展战略执行流程对企业绩效作用机制的研究是因为研究方法的选择是根据研究问题的类型来确定的[227]，本章主要关注企业绩效受到战略执行流程怎样的影响，中层经理战略承诺在其间有无中介作用，是关于"怎么样"和"为什么"的问题，因此用案例研究方法是合适的。

由于本章的目的是验证不同成熟度的战略执行流程对企业绩效的影响

有何不同，在此过程中是否受到中层经理战略承诺的中介作用。而任何一个企业由于其所处的环境不同、战略不同、业务组合不同，其战略执行流程必然会有其独特性，其中层经理战略承诺也就必然会有所不同。为了能够通过案例研究抽取出具有一定普适性的规律，本章采用多案例研究方法，通过对多个企业之间的比较分析来总结共性、剔除个性。同时通过对单案例企业在不同的发展阶段所特有的战略执行流程、中层经理战略承诺和企业绩效之间的关系进行跟踪研究，以此验证本研究的主要假设。综上所述，本书选择了三家案例企业，其中两家企业同属一个行业、同一区域，对它们进行对比研究以验证本书研究假设结果；对一家企业进行跟踪案例研究，探究在不同阶段其战略执行流程对企业绩效的影响有何不同，以此来验证本书的研究假设结果。

8.1.1　案例对象的选择

本章验证性案例研究对象具体选择标准包括：第一，为了减少行业属性所致的外部变异性，本书将要进行对比研究的其中两个案例企业限定在同一区域的医疗器械制造业[127]；第二，选取的企业在战略执行流程、中层经理战略承诺和企业绩效等主要变量上的表现有一定的差异，以更好地达到多重检验的效果[228]；第三，所选案例企业成立运营十年以上，以确保能够有效获得相关数据[229]；第四，所选案例企业能够保证本书较为方便和准确地获得数据和信息；第五，为了提高可比性，所选择的对象企业应该属于同一行业，为了提高研究结论的普适性，又要求对象企业尽可能不属于同一行业，为了满足这两个有一定矛盾性的要求，所选案例企业应该既有属于同一行业的，也有不属于同一行业的。综合上述原因，本书选择了三家企业进行验证性案例研究，其中两家企业同属医疗器械制造业，同在一个城市；另一家案例企业属于服务业，与另两家医疗器械制造企业不在同一城市。这三家案例企业都有十年以上的运营历史，企业产权性质各异，有国有企业、股份制民营企业、独资民营企业。这三家案例企业的战略执行流程、中层经理战略承诺等主要变量的特征较为明显和稳定，且经历了一定的演化过程，具有较长的发展历史，并且已经经历了绝大多数中国企业在发展过程中可能经历的不同发展阶段。

8.1.2　数据收集

上述三个案例企业中，笔者曾在属于服务业的那家企业工作了五年，离职后仍与该企业的核心高管层和中层经理及个别员工保持较为紧密的联系；与一家医疗器械制造企业的总经理建立了松散的管理顾问关系，较为深入地了解了该企业情况，研究资料的获取极为容易且保证了真实性；对另一家医疗器械制造企业进行了较为全面深入的调研。案例企业都同意配合实施深度案例研究，每次访谈时间为 1~2 个小时，每次访谈结束后进一步细化研究焦点，使收集到的数据更接近本书的研究主题。基于巴顿（1987）提出的案例数据三角验证要求[230]，本书还采用了实地调研、现场观察、焦点小组访谈及 360 度调查法等数据收集方法，并收集整理了来自企业网站、企业年鉴、行业期刊、产品宣传手册及网站等公开信息源的资料。

8.1.3　数据分析

本书利用内容分析法[231]对通过访谈等途径所收集的数据进行编码。

8.1.3.1　数据归类

本书将所有数据按照理论模型进行归类，这些类别主要包括企业基本信息、企业战略执行流程、中层经理战略承诺、企业绩效等主要构念。

8.1.3.2　编码

编码是将分析单元分配到类目系统中的过程[232]，在资料归类的基础上根据各构念的子类别对数据进一步编码。编码过程应该由几个编码人员完成并求出一致率，对不一致之处进行讨论修正以达成一致，对三个案例企业的每份资料进行归类，以求出相互判断统一度（Interjudge agreement）。受研究条件的限制，这一过程由笔者一人完成。

8.1.3.3　信度检验

在研究样本、类目与分析单元确定后，本书接着对数据进行分析，在数据分析前需要建立信度。本书采用数据源三角验证的方法对来自不同信息源的数据进行比对和印证，以验证研究的聚合效度[233]。

8.1.3.4　分析性归纳

本书采用分析性归纳对案例进行分析，分析性归纳是通过重复比较现有理论与关键例子或典型案例的匹配关系以达到扩展或修正理论目的的方法[234]。

8.2　案例分析

本章主要采用编码后的定性数据在战略执行流程、中层经理战略承诺和企业绩效等构念上的表现对三个案例企业进行描述性分析，以验证变量间的关系。将编码所得的条目按照战略执行流程、中层经理战略承诺和企业绩效进行分类，并根据条目的相似性将三个构念类别下的条目进一步细分成子类别，仔细审视每一个子类别中的每一个条目，总结子类别所表达的含义，并对各子类别进行命名。编码结果如表8-1所示。

表8-1　基于案例企业资料的编码结果

	战略执行流程			中层经理战略承诺	企业绩效
	战略分解流程	人员流程	运营流程		
条目数	6	9	7	10	8
合计	22			10	8

8.2.1　XNYYSB 有限公司

战略分解流程主要是进行有效的战略分解，同时注重战略分解方式的适宜性；人员流程主要解决的是有充足的人选并将他们安排在合适岗位上以执行战略；运营流程要解决的是与战略分解流程和人员流程协同，为日常经营指明方向。战略执行流程不同的成熟度代表着不同的性能水平。具有初始级战略执行流程成熟度的企业只有模糊的战略执行流程管理意识，甚至没有战略执行流程管理意识，没有专门的人员和机构进行管理。总的来说，企业的战略执行流程处于无序状态，没有明确的定义和划分，企业员工在完成战略执行流程时大多依靠已有经验，员工的流动将直接导致流程的变更。战略执行流程成熟度略高的企业，其战略执行流程表现为局部的可重复性，此时企业已经具有基本的战略执行流程管理态势，认识到战略执行流程管理对企业发展的重要性，开始在企业内部进行战略执行流程管理。但该企业还处于部门自发进行的状态，部门之间的战略执行流程管理，或者说战略执行流程子流程之间的管理和协同依然处于混乱状态。战略执行流程成熟度再高一点的企业在其内部建立了统一的流程管理规范。此时，企业已经构建起了独立的部门进行战略执行流程管理的协同活动。该战略执行流程管理部门会将战略执行流程子流程联系起来，但遗憾的是，该战略执行流程管理部门较为弱势，主要工作只是进行战略执行流程管理的低层次协调。战略执行流程成熟度较高的企业表现为管理战略执行流程的部门已经得到了强化和提高，能把战略执行流程各子流程密切结合起来，使战略执行流程管理循环运转。该企业的组织结构将逐步转化为流程型组织，各主要利益相关者，比如各级员工、客户和供应商能参与到战略执行流程设计和优化活动中来。战略执行流程成熟度很高的企业表现为其战略执行流程能自我优化，持续提升，达到了复杂性科学提出的自组织状态。企业已经构建了一套完整的战略执行流程方法论，此时的企业已经真正转化为流程型组织，客户成为企业的首要目标，各利益相关者能深层次地参与企业流程管理活动，企业和谐发展，具有了强大的生命力。

按理来说，XNYYSB 有限公司应该具有较为明显的竞争优势，但值得注意的是，XNYYSB 有限公司诸多成就都是在计划经济时代取得的。改革开放三十余年来，XNYYSB 有限公司并未将其地位和优势保持下来，在与国内同行的竞争中处于劣势。和医疗器械制造业的主要竞争对手相比，XNYYSB 有限公司有员工 260 人，年营业额通常在 8000 万元至 1 亿元之间，最好的年份其营业额也没超过 2 亿元，完全处于下风。

在战略分解流程方面，XNYYSB 有限公司并入 SH 集团十余年来，其战略分解效果并不好，战略分解方式也不合适，战略分解手段和途径单一，中下级管理者参与度不高。公司属于医疗器械研发和制造行业，属于高科技行业，具体说来是高端制造业，研发技术应成为公司关注的重点，研发和生产的协同是其核心竞争力的基础，理应加强研发能力并提高研发和生产之间的协同以确保技术的领先和产品的品质。虽然公司历史悠久，是医用诊断 X 射线机的先驱，但研发能力在改革开放后并未得到很大提升。研发部力量薄弱，技术水平低，只能进行单方面技术研究，整体研发水平低，缺乏整机概念、机组概念。公司组织结构实行的还是传统的直线制，公司总经理每月主持召开一次部门协调会，制定战略时更是"一言堂"，很少听取公司研发部门的声音，致使研发力量薄弱，产品线窄，目前只有九种产品。

在人员流程方面，XNYYSB 有限公司研发部门仅有 19 名员工，学历以专科和本科为主。目前，研发部门员工缺口较大，按目前的需求，至少还缺 4~6 人。研发部门员工收入普遍较国内同行低，研发部门负责人月收入仅 9000 余元，普通研发人员收入 3000 元至 4000 元。公司总人数 250 余人。其中，总经办 28 人（包括人力资源 2 人）、财务部 14 人、研发部 19人、质管部 21 人、市场部 32 人、采购部 13 人、生产部 77 人、技术服务部 19 人、物管部 32 人。从上述人员数据可知，XNYYSB 有限公司人员配置很不合理，高科技企业的研发部门人数较少，且素质不高，激励不到位。公司现在处于一个招人难、留人也难的状况。

在运营流程方面，近年来，XNYYSB 有限公司日常运营的一个显著问题是库存过大。年营业额在 1 亿元左右，但库存达到 3000 万元，资金周转太慢，成本太高。另外的一个问题就是产品品质不高，性能不稳定。原因是研发和生产近乎各自为战，缺乏基本的协同。制造水平差，一台产成品下线一般需要 3～4 个月。采购部对研发部的支持不够，日常采购是成批进行的，而研发所需的器具和配件等的采购要求时间灵活，但通常采购不及时，影响了研发部门的工作。供应商交货不及时且经常出现质量不合格现象，这也是导致产品质量不高的原因。

中层经理战略承诺方面，XNYYSB 有限公司的中层经理中一些主要部门的经理战略承诺水平不高，他们并不很认同公司的战略分解流程、人员流程和运营流程。研发部部长（中层经理）认为，公司的研发人员不够、研发人员收入低于国内同行、研发资金太少。他们研发一款 X 光机，国内同行需要研发经费 2000 万元，但公司投入的研发经费远低于此。同时，该研发部门负责人还认为采购、生产和研发之间协同不够，导致材料质量差，研发与生产脱节，制造技术差。而人力资源部门经理则抱怨招人难、留人难。

总之，该公司的战略分解流程、人员流程和运营流程成熟度很低，各流程之间缺乏基本的协同，导致不少中层经理抱怨较多，没有形成基本的战略承诺水平，维系着较低水平的经营管理。

公司绩效与主要竞争对手相差甚远。XNYYSB 有限公司年营业额多年来一直在 8000 万元至 1 亿元之间徘徊，而国内主要竞争者的营业额是其数倍，普及型产品国内市场占有率在 50% 以上，销售额逐年攀升，在我国政府采购和国际性招标中多次成功竞标，向世界三十多个国家和地区出口产品。而 XNYYSB 有限公司主要在西部省份销售。

8.2.2　SCSL 医疗器械有限公司

SCSL 医疗器械有限公司主营业务是研发和生产一次性医疗器械。该公司极为重视技术研发，将其视为利润的主要来源。总经理将主要精力放在研发上，近些年来公司每年都能获得几个专利。SCSL 医疗器械有限公司发挥了中层经理的诸多优势。SCSL 医疗器械有限公司要求销售部经理和研发部经理密切关注市场动态和技术动向，定期不定期地提出意见。L 总经理经常到东部地区调研，与医院和经销商深度沟通，把握技术趋势和市场动态。L 总经理是技术人员出身，对技术的发展趋势把握得很好，与诸多实力雄厚的科研单位建立了密切的合作关系，使得公司产品的技术含量一直领先于同行。L 总经理自公司成立以来一直担任总经理，对生产、销售业务极为精通，加之他很尊重中层经理，注重发挥他们的积极性，能把中层经理的优势运用好，因此，在他的领导下形成并分解的战略通常都较为适应企业环境，企业的人力资本和运营能力得到了充分利用。

多年来，SCSL 医疗器械有限公司一直注重用人的实用性，虽然是家族企业，但家人和亲戚没有一人在公司任职，从高层经理到中层经理都是外人，很多经理已在公司工作十几年。每年都派出骨干人员接受各种培训。各级员工的收入从公司内部来看比较公平，与同行相比具有一定的竞争性。更重要的是，L 总经理注重构建公平和健康的竞争环境，能很好地识人用人。因此，各级管理人员和技术骨干人员的流动率很低。对一线员工注重待遇福利和感情留人，为员工修建了员工房、夫妻房，在用工紧缺的今天，公司并不像其他制造企业那样缺乏一线员工。

运营方面，SCSL 医疗器械有限公司非常注重效率。公司将主要精力放在产品的研发上，注重开发适销的产品，注重专利的申报，生产上保持着较为合适的规模，与江苏两家医疗器械制造企业合作，由它们代工生产，公司负责技术支持。如此一来，SCSL 医疗器械有限公司就能控制合适的库存和产能。在产品远销英国等需求较为旺盛的情况下，公司并未出现产能不足，也没出现为了满足销售而扩大生产，造成产能过剩的状况。公司的销售主要采用经销商代理的方式，公司的销售部门仅有几位员工，主要负责对经销商的管理；财务部门仅有 2 名员工，但效率极高。SCSL 医疗器械有限公司的销售额和净利润比 XNYYSB 有限公司高，但销售人员、财务人员和人力资源部门的人员却要少很多。L 总经理对研发部门、生产部门及销售部门的协同极为重视，很少出现研发和生产脱节的情况，产品质量一直较高，得到了市场的肯定。

SCSL 医疗器械有限公司战略执行流程的三个子流程之间在总经理的主导控制下能较好地进行协同，但仍然处于一个有待提高的成熟度水平。

SCSL 医疗器械有限公司并未成立一个专门的部门来负责战略执行流程的管理，而是由创业企业家兼总经理的 L 一人负责此工作。也未形成一个良好的机制以固定和完善战略执行流程，而是以能人的力量来促使各子流程间保持畅通和协同。

在中层经理战略承诺方面，SCSL 医疗器械有限公司的中层经理深度参与分解战略、了解战略、对战略有一定感情，因此，公司中层经理很愿意谈论公司战略。公司在工业园区新建厂区，很多中层经理不仅要在旧厂区工作，还得参与园区修建工作，但他们自觉加班完成临时工作任务，并不要求加班费，经常为了协同其他部门而打破部门本位主义，不过度谋求自身利益。

SCSL 医疗器械有限公司近十年来一直在本地同行中居于领头羊地位，近五年来，每年净利润超过 3000 万元。当地很多大医院都使用 SCSL 医疗器械有限公司的产品，其产品销往全国十几个省份，近几年还销往英国和南美地区。有时甚至出现客户在公司等着要产品的状况。因为企业生意兴隆，内部管理规范，对员工关照较多，员工士气很高，人员流动率较低。

8.2.3 TYHJ 酒店有限公司

TYHJ 酒店有限公司开业至今，经营管理水平动荡，绩效大起大落。TYHJ 酒店有限公司 11 年的经营史可以划分为三个阶段：第一阶段从 2003 年至 2007 年，第二阶段从 2007 年至 2012 年，第三阶段从 2012 年至今。

第一阶段，公司的战略是注重 SOP 的建立和执行，注重服务质量的规范性和稳定性，营销上将重点放在了旅行社，拓展团队客源。该阶段的战略主要由总经理一人制定。总经理有着较为丰富的内部管理经验，但市场营销的经验明显欠缺。因此，由他制定的战略与实际严重不符，在与对手 SF 大酒店的竞争中失败。当时，TYHJ 酒店的内部形成了三个利益群体：外聘职业经理人、投资方职工、本土中基层经理。总经理几乎从不提拔任用投资方的优秀职工，也不大胆提拔任用本土中基层经理，致使对本地酒店市场极为了解的本土经理的地缘优势得不到发挥。所以当酒店制定以团队客源为主这一错误战略决策时，没有人提出质疑和建议。同时，员工收入差距极大，外聘职业经理人的收入是本地经理的几倍，而他们所干的工作是一样的，甚至部分外聘职业经理人的能力和业绩还不如本地经理。中层经理中大多数外聘职业经理人并不将酒店视为他们长期就业的地方，本地经理又得不到重视。TYHJ 酒店的员工士气低落，有才能的员工纷纷辞职，留下的员工也只是混日子。中层经理的战略承诺水平极低，只完成基本的程序化的工作任务。其竞争对手 SF 大酒店是家族企业，投资额不到 2 亿元，酒店的设施设备明显逊于 TYHJ 酒店，但 SF 大酒店将战略重点放在商务客源的拓展上，服务项目和质量紧密配合商务客源的需求。因此，作为当地唯一的两家五星级酒店，经营状况出现了一边倒的现象，SF 大酒店入住率极高，利润丰厚，开业五年多就收回了投资；而 TYHJ 酒店入住率低，每年出现亏损。

第二阶段，投资方辞退了该总经理，新任总经理迅速辞退外聘经理人，大胆启用本地和投资方职工任中层经理和高管，并积极听取他们的意见，适度放权，改变过去保守的战略，加大商务客源的开拓力度，重新装修了部分客房，改变了以团队客源为主的经营状况，并在当地开创了酒店餐饮酒楼化的先河。各级经理的收入大幅提高，中层经理的积极性和主观能动性得到了极大的调动，战略承诺水平达到了惊人的水平。中层经理积极献言献策，充分发挥他们丰富的经营经验和充分的信息优势，整个酒店员工的积极性得到了极大的提升，士气高涨。这样的景象持续了四年之久，TYHJ 酒店的中餐包房一房难求，客房入住率直线攀升，在房价提价 50% 的情况下，入住率不降反升，且保持了四年高入住率，同时也保持了四年高绩效，真正发挥了其作为当地第一家五星级酒店的优势。

第三阶段，即现阶段，TYHJ 酒店面临的环境已经发生了巨变，当地已经挂牌五星和按五星标准建造并运营的酒店超过十家，竞争激烈。现任总经理采购出身，不懂经营，决策不果断，让中层经理参与战略制定和分解的程度不高，加之很多高管和中层经理对之不服气，不到一年的时间就出现了中层经理不再积极工作、只是完成既定的程序性工作的景象，企业绩效大幅滑坡。

8.3 案例研究结论

本案例研究通过访谈和观察，探讨了战略执行流程不同成熟度的表现形式，从不同角度分析了战略执行流程和中层经理战略承诺及企业绩效之间的关系。研究发现，战略执行流程对企业绩效和中层经理战略承诺存在影响，中层经理战略承诺对企业绩效有着影响。

（1）战略执行流程直接影响企业绩效，研究假设一得到支持。战略分解流程、人员流程和运营流程对企业绩效有着明显的影响，假设一的三个子假设也得到了支持。这和上一章统计实证研究部分的结论之一即运营流程对企业绩效影响不显著有些出入。

（2）战略执行流程直接影响中层经理战略承诺，战略分解流程、人员流程和运营流程对企业绩效有着明显的影响，假设二的三个子假设也得到了支持。这和上一章统计实证研究部分的结论之一即运营流程对中层经理战略承诺影响不显著也有些出入。

（3）中层经理战略承诺直接影响企业绩效，假设三得到支持。

（4）中层经理战略承诺对战略执行流程和企业绩效之间所起的中介作用明显，假设四得到支持。

第9章　基于战略执行流程的企业绩效提升策略

企业绩效的取得是诸多因素共同作用的结果，战略执行的主要目的是提升企业绩效以获取并保持企业的竞争优势。从这个角度来说，战略执行是获取企业绩效的主要因素。本章将从战略执行流程的角度来探讨如何提升企业绩效，从流程的角度出发，可以将管理视为不断把例外事件流程化的过程。基于之前的文献和前述章节的研究结果，战略执行流程所包含的战略分解流程、人员流程和运营流程三个子流程实质上已经涵盖了企业经营管理主要的和重大的方面：在企业管理的最高层面即战略层面，战略分解流程包括用适宜的战略分解方式得到有效的阶段性目标和任务；企业中最重要、最活跃的因素是人，很多学者都指出企业间的竞争实质是人才的竞争，而人员流程要解决的就是人的问题；企业要满足顾客、创造价值，必须依靠日常运营，运营流程要将战略分解流程的结果即阶段性目标和任务具体化为日常工作安排和任务，为人员活动指明方向。在这三大核心子流程的协同作用下，企业战略得以有效执行，企业可以不断获取并保持竞争优势，企业绩效自然得以提高。

通过战略执行流程来提高企业绩效，其首要问题在于战略执行流程的性能。根据前面的研究，战略执行流程成熟度越高，则作为战略执行主力的中层经理的战略承诺水平就越高；而中层经理战略承诺水平越高，企业绩效就越好；中层经理战略承诺在战略执行流程对企业绩效的影响过程中起中介作用。总之，战略执行流程成熟度越高，则企业绩效越好。因此，问题的症结就在于如何提升战略执行流程成熟度。

从逻辑上讲，要提升企业战略执行流程成熟度，首先要评估企业战略执行流程的成熟度，只有在准确把握企业战略执行流程成熟度的前提下，方能有的放矢地制订并实施提升措施。

很多企业都会在不同的时空环境中，推进流程变革或者开展流程优化，但通常困难重重，成功案例占比较小。之所以如此艰难，主要原因在于：企业的诸多流程蕴含了特定的利益，而变革利益向来很难。有学者认为，企业实际上就是由一系列流程构成的组织，流程之所以能作为一种较为稳定和规律的事物长存于组织，是因为流程化能有效降低成本，稳定地提供产品和服务，而企业天生就是追逐利润的组织，这两样东西正是企业创造的价值所在。但必须清醒地看到，正如现代企业理论所说，企业行为是企业成员博弈的结果。企业经营管理是一个需要各种保障子系统方能高效运行的系统。战略执行流程是执行的基本工具，发挥着不可或缺的作用。中层经理看问题的视角与高层不同，有其天然的局限性，通常会形成局部与整体的脱节。妨害企业战略执行流程成熟度提升的因素很多时候并不是技术问题，而是利益相关者博弈产生的执行力黑洞所带来的。组织虚设现象之所以存在，本质上就是因为企业里存在着若干委托代理环节。可以说，本书涉及的中层经理就是企业高管（和基层管理者及员工）的代理人。有委托代理关系，比如产生委托代理成本便只能减少而极难消除。之所以流程化推动战略执行，不外乎希望利用流程本身具有的程序化、标准化和量化等诸多优势，尽可能地减少人与人之间、班组之间、部门之间因不良制度等带来的过大的委托代理成本，降低无谓的内耗，从而使战略得到刚性或柔性执行，以获取最大的战略绩效。战略执行流程某种意义上就是这样的一种不完全合同。战略执行流程中企业所面临的环境和竞争态势中出现与既定战略的前提假设不相符是常态。如何应对？在此情况下，谁说了算？再加上很难解决或者说不可能彻底解决的委托代理问题的存在，作为负责执行战略的骨干力量的中层经理会怎样执行战略？此类问题导致了战略难以得到有效执行。可以说，在其他条件没有发生改变的情况下，要彻底实现特定的战略目标难度非常大，这涉及在未解决信任的情况下对剩余收益进行分配的问题。因为，通过也只能通过对物质资产的控制方能实现控制权，所以，格罗斯－曼哈特－摩尔（Grossman-Hart-Moor）定义企业所有权为物质资产的控制权。在人类商业发展史上，绝大多数情形下取得剩余控制权和剩余收益权的人通常是股东。虽然人力资本在当今商业世界的相对地位已远超从前，但总的来说，依然没有理论上所说的那般重要。获取和巩固对人力、财力信息控制的权力都可以从对实物资产的控制权中导出，因而该理论特别强调对企业实物资产的控制权。布莱尔（1995）在其《所有和控制：21世纪公司治理结构的再思考》一书中认为，公众公司的执行人员（经理人员，这里我们应该将其主要理解为企业中高层管理者）应当对一切承受公司经营风险的员工、债权人和上下游节点合作者等利益相关者负起责任来。不同资本的拥有者所获取的剩余控制权和剩余收益权的大小是截然不同的。按照传统产权经济学观点，资金资本和物质资本的拥有者比人力资本拥有者所获得的权力要大得多。公司治理层、经营层、管理层的决策权、人事权、财权以及剩余控制权和剩余收益权，都出现了一边倒的现象。当前，在全球范围内出现了一个明显的趋势，那就是很多企业尤其是初创企业和部分开展二次创业的企业都在不同程度上实行了事业合伙人制度。这样做是为了激励人力资本的拥有者。此类案例有一个共同点，这些事业合伙人很多都不是实际出资人，而是人力资本拥有者，他们以自己的人力资本在企业中获得一定的剩余控制权和剩余收益权。那么，这个战略执行骨干力量就没有得到足够的激励。由于担心事后利益的损失，他们会降低投资意愿，也就是说企业对中层经理的投资激励不够，表现为中层经理战略承诺水平不高。那么，就可以预见战略执行的有效性了。

综上，要提升企业绩效，就要提高战略执行流程成熟度；而要提高战略执行流程成熟度，首先要评估企业目前的战略执行流程成熟度。提升了战略执行流程成熟度，就加强了对各级员工尤其是中层经理的投资激励。若这些执行骨干获得了动力，就会降低在不完全合同下，他们对剩余控制权和剩余收益权缺失的隐忧，从而提升战略承诺水平。当然，问题的症结并不在此，提升战略执行流程成熟度的关键在企业的高管层。做出此结论的缘由是企业博弈过程中高管层占据优势，这种现象长期以来在实际的企业运营中是普遍存在和显而易见的，很好地揭示了从流程视角执行战略的本质所在，即战略执行流程主要是在高管层的主导下，在中下层战略执行主体尤其是中层经理的参与和影响下形成并运行的。可以说，高管层和中层经理的耦合程度在一定意义上决定了战略执行流程的成熟度。进一步来看，获得特定的战略执行绩效所需的高管层和中层经理的耦合度不可能天然形成，它必定是在内外部环境的压力之下，双方逐步寻找到适宜的方式和强度，最终构建并得到巩固，从而形成有利于提升企业战略执行力的具有一定成熟度的流程。这个过程中，高管层明显应承担更多的责任。此结论与企业的产权性质无关，无论是国有企业还是民营企业都普遍存在这种现象。国有企业的高管层是企业的实际控制人，极大地影响着战略执行的绩效。对绝大多数民营企业而言，尚未实现较好的两权分离，大多处在生命周期的学步期、幼童期和青春期，企业主本身还在主导日常的经营管理，自然而然地追求对企业的控制。换言之，与国有企业相比，民营企业的中层经理更缺乏剩余控制权和剩余收益权，在当前环境下，他们也不具备应有的职业稳定性。而且，家族企业的管理深度通常较浅，创业者很多时候并不是很好的管理者，但他们常常又以能人自居，通过能人进行管理。能人管理的一大显著特征就是很多问题的解决不通过流程，而是进行灵活处理、例外处理。因此，要提升战略执行流程成熟度，最重要和最难的其实是如何改变高管层。要改变他们提升战略执行流程成熟度的兴趣和偏好，给予其动力。综合上述分析，要提高企业绩效，就要提升中层经理战略承诺水平；而提高中层经理战略承诺水平，需要提高战略执行流程成熟度，归根结底，是要提升企业战略执行流程成熟度。针对当前企业战略执行流程成熟度的评估准确把握其状况，分析并找出存在的问题是首要工作；获得首席执行官的重视和支持是提升战略执行流程成熟度的关键；建立战略执行流程管理部门并赋予和保持其足够的地位和权力是提升战略执行流程成熟度的组织保障；建立并遵守战略执行流程的相关规定是提升战略执行流程成熟度的制度保障；保证各级员工尤其是中层经理在战略执行流程中的主人翁精神是提升战略执行流程成熟度的具体任务。下面，本章就上述策略详述如下。

9.1 评估战略执行流程成熟度

　　要提升战略执行流程成熟度，首要任务就是评估现有战略执行流程的成熟度，找出问题所在，找出关键点。具体来说，可以从如下方面进行评估。

9.1.1 战略执行流程成熟度评估的原则

9.1.1.1 战略执行流程完备性评估

　　很多企业之所以战略执行失败，一个很大的原因在于战略执行流程残缺，形成了战略执行鸿沟（Strategy execution gap），即战略形成和战略执行分离。本书始终倡导这样的战略执行理念：战略执行始于战略形成，二者相互渗透，紧密联系。应树立战略形成是为了有效执行的"短视"眼光，随时评估所形成的战略能否被有效执行，执行主体是否具有较高的战略承诺。同时要评估战略执行流程是否包括完整的战略分解流程、人员流程和运营流程，有没有将完整的战略执行流程纳入流程清单，纳入后有无对应的战略执行流程具体文件将其固定。

9.1.1.2 战略执行流程有效性评估

战略执行流程有效性评估的目的是审计企业当前的战略执行流程是否符合要求，能否适应企业面临的最新环境。具体来说就是要评估单个的战略执行流程的3大核心子流程成熟度如何，整合这3个核心子流程后整体的战略执行流程成熟度如何，能否满足战略执行的需求。

9.1.1.3 战略执行流程遵循性评估

紧接上一个步骤，如果战略执行流程符合企业当前执行战略的需求，那么就评估战略执行流程有没有得到切实的遵守，有没有相关的措施来保证战略执行流程得到切实的遵循以维持其稳定性和权威性。

9.1.2 战略执行流程成熟度评估的具体内容

从本研究第四章和第五章可知，战略执行流程成熟度评估不外乎是评估战略执行流程3个核心子流程的成熟度和战略执行流程的整体成熟度。企业可以将战略执行流程成熟度划分为7级：1代表尚未出现；2代表差距很大；3代表差距较大；4代表略有差距；5代表基本一致；6代表一致；7代表持续优化。得分越高，代表战略执行流程成熟度越高。不同成熟度的战略执行流程具体表现如下：

9.1.2.1 尚未出现级战略执行流程成熟度

运用第五章开发的战略执行流程量表进行测试，如企业的战略执行流程成熟度表现为尚未出现级，表明企业的战略执行处于一种混乱状态，毫无规律可言，战略执行的各种活动各自为战，不能形成合力，甚至和战略严重脱钩，更不能刚性地或采取持续性提升措施适度刚性地执行战略。这个成熟度等级的企业在执行战略时没有流程意识。

9.1.2.2 差距很大级战略执行流程成熟度

在这一战略执行流程成熟度等级，企业内已经开始有模糊的战略执行流程管理意识，但还没有明确的战略执行流程，各个战略执行子流程不够畅通，单个流程的成熟度很低，子流程之间不能协同，整体成熟度更低。没有专门的人员或部门对战略执行流程进行管理，企业员工在执行战略时主要依赖已有的经验，战略执行流程的知识分散在员工脑中，没有知识共享，没有将默会知识转变为显性知识，员工的流动将直接导致流程变形甚至消失。

9.1.2.3 差距较大级战略执行流程成熟度

这个成熟度等级的战略执行流程表现为企业已经具有战略执行流程管理的基本态势，开始认识到战略执行流程管理对企业战略执行的重要性。但处于该成熟度等级的企业，其战略执行流程管理还处于部门自发进行的状态，子流程基本畅通，但子流程之间的协同依然处于混乱状态，战略执行流程成熟度仍然很低。

9.1.2.4 略有差距级战略执行流程成熟度

该等级的战略执行流程成熟度表明企业构建了统一的战略执行流程。此时的企业在战略执行时应构建独立的部门进行战略执行流程管理活动。战略执行流程管理部门将执行战略的各个子流程进行统一设计，力图进行协同以提高成熟度。但该部门此时地位尚低，主要任务只是协调执行战略的各部门，并不能将战略执行流程真正地协同起来以有效执行战略。

9.1.2.5 基本一致级战略执行流程成熟度

基本一致级战略执行流程成熟度表现为战略执行流程管理部门地位得到较大提升，其功能得到较大强化，开始成为管理战略执行流程的部门。此时，该部门能将战略执行流程各子流程密切整合，构建较为完整的战略执行流程管理体系，战略执行流程开始循环运转。

9.1.2.6 一致级战略执行流程成熟度

一致级战略执行流程成熟度表现为战略执行流程管理部门不仅在企业内部将各部门工作整合起来，使得战略执行各子流程真正协同起来，还将供应商和顾客也纳入战略执行流程体系，组织结构开始向流程型组织转化，但还不是真正意义上的流程型组织。此时，战略执行流程管理部门在企业里已经居于很高的地位，但企业的战略执行流程还是一种靠人的管理，一旦脱离能人的掌控，还会迅速变更。

9.1.2.7 持续优化级战略执行流程成熟度

这是战略执行流程成熟度的最高级别，处于这一战略执行流程成熟度等级的企业已完全蜕化为流程型组织。不仅从企业内部转化为流程型组织，在组织间也成为流程型组织。此时的企业已经具备了战略执行流程的自组织能力，能够持续地自我优化，和谐发展，执行战略时无障碍可言。

9.2 企业负责人强力推动

战略执行流程成熟度的提升本质上是企业全体成员博弈的结果，而博弈的主角是企业高管层和中层经理。战略执行流程成熟度的提升要解决的是组织中长久存在而且也许永远不能真正完全解决的委托代理问题和不完全合同问题。这两个问题是公司治理和企业日常运营管理的痼疾，因而可以说，战略执行流程成熟度的最高级别即可以进行战略执行流程的自组织持续优化的状况可能是天方夜谭，只是一个理想的设想。但较高成熟度的战略执行流程的实现是可行的，现实中也有部分优秀企业达到了这个级别的成熟度。但前提是需要最高负责人的强力推动。本书一直强调，战略执行流程主要是在高管层主导和中层经理的参与影响下构建并运行的，企业形成什么样的战略执行流程，其实是各方博弈的结果。有什么样的权力配置和利益分配，就会有什么样的战略执行流程。不能较好地解决战略执行主体力量的激励问题，就永远不能解决战略执行难这一顽疾。不能将较为适应的相关权力和利益的配置制度化，战略执行就不能实现较高的战略执行流程成熟度，即使能实现，也不能长久保持。但众所周知，最高负责人也是理性人，也是自利人。因此，最好的途径是改变传统的公司治理结构，董事会不仅负责选择经营者，负责战略决策，还应设立战略执行流程管理部门，赋予战略执行流程管理部门很高的地位和权力，只有如此，方能在战略执行过程中有效牵制战略执行主体，督促最高负责人强力推动战略执行流程成熟度的提升，实现战略执行流程构建和运转的制度化，努力向持续优化级别的战略执行流程成熟度无限靠近。

9.3 组建战略执行流程管理部门

构建战略执行流程管理部门来统一进行战略执行流程管理有利于各战略执行活动的协同。建设流程型组织不是一蹴而就的事，传统的组织形式将会长久存在，职能部门将继续发挥作用。剧烈的变革并不适宜我国企业的现状，可能会起反作用。构建战略执行流程管理部门并根据各个企业的战略执行流程现状逐步提升战略执行流程成熟度是一个可行的选择。战略执行流程管理部门应具有足够的权力和协调能力，可以考虑让该部门对企业负责人直接负责，甚至由企业负责人直接兼任该部门领导以加强其权威性和协调能力。应该注意的是，战略执行流程管理部门应在准确评估企业当前战略执行流程成熟度的前提下稳步开展工作，加强战略执行流程的沟通力度，加强对企业各级员工的战略执行流程培训力度，建立相关配套制度和措施，逐步减弱委托代理问题和不完全合同问题带来的负面影响，构建并运行适合企业的战略执行流程，取得各级员工的信任和配合，逐步提升战略执行流程成熟度。

9.4 合理利用外部力量

在战略执行流程成熟度的不同级别，合理巧妙地运用外部力量来提升战略执行流程成熟度不失为明智选择。很多时候，企业内部矛盾重重，要提升战略执行流程成熟度实属不易。合理利用外部顾问力量与内部流程管理部门及流程负责人的配合来达到目的可能会更为妥帖。

外部力量通常是某领域的专家，具有一定的权威性。而且，外部力量不在企业内部工作，受企业政治的影响较小，加上外部力量不需长期和企业内部人员共事，可以放开手脚进行相关活动来提升企业的战略执行流程成熟度，可以直率地指出企业战略执行流程中存在的问题，直接影响企业负责人做出一定转变以利于提升战略执行流程成熟度。

当然，在利用外部力量时，企业务必谨慎选择。企业所选择的外部力量应深度了解企业所在行业特点，深入了解企业历史和现状，通晓企业管理综合知识，实践经验丰富，深谙流程管理的精髓，有较高的声誉度和影响力，便于开展工作。当战略执行流程成熟度提高至一定水平时，应逐步建立外部力量退出机制，让企业内部力量主导战略执行流程管理，形成良性循环和企业惯例，最终构建和运行成熟较高度的战略执行流程。

第 10 章　结论与展望

本书通过对之前文献的分析，结合企业实践状况，通过多案例探索性研究，界定了战略执行流程和中层经理战略承诺，并开发了战略执行流程量表和中层经理战略承诺量表，构建了战略执行流程对企业绩效作用机制模型，问卷调查和案例研究相结合以检验研究假设，在经验实证研究和验证性案例研究中，理论模型研究假设大都得到了验证。在上述研究的基础上，本书提出了基于战略执行流程的企业绩效提升策略。本书在战略执行研究领域中取得了些许创新，本章提出这些创新点并探讨未来要继续研究的问题。

10.1　研究主要结论

本书的主要结论可以从四个部分进行简述：第一，战略执行流程和中层经理战略承诺的界定；第二，战略执行流程和中层经理战略承诺的维度结构；第三，战略执行流程对企业绩效的影响；第四，中层经理战略承诺对战略执行流程和企业绩效的中介作用。

10.1.1　战略执行流程和中层经理战略承诺的界定

10.1.1.1　战略执行流程

战略执行流程是战略执行主体为实现战略目标刚性地执行既定战略或根据环境变化采取反馈测量和不断修正执行等持续性提升措施执行战略的一系列逻辑相关的活动的有序集合。之所以这样来界定战略执行流程是因为，当既定战略品质较高并与企业环境匹配时，战略执行主体应刚性地执行；当既定战略品质不高或既定战略赖以建立的前提假设条件已不适合继续执行既定战略时，战略执行主体应能动地、柔性地、不断地、不同程度地采取反馈测量、修正战略目标或战略实现途径等持续性提升措施，以便柔性地执行经过调整甚至是全新的战略。事实上，战略执行过程中对战略的修正只不过是程度和范围的不同罢了，是从一成不变地执行既定战略到颠覆既定战略的连续统。

10.1.1.2　中层经理战略承诺

中层经理战略承诺是建立在中层经理对战略目标和实现战略的途径有着理性的思考、适度的怀疑、批判性的吸收和适度博弈的基础上，为执行既定战略或者根据内外环境的变化，能动、及时和适度地修正既定战略目标或实现途径后，有着继续执行战略的理性愿意和付出足够努力甚至适度牺牲利益的意愿。之所以这样界定中层经理战略承诺，是因为战略执行需要的不是执行人员对领导制定的战略的盲从，而是可持续的执行战略的意愿，具有真实的情感性特征。

10.1.2　战略执行流程和中层经理战略承诺的维度结构

经过相关文献分析，结合企业战略执行实践状况，本书研究开发了战略执行流程量表和中层经理战略承诺量表，结果显示，战略执行流程是多维度构念，中层经理战略承诺是单维度构念。战略执行流程包含战略分解流程、人员流程和运营流程三个核心子流程。战略分解流程包含四个测试变量，人员流程包含七个测试变量，运营流程包含五个测试变量。其中，人员流程对累计方差解释量最大。中层经理战略承诺是单维度构念，包含五个测试变量。

10.1.3　战略执行流程与企业绩效之间的关系

本书经过统计实证检验和验证性案例分析发现，战略执行流程对企业绩效有直接正向显著影响。具体结论为：

（1）H1"战略执行流程成熟度对企业绩效有显著正向影响"得以验证。

（2）H1a"战略分解流程成熟度对企业绩效有显著正向影响"得以验证。

（3）H1b"人员流程成熟度对企业绩效有显著正向影响"得以验证。

（4）H1C"运营流程成熟度对企业绩效有显著正向影响"未得到支持。

10.1.4　中层经理战略承诺在战略执行流程与企业绩效之间起中介作用

本书的实证分析支持了中层经理战略承诺在战略执行流程与企业绩效之间的中介作用。

（1）H2"战略执行流程成熟度对中层经理战略承诺水平有显著正向影响"得以验证。

（2）H2a"战略分解流程成熟度对中层经理战略承诺水平有显著正向影响"得以验证。

（3）H2b"人员流程成熟度对中层经理战略承诺水平有显著正向影响"得以验证。

（4）H2c"运营流程对中层经理战略承诺水平有显著正向影响"未得到支持。

（5）H3"中层经理战略承诺对企业绩效有显著正向影响"得以验证。

（6）H4"中层经理战略承诺在战略执行流程和企业绩效之间起中介作用"得以验证。

运营流程成熟度对中层经理战略承诺和企业绩效都没有显著影响，也许是因为当前随着人力资本在企业中的重要性日益突出，加之中国三十多年经济持续活跃，就业机会多，中层经理更加看重自身的学习。因此，对战略分解流程和人员流程更加看重，只要战略分解流程和人员流程在一定程度上满足了他们的需求，那么，他们并不在乎日常的运营流程成熟度的高低。

10.2　研究的主要创新

本书的研究创新主要体现在四个方面：第一，明确界定了战略执行流程和中层经理战略承诺两个构念；第二，首次开发了战略执行流程量表，在借鉴战略承诺量表的基础上，开发了中层经理战略承诺量表；第三，构建了战略执行流程对企业绩效作用机制模型，并大部分验证了该模型包含的构念间的关系；第四，提出了基于战略执行流程的企业绩效提升策略。下面对这四个方面的创新分别予以说明。

10.2.1　开发了战略执行流程量表

早在20世纪80年代，虽然国际权威管理类刊物里的文献中就出现了"战略执行流程"（Strategy execution process）字样，但并没有对其进行明确界定，更没有开发出量表进行测量。在中国掀起战略执行研究浪潮的博西迪等人在其著作中浓墨重彩地用了三章的篇幅来重点谈论战略执行流程，也只是描述了战略执行的流程、这些流程的主要功能和活动以及这些流程之间的关系。遗憾的是，该著作只进行了定性描述研究，也未明确界定战略执行流程。要深入进行战略执行流程的研究，需要实证分析，而进行实证分析的前提是要明确界定构念。本书在对诸多关于流程、企业流程、流程再造、流程管理等文献以及战略执行相关文献进行深入分析的基础上，在委托代理理论和不完全合同理论的指导下，结合企业战略执行实践，明确界定了战略执行流程。构念的界定考虑了企业战略执行的实际状况，将战略执行流程分为两种情形，一是当既定战略品质较高，形成战略时的假设和环境并未发生变化或变化太大时，战略执行主体应刚性地执行战略；二是当形成的战略品质不高，或者其假设和环境发生较大变化时，战略执行主体应根据企业面临的最新环境采取修正战略（修改战略目标或者实现战略的途径）等持续性提升措施，在此基础上再执行经过改良的战略。这两种情形符合企业战略执行的实际情况，也符合相关战略理论。任何流程都包含输入、作用过程、输出三个环节。本定义指出，战略执行流程的输入是既定战略目标；作用过程则体现为根据环境变化能动地执行战略；输出是战略目标的实现程度，一般表现为企业的各种绩效。这些活动是有逻辑顺序的，体现了流程的特点。简单地说，本书对战略执行流程的界定是在借鉴了相关文献及紧密联系企业战略执行实践的基础上得来的，较为全面科学地界定了这个构念，能够为后续研究提供借鉴。

本书对大量文献进行了反复比较和引证，通过对四个探索性案例的研究得到理论命题，构建了初步的理论模型；经过大量的访谈收集题项，通过项目分析、探索性因子分析和验证性因子分析开发了战略执行流程量表。量表的信效度较高，为后续的相关研究提供了工具，也为企业测量其战略执行流程成熟度及有效评估企业战略执行力和提升战略执行力提供了工具。

10.2.2　开发了中层经理战略承诺量表

以前的文献对战略承诺有一定的研究，却没有明确的界定，也很少对中层经理战略承诺进行研究，更未开发出中层经理战略承诺量表来对之进行测量，相关实证研究也无法开展。中层经理战略承诺与战略共识有紧密的联系。学术界对战略承诺观点各异，一种观点认为战略承诺是战略共识的一个维度，另一种观点认为战略承诺是战略共识的结果变量，还有一种观点认为战略承诺是与战略共识并行的一个变量。无论是哪一种观点，学术界都是主要针对高管层进行战略承诺研究的。有部分学者指出，应将研究范围扩展至企业的中层管理者甚至全体员工。但遗憾的是，到目前为止，这只是个研究方向，相关研究成果鲜见。杜利（2000）根据对美国东南部医院的68个战略决策团队的调研，从默德、斯蒂尔斯和波特（1979）的组织承诺量表中挑出三个题项并对其修改后形成了战略承诺量表，这是目前唯一的战略承诺量表。企业内部不同层级员工所起的作用不同，诉求不同，立场不同，对战略的看法也不同，利益不一致现象普遍存在。中层经理作为企业承上启下的特殊角色，他们的战略承诺与高管层肯定有不同之处，目前的研究尚未细化到这个较为深入的层面。因此，本书较为深入地分析探讨了中层经理在组织中的特殊位置，分析其利益诉求及其权力来源等深层次特征，认为对中层经理战略承诺的定义应强调的是如果战略的前提假设条件发生改变，那么战略执行过程中中层经理修改的应该是战略目标，尤其是实现战略的途径。这符合企业的战略执行实际状况，很多企业战略执行不力并不是因为各级员工不赞同战略目标，而是其对实现战略目标的途径不认同，从而导致战略执行失败。同时，这里还暗含了授权的必要性，即在执行过程中应提高中层经理的积极性，充分发挥他们丰富的一线经验。本定义还强调了中层经理战略承诺测度的是真实而理性的为实现战略愿意付出的程度，排除了虚假承诺。之所以这样来界定中层经理战略承诺，是因为战略执行需要的不是执行人员对领导制定的战略的盲从，也不仅仅是刚性执行，而是在中层经理对战略有着充分的认识和理解，是可持续的执行战略的意愿，具有真实的情感特征。为后续研究奠定了基础。

在明确界定了中层经理战略承诺的基础上，本书通过访谈和收集文献词条并改编成题项，再经过项目分析、探索性因子分析和验证性因子分析开发了中层经理战略承诺量表。量表具有较高的信效度，也较为符合企业中层经理的实际状况，为后续研究提供了测量工具，为企业了解、掌握和提升中层经理战略承诺水平提供了工具。

10.2.3 构建并实证检验了战略执行流程对企业绩效作用机制模型

学界针对战略执行流程和中层经理战略承诺进行的研究本来就较少，将两者与企业绩效整合起来的研究尚未出现。本书整合研究了三者之间的关系，构建了战略执行流程对企业绩效作用机制模型，探索了中层经理战略承诺在其中的中介作用。模型包含的大部分研究假设都得到了验证。该模型为企业从流程视角构建战略执行力提供了理论依据，为提升中层经理战略承诺水平，充分发挥战略执行骨干的力量提供了理论来源。

10.3　研究不足与展望

本书主要存在以下不足：

第一，仅在西部两座城市的企业进行调研，东部和中部的企业战略执行流程情况如何？与西部的企业有多大的差异？这可能会影响到研究结论的正确性和普适性，未来的研究应扩大调研区域的范围，增强样本的代表性，以检测结论的外延效度。

第二，由于条件限制，样本量虽然满足结构方程模型的要求，但还应该加大样本量以得出更为稳健的结论。

第三，本书虽然初步得出战略执行流程的维度结构，但是作为流程固有的特点，它们在时间和逻辑上应有起始结束关系。本书虽进行了理论分析，但还需实证研究的支持；很难有企业能同时将战略执行流程的三个核心子流程构建得较为良好，那么，应该遵循怎样的顺序和重点来构建战略执行流程，是值得深入研究的课题。

第四，应将研究拓展至战略执行流程的前置因素，探索战略执行流程的形成和提升受到哪些因素的影响和怎样的影响。

第五，应拓宽执行者的研究范围，尤其应研究各级员工是如何联动协同的。

参考文献

［1］ HREBINIAK L G. Obstacles to effective strategy implementation［J］. Organizational dynamics, 2006, 35 (1)：12 - 31.

［2］ 周建华, 陈振烨, 黄雪冬. 战略执行危局［J］. 经理人, 2007 (7)：1 - 2.

［3］ 薛云奎, 齐大庆, 韦华宁. 中国企业战略执行现状及执行力决定因素分析［J］. 管理世界, 2005 (9)：88 - 98.

［4］ 时希杰. 企业执行力理论与创新研究［D］. 天津：天津大学, 2005.

［5］ 拉里·博西迪, 拉姆·查兰. 执行：如何完成任务的学问［M］. 北京：机械工业出版社, 2008.

［6］ 徐万里, 孙海法, 王志伟, 等. 中国企业战略执行力维度结构及测量［J］. 中国工业经济, 2008 (10)：97 - 108.

［7］ MINTZBERG, HENRY, LAMPEL, et al. Reflecting on the strategy process［J］. Sloan management review, 1999 (Spring)：21 - 30.

［8］ 项国鹏. 西方学者论企业中层管理人员的战略管理角色及其启示［J］. 外国经济与管理, 2004, 26 (5)：21 - 25.

［9］ 芮明杰, 钱平凡. 再造流程［M］. 杭州：浙江人民出版社, 1997：170.

［10］ 路世昌. 煤炭企业流程再造研究［D］. 阜新：辽宁工程技术大学, 2004.

［11］ 小林裕. 图解企业经营再造工程［M］. 北京：北京出版社, 1995：8 - 20.

［12］ 黄再胜. 战略共识理论研究述评［J］. 外国经济与管理, 2010 (3)：11 - 17.

［13］ GAGNON, MARK A, et al. Employee alignment with strategic change：a study of strategy-supportive behavior among blue-collar employees［J］. Journal of managerial issues, 2008, 20 (4)：425 - 433.

［14］ JOHNSON, LEONARD W, FROHMAN, et al. Identifying and closing the gap in the middle of organizations[J]. Academy of management executive, 1989, 3 (2).

[15] 于斌, 冯林, 高向丽. 企业战略执行理论研究新趋势[J]. 科学学与科学技术管理, 2007 (12): 134 – 139.

[16] WERNERFELT B A. Resource-based view of the firm[J]. Strategic management journal, 1984, 5 (2): 171 – 180.

[17] 勾丽. 产业集群背景下企业关键资源、战略能力与成长绩效的关系研究[D]. 杭州: 浙江大学, 2010.

[18] BARNEY J B. Firm resources and sustained competitive advantage[J]. Journal of management, 1991, 17 (1): 99 – 120.

[19] PETERAF, MARGARET A. The cornerstones of competitive advantage: a resource-based view[J]. Strategic management journal, 1993, 14 (3): 179 – 1911.

[20] COLLIS D, MONIGOMERY C. ComPeting on resources: strategy in the 1990s[J]. Harvard business review, 1995, 73 (7): 118 – 128.

[21] BARNEY J B. Strategic factor markets: expectations, luck, and business strategy[J]. Management science, 1986, 32 (10): 1231 – 1241.

[22] AMIT R, SEHOEMAKER P. Strategic assets and organizational rent[J]. Strategie management journal, 1993, 14 (1): 33 – 46.

[23] OLIVER CHRISTINEL. Sustainable competitive advantage: combining institutional and resources-based views[J]. Strategic management journal, 1997, 18 (9): 697 – 713.

[24] HALL R. The strategic analysis of intangible resources[J]. Strategic management journal, 1992, 13 (2): 135 – 144.

[25] FERNÁNDEZ E, MONTES J M, VÁzquez C J. Typology and strategic analysis of intangible resources: a resource-based approach [J]. Technovation, 2000, 20 (2): 81 – 92.

[26] EDVINSSON L, MALONE M S. Intellectual capital: realizing your company's true value by finding its hidden brainpower[J]. 1997 (1).

[27] 费方域. 企业的产权分析[M]. 上海: 格致出版社, 2009: 77.

[28] 付红波. 国有企业的产权离散与治理[D]. 哈尔滨: 哈尔滨工程大学, 2002.

[29] 贺双瑜. 风险投资中的信息不对称问题及其应对策略研究[D]. 重庆：重庆大学, 2004.

[30] 宗国英. 产权与不完全合约[J]. 天津商学院学报, 2000, 20 (5)：23 – 26.

[31] THOMAS C. POWELL. Strategy, execution and idle rationality[J]. Journal of management research, 2004, 4 (8)：77 – 98.

[32] JOHNSON R G, SCHOLES K. Exploring corporate strategy：text and cases[M]. Upper Saddly River, New Jersey：Prentice-Hall, 2004.

[33] 陈国庆, 兰宝英. 战略执行过程中工具系统的研究——基于资源配置的视角[J]. 经济问题, 2011 (2)：72 – 75.

[34] 李亚龙. 战略执行研究述评与展望[J]. 经济问题探索, 2013 (2)：171 – 177.

[35] 张建宇, 张英华. 企业执行力问题诸说比较分析及研究趋势预测[J]. 现代财经, 2007 (6)：3 – 7.

[36] ALLIO M K. A short, practical guide to implementing strategy[J]. Journal of business strategy, 2005, 26 (4)：12 – 21.

[37] BANTEL K A. Performance in adolescent, technology-based firms：product strategy, implementation, and synergy[J]. The journal of high technology management research, 1997, 8 (2)：243 – 262.

[38] KIM W C, Mauborgne R A. Procedural justice, attitudes, and subsidiary top management compliance with multinationals' corporate strategic decisions [J]. Academy of management journal, 1993, 36 (3)：502 – 526.

[39] KIM W C, Mauborgne R A. Implementing global strategies：the role of procedural justice[J]. Strategic management journal, 1991, 12 (S1)：125 – 143.

[40] MINTZBERG, HENRY. The pitfalls of strategic planning[J]. California management review. 1993 (36)：1 – 32.

[41] 文东华, 潘飞, 陈世敏. 环境不确定性、二元管理控制系统与企业业绩实证研究——基于权变理论的视角[J]. 管理世界, 2009 (10)：102 – 114.

[42] 李亚龙. 管理控制系统与传统民营中小企业战略执行绩效研究[J]. 统计与决策, 2013 (5)：173 – 177.

[43] ANTHONY R N. Management control systems[M]. 12th ed. Tata McGraw-Hill Education, 2007.

[44] 罗彪, 郑珊珊. 国外管理控制理论研究脉络梳理与模型评介[J]. 外国经济与管理, 2011 (4): 26 – 34.

[45] SIMONS R. Levers of control: how managers use innovative control systems to drive strategic renewal[M]. Cambridge, MA: Harvard Business Press, 1994.

[46] HREBINIAK L G, SNOW C C. Top-management agreement and organizational performance[J]. Human relations, 1982, 35 (12): 1139 – 1157.

[47] 黄亮, 张建琦. 企业家战略执行能力对企业战略执行绩效的作用机理研究——来自中小民营企业家的证据[J]. 商业经济与管理, 2009 (10): 28 – 32.

[48] HERACLEOUS L. The contribution of a discursive view to understanding and managing organizational change [J]. Strategic change, 2002, 11 (5): 253 – 261.

[49] WALDERSEEL R, SHEATHER S. The effects of strategy type on strategy implementation actions[J]. Human relations, 1996, 49 (1): 105 – 122.

[50] WILLIAM D, GUTH, IAN C. Macmillan. Strategy implementation versus middle management self-interest[J]. Strategic management journal, 1986 (7): 313 – 327.

[51] 徐淑英, 王端旭, 张一弛. 中国中层管理者的雇佣关系: 探究国有企业与非国有企业的区别[M]// 徐淑英, 刘忠明. 中国企业管理的前沿研究. 北京: 北京大学出版社, 2004: 312 – 336.

[52] SCHILIT W K. An examination of the influence of middle-level managers in formulating and implementing strategic decisions [J]. Journal of management studies, 1987, 24 (3): 271 – 293.

[53] FLOYD S W, WOOLDRIDGE B. Dinosaurs or dynamos? recognizing middle management's strategic role [J]. The academy of management executive, 1994, 8 (4): 47 – 57.

[54] GRÖNROOS C. Internal marketing-theory and practice[J]. Services marketing in a changing environment, 1985 (1): 41 – 7.

[55] HREBINIAK L G, JOYCE W F. Implementing strategy[M]. New York:

Macmillan, 1984.

[56] RAPERT M I, LYNCH D, SUTER T. Enhancing functional and organizational performance via strategic consensus and commitment[J]. Journal of strategic marketing, 1996, 4 (4): 193 – 205.

[57] DRAZIN R, HOWARD P. Strategy implementation: a technique for organizational design[J]. Columbia journal of world business, 1984, 19 (2): 40.

[58] WALKER JR O C, RUEKERT R W. Marketing's role in the implementation of business strategies: a critical review and conceptual framework[J]. The journal of marketing, 1987 (3): 15 – 33.

[59] SKIVINGTON J E, DAFT R L. A study of organizational framework and process modalities for the implementation of business-level strategic decisions[J]. Journal of management study, 1991, 28 (1): 45 – 67.

[60] NOBLE C H. The electic roots of strategy implementation research[J]. Journal of business research, 1999, 45 (2): 119 – 134.

[61] NOBLE C H, MOKWA M P. Implementing marketing strategies: developing and testing a managerial theory[J]. The journal of marketing, 1999 (4): 57 – 73.

[62] 杨丽, 孙国辉, MARTIN J. EPPLER. 战略执行影响因素研究[J]. 中央财经大学学报, 2009 (5): 48 – 52.

[63] OKUMUS F. Towards a strategy implementation framework[J]. International journal of contemporary hospitality management, 2001, 13 (7): 327 – 338.

[64] 李亚龙, 张黎明. 战略执行流程、中层经理战略承诺与员工绩效及态度——基于多案例的研究[J]. 企业经济, 2018 (4): 103 – 109.

[65] The Oxford English Dictionary Ⅷ[M]. Oxford: The Clarendon Press, 1978: 1408.

[66] 朗文出版公司. 朗文当代英语词典 (最新修订版)[M]. 上海: 上海世界图书出版公司, 1993.

[67] 舟斌, 水藏玺, 咎鹏. 企业流程优化与再造实例解读[M]. 北京. 中国经济出版社, 2008: 12.

[68] 陈禹六, 等. 经营过程重构与系统集成[M]. 北京: 清华大学出版社, 2001: 106.

［69］ ALLAN M, SCHERR, A. New approach to business processes［J］. IBM systems journal, 1993, 32（1）: 80 – 98.

［70］ HAMMER M. Reengineerng work: don't automate, obliterate［J］. Harvard business review, 1990（4）: 101 – 112.

［71］ DAVENPORT T H, SHORT J E. The new industrial engineering: information technology and business process redesign［J］. Sloan management review, 1990, 31（4）.

［72］ 张征超. 制造型中小企业组织流程性能仿真评估与优化研究［D］. 阜新: 辽宁工程技术大学. 2012: 32.

［73］ 张绪柱. 基于流程优化的企业组织设计研究［D］. 山东: 山东大学, 2011: 17.

［74］ SLYWOTZKY, ADRIAN J. Value migration［M］. Boston: Havard Business School Press, 1996.

［75］ VANHAVERBEKE W, TORREMANS H. Organizational structure in process-based organizations［J］. Knowledge and process management, 1999, 6（1）: 41 – 52.

［76］ 佩帕德, 罗兰. 业务流程再造精要［M］. 北京: 中信出版社, 2003: 12 – 13.

［77］ MICHAEL E, PORTER. What is stratregy［J］. Harvard business review, 1996（11/12）: 61 – 78.

［78］ 雅各布斯, 蔡斯. 运营管理［M］. 任建标, 译. 北京: 机械工业出版社, 2011, 13 版: 序言.

［79］ 戚晓曜. 战略执行系统分析与优化研究［D］. 天津: 天津大学, 2005: 104.

［80］ STEVEN W, FLOYD, BILL WOOLDRIDGE. Strategic process effects on consensus［J］. Strategic management journal, 1989（10）: 295 – 302.

［81］ 黄再胜. 企业员工战略共识及其影响因素的实证研究［J］. 南开管理评论, 2011, 14（4）: 32 – 41.

［82］ ROBERT S, DOOLEY, GERALD E. et al. Belaboring the not-so-obvious: consensus, commitment, and strategy implementation speed and success［J］. Journal of management, 2000, 26（6）: 1237 – 1257.

［83］ STEVEN W, FLOYD, BILL WOOLDRIDGE. Managing strategic consensus:

the foundation of effective implementation [J]. Academy of management executive. 1992, 6 (4): 27 –39.

[84] KORSGAARD M A, SCHWEIGER D M, SAPIENZA H J. Building commitment, attachment, and trust in strategic decision-making teams: the role of procedural justice [J]. Academy of management journal, 1995, 38 (1): 60 –84.

[85] FLOYD S W, LANE P J. Strategizing throughout the organization: managing role conflict in strategic renewal. Academy of management review, 2000 (25): 154 –177.

[86] DUTTON J E, ASHFORD S J. Selling issues to top management [J]. Academy of management review, 1993 (18): 407 –423.

[87] WOOLDRIDGE B, SCHMID T, FLOYD S. The middle manager perspective on strategy process: contributions, synthesis and future research[J]. Journal of management, 2008 (34): 1190 –1221.

[88] 明茨伯格. 卓有成效的组织[M]. 魏清江, 译. 北京: 中国人民大学出版社, 2007: 18.

[89] BILL WOOLDRIDGE, STEVEN W, FLOYD. The strategy process, middle management involvement, and organizational performance [J]. Strategic management journal. 1990 (11): 231 –241.

[90] FORD J K, WEISSBEIN D A, PLAMONDON K E. Distinguishing organizational from strategy commitment: linking officers' commitment to community policing to job behaviors and satisfaction [J]. Justice quarterly. 2003, 20 (1): 159 –185.

[91] PORTER, MICHAEL E. What is strategy? [J]. Harvard business review, 1996 (11/12): 61 –78.

[92] DAVID W, CRAVENS. Implementation strategies in the market-driven strategy era[J]. Journal of the acadeny of marketing science, 1998, 26 (3): 237 –241.

[93] BEST, ROGER J. Market-based management[M]. Upper Saddly River, New Jersey: Prentice Hall, 1997.

[94] RUKERT, ROBERT, ORVILLE WALKER, Jr, et al. Marketing interaction with other functional units: a conceptual framework and empirical evidence

[J]. Journal of marketing, 1987, 51 (1): 1-19.

[95] ENGELHOFF, WILLIAM. Great strategies or great strategy implementation —two ways of competing in global markets[J]. Sloan management review, 1993 (winter): 37-50.

[96] BALDWIN, CARLISS Y, KIM B, et al. Manageing in an age of modularity [J]. Harvard business review, 1997 (9/10): 84-93.

[97] SKIVINGTON J E, DAFT R L. A study of organizational framework and process modalities for the implementation of business-level strategic decisions[J]. Journal of management study, 1991, 28 (1): 45-67.

[98] DUNCAN T, MORIARITY S E. A communication-based marketing model for managing relationships[J]. Journal marketing, 1988, 62 (4): 1-13.

[99] RAPERT M I, WREN B M. Reconsidering organizational structure: a dual perspective of framework and processes[J]. Journal manage issues, 1998 (10): 287-302.

[100] MOLLY INHOFE RAPERT, ANNE VELLIQUETTE, JUDITH A. Garretson. The strategic implementation process evoking strategic consensus through communication[J]. Journal of business research, 2002 (55): 301-310.

[101] MARCH J, OLSEN J. Ambifuity and choice in organizations [M]. Bergen, Norway: Universitesforlaget, 1976.

[102] STRYKER S, STATHAN A. Symbolic interaction and role theory[M] // Lindsay, G. and Aronson, E, eds. Handbook of social psychology, 3rd ed. New York: Knopf, 1985: 11-78.

[103] HOMANS G. Social behavior: Its elementary forms[M]. New York: Harcourt, Brace and World, 1961.

[104] GALBRAITH J, NATHANSON D. Strategy implementation: the role of structure and process[M]. St. Paul, Minn: West, 1978.

[105] BOWER J L. Managing the resource allocation process[M]. Boston M A: Harvard Business School, 1970.

[106] SAYLES L R. The working leader: the triumph of high performances over conventional management principles[M]. Simon and Schuster, 1993.

[107] BALOGUN J. From blaming the middle to harnessing its potential: creating change intermediaries [J]. British journal of management,

2003 (14): 69 -83.

[108] DAVID N, WILLIAMS. Mining the middle ground: developing mid-level managers for strategic change[M]. CRC Press, 2000.

[109] STEVEN W, FLOYD, BILL WOOLDRIDGE. Middle management's strategic influence and organizational performance[J]. Journal of management study, 1997 (3): 465 -485.

[110] NONAKA I. Toward middle-up-down management: accelerating information creation[J]. Sloan management review, 1988, 29 (3): 9 -18.

[111] 罗胜强, 姜嬿. 单维构念与多维构念的测量[M]. 2 版// 陈晓萍, 徐淑英, 樊景立. 组织与管理研究的实证方法. 北京: 北京大学出版社, 2008: 388.

[112] VENKATRAMAN N, RAMANUJAM V. Measuring of business performance in strategy research: a comparison of approaches [J]. Academy of management review, 1986 (11): 801 -814.

[113] DELANEY J T, HUSELID M A. The impact of human resource management practices on perceptions of organizational performance[J]. Academy of management journal. 1996, 39 (4): 949 -969.

[114] PETER BROWNELL, ALAN S. Dunk. Task uncertainty and its interaction with budgetary participation and budget empjasis: some methodological issues and empirical investation [J]. Accounting, organizations and society, 1991, 16 (8): 693 -703.

[115] BIRLEY S, WESTHEAD P. Growth and performance contrasts between "types" of small firms[J]. Strategic management journal, 1990, 11 (7): 535 -557.

[116] MEYER, A. How ideologies supplant formal structures and shape responses to environments'[J]. Journal of management studies, 1982 (19): 45 -61.

[117] QUINN R, CAMERON K. Organizational life cycles and shifting criteria of effectiveness: some preliminary evidence[J]. Management science, 1983 (29): 33 -51.

[118] TORBEN JUUL ANDERSEN. Strategic planning, autonomous actions and corporate performance[J]. Long range planning, 2000 (33): 184 -200.

[119] 雅各布斯, 蔡斯. 运营管理[M]. 13 版. 任建标, 译. 北京: 机械

工业出版社, 2011: 94.

[120] CARPENTER M A, GELETKANYCZ M A, SANDERS W G. Upper echelons research revisited: antecedents, elements, and consequences of top management team composition[J]. Journal of management, 2004 (30): 749 - 778.

[121] CERTO S T, LESTER R H, DALTON C M. Top management teams, strategy and financial performance: a meta-analytic examination [J]. Journal of management studies, 2006 (43): 813 - 839.

[122] JARZABKOWSKI, P. Shaping strategy as a structuration process[J]. Academy of management journal, 2008 (51): 621 - 650.

[123] HICKSON D J, MILLER S J, WILSON D C. Planned or prioritized? two options in managing the implementation of strategic decisions [J]. Journal of management studies, 2003 (40): 1803 - 1836.

[124] MANTERE S. Role expectations and middle manager strategic agency [J]. Journal of management studies, 2008 (45): 294 - 316.

[125] ANNELOES M, L, RAES, MARIELLE G, et al. The interface of the top management team and middle managers: a process model [J]. Academy of manegement review, 2011 (36): 102 - 126.

[126] KATHLEEN M, EISENHARDT. The case study research method: selected articles[M]. Beijing: Beijing University Press, 2012: 19 - 20.

[127] EISENHARDT K M. Building theories from case study research [J]. Academy of management review, 1989 (14): 488 - 511.

[128] EISENHARDT K M, GRAEBNER M E. Theory building from cases: opportunities and challenges [J]. Academy of management journal, 2007, 50 (1): 25 - 32.

[129] YIN R K. Case study research: design and methods (4th Ed.) [M]. Thousand Oaks, CA: Sage, 2009.

[130] GLASER B. Strauss: The discovery of grounded theory: strategies for qualitative research[M]. London: Wiedenfeld and Nicholson, 1967: 81.

[131] ANAND N, GARDNER H K, MORRIS T. Knowledge-based innovation: emergence and embedding of new practice areas in management consulting firms[J]. Academy of management journal, 2007, 50 (2): 406 - 428.

[132] GOLDEN B R. Research notes. The past is the past—or is it? The use of retrospective accounts as indicators of past strategy [J]. Academy of management journal, 1992, 35 (4): 848 – 860.

[133] HUBER G P, POWER D J. Retrospective reports of strategic-level managers: guidelines for increasing their accuracy [J]. Strategic management journal, 1985 (6): 171 – 180.

[134] JICK T D. Mixing qualitative and quantitative methods: triangulation in action[J]. Administrative science quarterly, 1979: 602 – 611.

[135] EISENHARDT, KATHLEEN M. Making fast strategic decisions in high-velocity environment[J]. Academy of management journal, 1989 (32): 543 – 576.

[136] MILES M B, MICHAEL HUBERMAN. Qualitative data analysis: an expanded source book[M]. Thousand Oakes, CA: SAGE Publications, Inc.,1994.

[137] JAMES T C, TENG, VARUN GROVER, et al. Fielder. Business process reengineering: charting a strategic path for the information age [J]. California management review, Spring, 1994: 9 – 31.

[138] 林健, 张国刚. 运用作业管理思想重构企业流程的实证研究[J]. 长沙铁道学院学报, 2001, 19 (4): 41 – 46.

[139] 杨德英. 量化的流程评价方法——流程评价指标[J]. 现代管理科学, 2005 (8): 58 – 60.

[140] BLEAKLEY F. Many companies try management fads only to see them flop[J]. The wall street journal, 1993 (7).

[141] 张人千, 魏法杰, 闪四清. 企业流程再造的作业成本分析[J]. 工业工程, 2000, 3 (4): 18 – 19.

[142] 林慧苹, 范玉顺, 吴澄. 基于工作流技术的企业业务过程评价方法 [J]. 计算机集成制造系统—CIMS, 2001, 12 (7): 47 – 52.

[143] 刘飚. 企业业务流程分析及其再造的评价方法研究[D]. 武汉. 华中科技大学, 2003, 58.

[144] 林慧苹, 范玉顺, 吴澄. 支持企业经营过程重组的工作流仿真技术研究[J]. 信息与控制, 2001 (1): 11 – 15.

[145] HARRINGTON H J. Business process improvement [M]. New York:

McGraw-Hill, 1991.

[146] 赵涛, 张建勇, 苏青福. 业务流程管理成熟度模型设计与分析[J]. 西安电子科技大学学报 (社会科学版), 2009, 19 (6): 87 - 92.

[147] SOFTWARE ENGINEERING INSTITUTE. The rational unified process and the capability maturity model [M]. USA: Software engineering institute, Carnegie Mellon University, 2002.

[148] LEE JIHYUN, LEE DANHYUNG, KANG SUNWON. An overview of the business process maturity model (BPMM), 9th Asia-Pacific web conference/8th international conference on web-age information management, Huang Shan, China, Jun 16 - 18, 2007 [C]. Berlin: Springer-verlag, 2007: 384 - 395.

[149] MICHAEL HAMMER. The process audit[J]. Harvard business review, 2007 (4): 111 - 123.

[150] 林永毅, 李敏强. 企业业务流程管理成熟度模型研究[J]. 现代管理科学, 2008 (7): 93 - 105.

[151] 王玉荣, 葛新红. 流程革命2.0: 让战略落地的流程管理[M]. 北京: 北京大学出版社, 2011: 193.

[152] 郭忠金, 李非. 流程成熟度模型及其应用初探[J]. 现代管理科学, 2007 (10): 13 - 15.

[153] EVANS, PHILIP B, THOMAS S, et al. Strategy and the new economics of information[J]. Harvard business review, 1997 (9/10): 70 - 82.

[154] SCHNAARS, STEPHEN P. Marketing strategy[M]. 2nd ed. New York: Free Press, 1998.

[155] WALSH J P, UNGSON G R. Organizational memory [J]. Acadmy of management review, 1991, 16 (1): 57 - 91.

[156] KERSTEN A. A critical-interpretive approach to the study of organizational communication: bring conmmunication back into the field[M] // Thayer L, editor. Organization and communication: emerging perspectives I. Norwood, NI: Ablex Publishing, 1986: 50 - 133.

[157] COLLIER N, FISHWICK F, FLOYD S W. Managerial involvement and perceptions of strategy process[J]. Long range planning, 2004, 37 (1): 67 - 83.

[158] JEANNE LIEDTKA. Strategic planning as a contributor to strategic change: a generative model[J]. European management journal, 2000, 18 (2): 195 – 206.

[159] RUMELT R. Strategy, structure and economic performance[M]. Boston: Harvard Business School, 1974.

[160] DAFT R, LENGEL R. Information richness: a new approach to manager behavior and organization design[M] // Staw B, Commings L, L, eds. Research in organization behavior Vol. 6. Greenwich, Conn: JAI Press, 1983: 191 – 234.

[161] ANNA WITEK-CRABB. Sustainable strategic management and market effectiveness of enterprises[J]. Procedis-Social and Behavioral Sciences, 2012 (58): 899 – 905.

[162] MARTIN J A, EISENHARDT K M. Rewiring: cross-business-unit collaborations and performance in multibusiness organizations [J]. Academy of management journal, 2010 (53): 265 – 301.

[163] RAES A M L, HEIJLTJES M G, GLUNK U, et al. The interface of the top management team and middle managers: a process model [J]. Academy of management review. 2011, 36 (1): 102 – 126.

[164] PUGH D S, HICKSON D J, HININGS C R, et al. Dimensions of organization structure [J]. Administrative science quarterly, 1968 (13): 65 – 91.

[165] LIKERT R. New patterns of management[M]. New York: McGraw-Hill, 1961.

[166] MARCH J G, SIMON H A. Organizations[M]. New York: John Wiley, 1958.

[167] SIU R G H. The craft of power[M]. New York: John Wiley, 1979: 31.

[168] JEFFREY PREFFER. Power in organizations [M]. Msrshield, MA: Pitman Publishing Co, 1981.

[169] 奥特, 帕克斯, 辛普森. 组织行为学经典文献[M]. 3 版. 上海: 上海财经大学出版社, 2009: 426.

[170] RAVEN B H, FRENCH JR J R P. Legitimate power, coercive power,

and observability in social influence[J]. Sociometry, 1958: 83 – 97.

[171] SALANCIK G R, PREFFER J. Who get power—and how they hold on to it: a strategic-contingency model of power[M]. Organizational dynamics, 1977 (5): 2 – 21.

[172] PREFFER J. Managing with power: politics and influence influence in organizations[M]. Boston: Harvard Business School Press, 1992.

[173] DORWIN CARTWRIGHT. Power: a neglected variable in social psychology, in studies in social power[M]. ed. by Dorwin Cartwright (Ann Arbor, MI: Institute for Social Research, The University of Michigan), 1959: 1 – 14.

[174] DAVID MECHANIC. Social of power of lower participants in complex organizations[J]. Administrative science quarterly, 1962, 3 (7): 349 – 365.

[175] THOMPSON J D. Organizations in action: social science bases of administrative theory[M]. New York: McGraw Hill, 1967.

[176] PARSONS T. Structure and process in modern societies [M]. New York: The Free Press of Clencoe, 1960.

[177] BURGELMAN R A. Fading memories: a process theory of strategic business exit in dynamic environments [J]. Administrative Science Quarterly, 1994: 24 – 57.

[178] HANNAN M T, FREEMAN J. Organizational ecology[J]. Boston, MA: Harvard University Press. 1989.

[179] Leonard-Barton D. Core capabilities and core rigidities: a paradox in managing new product development[J]. Strategic management journal. 1992. 13 (summer): 25 – 111.

[180] BOWER J L. Managing the resource allocation process[M]. Boston, MA: Harvard Business School, 1970.

[181] BURGELMAN R A. Strategy making as a social learning process: the case of internal corporate venturing[J]. Interfaces, 1988, 18 (3): 74 – 85.

[182] PASCALE R T. Perspective on strategy: the real story behind Honda's success[J]. California management review, 1984, 26 (3): 47 – 72.

[183] DESS G G. Consensus on strategy formulation and organizational performance: competitors in a fragmented industry [J]. Strategic management journal, 1987, 8 (5-6): 259-277.

[184] BALOGUN J, JOHNSON G. From intended strategies to unintended outcomes: the impact of change recipient sensemaking[J]. Organization studies, 2005 (26): 1573-1601.

[185] BAO Y, FONG E, ZHOU K Z. Strategic consensus and firm performance: beyond top management team [R]. Working Paper, 2008.

[186] KNIGHT D, PEARCE C L, SMITH K G, et al. Top management team diversity, group process, and strategic consensus[J]. Strategic management journal, 1999, 20 (5): 445-465.

[187] RAMOS-GARZA C. TMT strategic consensus in Mexican companies[J]. Journal of business research, 2009, 62 (9): 854-860.

[188] FRANZ W, KELLERMANNS, JORGE WALTER, et al. To agree or not to agree? a meta-analytical review of strategic consensus and organizational performance[J]. Journal of business research, 2011 (64): 126-133.

[189] 谢家琳. 实地研究中的问卷调查法[M]//2 版. 陈晓萍, 徐淑英, 樊景立. 组织与管理研究的实证方法. 北京: 北京大学出版社, 2012: 189-210.

[190] 梁建, 樊景立. 理论构念的测量[M]//陈晓萍, 徐淑英, 樊景立. 组织与管理研究的实证方法. 北京: 北京大学出版社, 2012: 323-355.

[191] CHURCHILL G A. A paradigm for developing better measures of marketing constructs[J]. Journal of marketing research, 1979, 16 (4): 64-73.

[192] SCHWAB D P. Construct validity in organizational behavior [J]. Research in organizational behavior, 1980 (2): 3-43.

[193] MACKENZIE S B, et al. Construct measurement and validation procedures in MIS and behavioral research: intergrating new and existing techniques [J]. MIS quartely, 2011 (35): 293-334.

[194] DEVELLIS, ROBERT F. Scale development: theory and applications [J]. Contemporary Sociology, 1992, 21 (6): 876-877.

[195] LAWSHE C H. A quantitative approach to content validity[J]. Personnel psychology, 1975.

[196] 吴明隆. 结构方程模型——AMOS 的操作与应用[M]. 重庆：重庆大学出版社，2010.

[197] 邱皓政，林碧芳. 结构方程模型的原理与应用[M]. 北京：中国轻工业出版社，2009.

[198] KAISER H F. LITTLE JIFFY, MARK I V. Educational and psychological measurement[J]. 1973 (4)：141-151.

[199] HENSON R K. Understanding internal consistency reliability estimates: a conceptual primer on coefficient[J]. Alpha measurement and evaluation in counseling and development, 2001 (34)：177-189.

[200] NUNNALLY J C. Psychometric theory[M]. New York：McGraw-Hill, 1978.

[201] 黄芳铭. 结构方程模式：理论与应用[M]. 北京：中国税务出版社，2005.

[202] 张燕，陈维政. 基于多维尺度法的工作场所偏离行为的分类结构研究[J]. 软科学，2011 (7)：131-134.

[203] COHEN J, COHEN P, AIKEN L S, et al. Applied multiple regression-correlation analysis for the behavioral sciences [M]. Mahwah, NJ：Lawrence Erlbaum, 2002.

[204] BOOMSMA A. The robustness of Lisrel against small sample sizes in factor analysis models [J]. Systems under indirect observation: causality, structure, prediction, 1982 (1)：148-173.

[205] NUNNALLY J C. Psychometric Theory[M]. New York：McGraw-Hill, 1978.

[206] HOYLE R H, ANTER A T. Writing about structral equation models[C]// R. Hoyle. Structural equation modeling. Thousand Oaks, CA：Sage, 1995：158-176.

[207] MICCERI T. The unicorn, the normal curve, and other improble creatures [J]. Psychological bulletin, 1989, 105 (1)：155-166.

[208] WEST S G, FINCH J F, CURRAN P J. Structural equation models with nonnormal variables: Problems and remedies[C]. 1995：56-75.

[209] HU L, BENTLER P M. Can test statistics in covariance structure analysis be trusted? [J]. Psychological bulletin, 1992, 112 (2)：

351 – 362.

[210] KLINE R B. Principles and practice of structural equation modeling [M]. New York: Guilford Press, 2011.

[211] RUBIN D B. Inference and missing data[J]. Biometrika, 1976, 63 (3): 581 – 592.

[212] BAGOZZI R P, YI Y. On the evaluation of structural equation models [J]. Academic of marketing science, 1988 (16): 76 – 94.

[213] HAIR J F Jr, ANDERSON R E, Tatham R L, et al. Multivariatedata analysis[M]. 5th ed. Upper Saddly River, NJ: Prentice Hall, 1998.

[214] 余民宁. 多变量分析——套装程式与资料分析[M]. 台北: 台湾高等教育出版社, 2004.

[215] PODSAK OFF P M, MACKENZIE S B, LEE J Y, et al. Common method biases in behavioral research: a critical review of the literature and recommended remedies[J]. Journal of applied psychology, 2003, 88 (6): 879 – 903.

[216] CROCKER L, ALGINA J. Introduction to classical and modern test theory[M]. Chicago: Holt, Rinehart and Winston, 1986.

[217] 任颋, 王峥. 女性参与高管团队对企业绩效的影响: 基于中国民营企业的实证研究[J]. 南开管理评论, 2010, 13 (5): 81 – 91.

[218] 李焰, 秦义虎, 张肖飞. 企业产权、管理者背景特征与投资效率[J]. 管理世界. 2011 (1): 135 – 143.

[219] 牛芳, 张玉丽, 杨俊. 创业团队异质性与新企业绩效: 领导者乐观心理的调节作用[J]. 管理评论, 2011, 23 (11): 110 – 119.

[220] 韩提文, 刘佳鑫, 刘斌. 本研究国新能源企业高管团队组成特征与企业绩效的关系: 董事会与股权结构的调节作用[J]. 特区经济, 2012 (3): 119 – 123.

[221] 刘泽双. 中国上市公司高管层受教育水平与公司绩效关系再研究[J]. 经济管理, 2010, 32 (8): 73 – 79.

[222] 佟爱琴, 邵鑫, 杜旦. 高管特征与公司绩效相关性研究——基于国有与非国有控股上市公司的对比[J]. 科学学与科学技术管理, 2012, 33 (1): 166 – 172.

[223] 凌江怀、胡雯蓉. 企业规模、融资结构与经营绩效——基于战略性新

兴产业和传统产业对比的研究[J]. 财贸经济, 2012 (12): 71-77.

[224] 丁勇. 研发能力、规模与高新技术企业绩效[J]. 南开经济研究, 2011 (4): 137-153.

[225] MACKINNON D P, LOCKWOOD C M, HOFFMAN J M, et al. A comparison of methods to test mediation and other intervening variable effects[J]. Psychological methods, 2002, 7 (1): 83.

[226] BARON R M, KENNY D A. The moderator-mediator variable distinction in social psychological research: conceptual, strategic, and statistical considerations[J]. Journal of personality and social psychology, 1986, 51 (6): 1173.

[227] YIN R. Case study research: design and methods[M]. 3rd ed. Thousands Oaks: Sage Publications, 2003.

[228] PETTIGREW A M, WOODMAN R W, CSMERON K S. Studying organizational change and development: challenges for future research [J]. Academy of management journal, 2001, 44 (4): 697-713.

[229] KIDEDER L, JUDD C M. Research methods in social relations[M]. 5th ed. New York: Holt, Rinehart & Winston, 1986.

[230] PATTON M Q. How to use qualitative methods in evaluation[M]. 2nd ed. Thousands Oaks, CA: SAGE, 1987.

[231] SPIGGLE A. Analysis and interpretation of qualitative data in consumer research[J]. Journal of consumer research, 1994, 21 (12): 491-503.

[232] GLASER B G. Basics of Groundes Theory Alalysis: Emergence VS. Forcing[M]. Mill Valley, C A.: Sociology Press, 1992.

[233] LEONARD-BARTON D A. Dual methodology for case studies: synergistic use of a longitudinal singlesite with replicated multiple sites [J]. Organization science, 1990, 1 (3): 248-266.

[234] ROBINSON W S. The logical structure of analytic induction[J]. American sociolical review, 1951, 16 (6): 812-818.